Kursbuch + Arbeitsbuch

Cristóbal González Salgado
Francisca Alcántara Alcántara
Carlos Sanz Oberberger
Esther Douterelo Fernández

eñe B1.1

Der Spanischkurs

W0241114

Hueber Verlag

eñe B1.1, Der Spanischkurs

von Cristóbal González Salgado, Francisca Alcántara Alcántara,
Carlos Sanz Oberberger, Dr. Esther Douterelo Fernández

Beratung

- Reinhard Beer, Fachbereichsleiter Sprachen an der VHS Erlangen
- Regine Göpel, Programmbereichsleitung Sprachen, VHS Hildesheim
- Luisa Gómez, Spanisch-Dozentin, Fachhochschule München
- Prof. Claudia Fernández Silva, Dozentin für Lehrerfortbildung Spanisch, Aula Abierta, Universität Antonio de Nebrija, Madrid
- Carlos Sanz Oberberger, Spanisch-Dozent, Cervantes-Institut, München

Das Werk und seine Teile sind urheberrechtlich geschützt.
Jede Verwertung in anderen als den gesetzlich zugelassenen
Fällen bedarf deshalb der vorherigen schriftlichen
Einwilligung des Verlags.

Hinweis zu § 52a UrhG: Weder das Werk noch seine Teile dürfen ohne
eine solche Einwilligung überspielt, gespeichert und in ein Netzwerk
eingespielt werden. Dies gilt auch für Intranets von Firmen und von Schulen
und sonstigen Bildungseinrichtungen.

3. 2. 1. | Die letzten Ziffern
2014 13 12 11 10 | bezeichnen Zahl und Jahr des Druckes.
Alle Drucke dieser Auflage können, da unverändert,
nebeneinander benutzt werden.
1. Auflage
© 2010 Hueber Verlag, 85737 Ismaning, Deutschland
Zeichnungen: Virginia Azañedo, München
Verlagsredaktion: Raquel Muñoz Martínez, Encarnación Guerrero García,
Beate Dorner, Hueber Verlag, Ismaning
Herstellung, Satz und Gestaltung: Büro Sieveking, München
Reproarbeiten: Lorenz & Zeller, Inning a. A.
Druck und Bindung: Firmengruppe APPL, aprinta druck, Wemding
Printed in Germany
ISBN 978-3-19-004221-0

VORWORT

Español versteht man besser mit eñe!

Liebe Lernerin, lieber Lerner,

compañía, cumpleaños, cariño, enseñar... in diesem Spanischkurs **eñe B1.1** können Sie auf diese und viele weitere bekannte und neue Wörter mit dem spanischen Buchstaben eñe treffen. Er hat diesem Buch seinen Namen gegeben, denn er steht als Symbol für die spanische Sprache und die Verbundenheit der spanischsprachigen Länder.

Was ist **eñe B1.1**?

Sie haben nun den Beginn des Niveaus B1 des Gemeinsamen Europäischen Referenzrahmens erreicht und somit die „Stufe der selbständigen Verwendung der Sprache". Auf Basis Ihrer Kenntnisse aus **eñe A1** und **eñe A2** trainieren Sie nun auch, längere Gespräche zu führen und sich in einem breiteren Spektrum von Situationen auszudrücken. Auch hier geschieht dies wieder anhand von aktuellen Inhalten, wirklichkeitsnahen Aktivitäten und im lebendigen Austausch mit den anderen Kursteilnehmerinnen und -kursteilnehmern.

Die Niveaustufe B1 ist in zwei Teilbände **eñe B1.1** und **eñe B1.2** unterteilt, die die Inhalte von B1 in jeweils sechs *Unidades* abdecken. Nach Bearbeitung der beiden Teilbände dieser Niveaustufe können Sie die *telc*-Prüfung des deutschen Volkshochschulverbandes oder die *DELE*-Prüfung *Nivel B1 (Inicial)* des *Cervantes-Instituts* ablegen.

Wie sind die Einheiten aufgebaut?

Jede thematische *Unidad* des Kursbuchteils ist auf zehn Seiten klar und übersichtlich dargestellt:

- **Seite 1: *Einstieg***
  Die Einstiegsseite führt in das Thema ein und nennt die kommunikativen Ziele der *Unidad*.
- **Seite 2 bis 7: *En primer lugar*** und ***A continuación***
  Entsprechend dem höheren Sprachniveau werden die neuen Lerninhalte nun auf je drei Seiten vorgestellt: in zahlreichen Aktivitäten im Kurs, jeweils abgerundet durch eine unterhaltsame Projektarbeit im Team unter dem Stichwort ***¡A la tarea!***
- **Seite 8: *Entre culturas***
  Hier erhalten Sie eine Einblick in ausgewählte Themen der Alltagskultur spanischsprachiger Länder. Sie lernen sie besser kennen und damit auch besser verstehen: in ihren Gemeinsamkeiten und Unterschieden sowie im Vergleich zu den eigenen kulturellen Werten und Gepflogenheiten.
- **Seite 9: *Recursos***
  Wichtige Strukturen und Wendungen sind auf der vorletzten Seite übersichtlich zusammengefasst.
- **Seite 10: *¡Ya lo sabes!***
  Auf der letzten Seite jeder *Unidad* können Sie Ihre Lernfortschritte überprüfen, eine Schreibaufgabe für das Dossier Ihres Portfolios lösen und einen Lerntipp bearbeiten, der auf eine Aktivität der *Unidad* Bezug nimmt.

Weitere Gelegenheiten Ihre Lernerfolge zu überprüfen, bieten Ihnen die beiden *Otras vueltas* nach den *Unidades 3* und *6:* sei es anhand von literarischen Texten, sei es mit Spielen oder beim Hören und Mitsingen von spanischsprachigen Liedern.

Wie lerne ich außerhalb des Kurses?

Dabei unterstützt das in diesen Band integrierte Arbeitsbuch, das ab Seite 76 zu jeder *Unidad* passende Übungen für das eigenständige Lernen zu Hause bietet. Übungen zur Aussprache und Informationen zur Orthografie sind wieder auf der letzten Seite jeder Arbeitsbuch-*Unidad* zu finden. Zwei Multiple-Choice-Tests und Checklisten bieten in den *Otras vueltas* die Möglichkeit zur eigenen Einschätzung und Bewertung des Lernens.
Ergänzt wird **eñe B1.1** durch eine systematische Übersicht über die Grammatikinhalte dieses Bandes, durch den Lektionswortschatz, durch ein alphabetisches Wörterverzeichnis, sowie durch den Lösungsschlüssel zu den Übungen des Arbeitsbuches.
Akustisch abgerundet wird das Angebot durch die eingelegte CD mit dem kompletten Hörmaterial zum Kursbuch und Arbeitsbuch.
Darüber hinaus finden Sie weitere Anregungen und Materialien in unserem ausführlichen Lehrwerkservice zu **eñe** im Internet unter www.hueber.de/ene

Wir wünschen Ihnen nun weiterhin viel Spaß und Erfolg beim Spanischlernen!

Ihr eñe-Team

ÍNDICE

Symbole

1	Hörtext auf CD mit Tracknummer
	Aktivität zu zweit
	Aktivität in einer kleinen Gruppe
pág. 16	Verweis auf einen Lerntipp
AB 1, 2	passende Übung im Arbeitsbuchteil
→ 1.3	Verweis auf die Grammatikübersicht ab S. 138
¡Fíjate!	Besonderheit, Ausnahme
recursos	grammatische Struktur
vocabulario	Wortschatz

Unidad 1

a *Trabajo cooperativo en grupo.* ☐

b *En la clase de informática.* ☐

c *Imagen escolar en la España de los años 60.* ☐

d *La escuela Waldorf, una escuela alternativa.* ☐

e *Niños en uniforme del colegio Marina, en San José (Nicaragua).* ☐

Relaciona las fotos con los pies de foto.

¿Con qué tipo de aprendizaje te identificas más? Enumera del 1 (más) al 5 (menos).

Busca una ventaja y una desventaja para cada tipo de aprendizaje.

Nunca es tarde para aprender

EN ESTA UNIDAD VAS A APRENDER A:

- contrastar la educación escolar de antes con la de ahora
- hablar de cómo fue la educación escolar
- hablar de las actividades de tiempo libre
- diseñar un programa de cursos para actividades de tiempo libre
- hablar de habilidades

1 A EN PRIMER LUGAR

1. La escuela de ayer y de hoy

a **Lee las citas. ¿Son de alumnos de un colegio actual, del pasado o de los dos?**

1. “Tener una buena letra al escribir es muy importante.”
2. “Todos los alumnos tenemos un ordenador en el aula.”
3. “Hay clases para niñas y clases para niños.”
4. “Repetimos todo o cantamos en voz alta para aprender mejor.”
5. “En mi clase estamos niños de distintas edades con el mismo maestro.”
6. “Yo he aprendido las costumbres de otros países porque algunos de mis compañeros no son de aquí.”
7. “Se nos enseña a reflexionar y a valorar lo que tenemos.”
8. “Si nuestro comportamiento es malo, el maestro nos echa de clase.”
9. “Las clases se dan en inglés y en español.”

b **Lee los dos textos sobre las escuelas y subraya las frases donde se encuentra la información de 1a.**

texto A

COLEGIO INTERNACIONAL BILINGÜE **ANCLA**

¿Cuál es nuestra meta? Favorecer el desarrollo de nuestros alumnos como seres humanos, con pensamientos reflexivos y conciencia crítica, así como la apertura a las diferentes culturas y naciones del mundo.

¿Cómo enseñamos? Utilizando lo último en tecnología. Alumnos y personal docente disponen de un ordenador personal portátil las 24 horas del día.

¿Cómo somos? Nuestro personal docente son profesionales con vocación y experiencia que despiertan la curiosidad por el saber.

texto B

EL COLE DE NUESTROS ABUELOS

Recuerdos de una época

¿Cómo era la escuela del siglo pasado? Según Rafael Jiménez, un profesor que ejercía en los años sesenta y cuyos padre y abuela también fueron maestros, los materiales se empleaban de forma comunitaria y se aprendía repitiendo y cantando.

En las paredes del aula colgaban carteles de lectura junto con los mapas y las láminas de la Historia Sagrada. Frente a los alumnos estaba la mesa del profesor y detrás, un crucifijo, un retrato del Jefe de Estado y las oraciones que los chiquillos entonaban diariamente.

Se daba mucha importancia a que el alumno fuera un buen calígrafo. Se tenía mucho cuidado con la presentación. No como ahora, que lo que cuenta es la prisa. El Quijote fue declarado obra de lectura obligatoria a partir de 1912.

Las escuelas se diferenciaban por los sexos. Los niños y las niñas no compartieron aulas en España hasta los años setenta y en las escuelas rurales había niños de distintas edades con el mismo maestro. Los piojos también formaban parte de la vida cotidiana de la escuela. Se combatían rapando el pelo a los alumnos.

La disciplina se mantenía golpeando con reglas en la palma de la mano a los alumnos o poniéndolos de rodillas en un rincón.

El País, el semanal

AB 1–5

c **Encuentra cuatro diferencias entre las escuelas de los textos A y B.**

Antes se le daba mucha importancia a la caligrafía y ahora no tanto.
Sí, ...

uso del pretérito imperfecto

Si se quieren describir situaciones, personas u objetos en el pasado, se usa el pretérito imperfecto. También se usa el imperfecto si se quieren describir acciones repetidas o habituales en el pasado.

¡Fíjate!

d **Busca la información en el texto B y completa.**

En mi colegio aprendíamos .... y **cantando**.

Los piojos se combatían .... el pelo y **echando** una colonia con un perfume muy intenso.

El maestro imponía disciplina .... con reglas en la palma de la mano a los alumnos o **poniéndolos** de rodillas.

uso adverbial del gerundio

El gerundio se usa para indicar la manera de hacer algo. Responde a la pregunta *¿cómo?*
- *¿Cómo se aprendía en tu colegio?*
- *Aprendíamos* ***memorizando*** *los textos.*

¡Fíjate!

e **¿Cómo aprendías tú a escribir y a leer? ¿Cómo te gustaba aprender?**

AB 6, 7

2. ¿Cómo era tu escuela?

a **Marca cómo eran tu escuela, tus maestros, los materiales y las instalaciones.**

La escuela

- ☐ Había una escuela para chicos y una para chicas.
- ☐ El horario era sólo de mañana.
- ☐ Aprendíamos idiomas desde muy pronto.
- ☐ Era un colegio religioso.
- ☐ Había que hacer muchos deberes.
- ☐ Nos enseñaban a coser, cocinar, hacer punto, etc.
- ☐ Hacíamos muchas excursiones.
- ☐ Era obligatorio llevar uniforme.

Los maestros

- ☐ Eran aburridos.
- ☐ Hacían interesante la materia.
- ☐ La mayoría del tiempo hablaban ellos.
- ☐ Nos dejaban trabajar en grupos.
- ☐ Eran muy autoritarios.
- ☐ No apreciaban el trabajo de los alumnos.
- ☐ Fumaban en clase.

Los materiales e instalaciones

- ☐ Compartíamos los libros con otros alumnos.
- ☐ Cada uno traía de casa los cuadernos, bolígrafos, lápices de colores, etc.
- ☐ Había una sala de informática.
- ☐ Había un laboratorio de idiomas.
- ☐ Había gimnasio.
- ☐ No había comedor.
- ☐ Teníamos un libro para cada asignatura.

b **Comenta con tus compañeros/-as la información sobre tu escuela y compara. ¿Quiénes tienen las mismas experiencias y quiénes no?**

Mis maestros hacían la asignatura interesante.
¡Qué suerte!, pues los míos eran bastante aburridos.

pronombres posesivos

el/los mío/s	la/s mía/s
el/los tuyo/s	la/s tuya/s
el/los suyo/s	la/s suya/s

recursos

pág. 16

c **Escucha cómo las personas hablan de sus escuelas de primaria y completa la ficha.**

1–2

	Persona 1	Persona 2
Tipo de escuela	....	....
País	....	....
¿Cómo eran las aulas y los materiales?	....	....
	....	....
¿Cómo eran los profesores?	....	....
¿Qué instalaciones tenía el colegio?	....	....
	....	....
¿Cómo era el horario?	....	....
Una cosa que le gustaba	....	....
Una cosa que no le gustaba	....	....
¿Qué se solía hacer?	....	....

d **¿Y en tu país? ¿Han existido estos tipos de enseñanza? ¿En qué época?**

AB 8, 9

¡A LA TAREA! A NUESTRA ESCUELA IDEAL

3. Vamos a diseñar la escuela ideal.

a **Diseñad vuestra escuela ideal. Definid dónde está, el horario, las instalaciones, las asignaturas, los profesores, cómo se aprende u otra información interesante.**

Nombre ....

Lugar ....

Horario ....

Instalaciones ....

Asignaturas ....

Profesores ....

Otras características ....

b **Elaborad un folleto o un póster sobre la escuela y presentadlo al curso.**

c **¿Qué escuela te gusta más? ¿Por qué?**

4. ¿Sabes a dónde he ido?

a **¿Qué cursos has hecho últimamente en tu tiempo libre? Contesta las preguntas.**

Actividad	¿Cuándo fue/ha sido?	¿Qué se hacía en el curso?	¿Qué tal fue/ha sido?
....	....	....	....
....	....	....	....
....	....	....	....

pretérito perfecto y pretérito indefinido

Si el hablante ve la acción y el tiempo como terminados, usa el indefinido.
*El fin de semana pasado **vi** una película de amor.*
Si el hablante ve la acción como terminada pero no el tiempo, usa el perfecto. Es decir, la acción tiene una influencia en el presente.
*Últimamente (hasta ahora) no **he ido** a ningún concierto.*

¡Fíjate!

valorar acciones pasadas

En indefinido:
Una vez hice un curso de salsa.
*¡**Fue** muy divertido!*
En pretérito perfecto:
He estado en un concierto de Juanes.
*¡**Ha sido** fantástico!*

¡Fíjate!

b **¿Cuáles son las actividades más comunes en tu grupo? Haz una estadística.**

AB 10, 11

5. La importancia del tiempo libre

a **¿Cuánto tiempo libre tienes entre semana? ¿Y los fines de semana?**

b **Lee la tira cómica. ¿Cuál de las dos afirmaciones representa mejor el cómic?**

- ☐ Las actividades de tiempo libre tienen efectos positivos sobre la salud.
- ☐ Demasiadas actividades de tiempo libre pueden causar estrés.

c **Escucha la entrevista a un psicólogo en el programa de radio y contesta las preguntas.**

a. ¿Cuál es el tema del libro? ....

b. ¿Cuál es el problema? ....

¿Cómo se manifiesta? ....

c. ¿Qué propuestas hace el señor Sabatini? ....

....

d **Escribe una lista con seis actividades para cuidar la salud, la amistad y para formarse.**

AB 12

6. La guía del ocio

a **Elabora una encuesta para conocer los intereses de otros/-as compañeros/-as en el tiempo libre. Puedes hacer preguntas sobre los siguientes temas.**

deporte | cine | teatro | hacer un curso | ir a restaurantes | navegar en internet | danza | naturaleza | literatura | cocinar

¿Qué deportes practicas en tu tiempo libre?
¿Qué tipo de películas te gusta ver en el cine?
....

vocabulario — películas

comedia
melodrama
películas
- de ciencia ficción
- de terror / de miedo
- de guerra
- de dibujos animados
- de amor
- de suspense
- de acción

b **Haz la encuesta a otro/-a compañero/-a del curso.**

c **Lee las descripciones de los cursos y relaciónalos con los temas.**

Crecimiento personal | Taller literario | Astronomía | Globoflexia | Bailes de salón

....

Los cursos, con una duración de seis meses, incluyen lecciones teórico-prácticas de temas como el origen y evolución del sistema solar, las estrellas y las constelaciones. Pero la actividad más atractiva es, sin duda, la observación nocturna con telescopios.
Zona Lavapiés, Tel. 91 639 10 16

....

La consulta de psicología de Claudia García Lozano está especializada en el desarrollo de habilidades sociales para mejorar las relaciones personales. Se ofrecen además cursos prácticos de inteligencia emocional, confianza y autoestima para combatir la ansiedad y la timidez.
Metro Concha Espina, Tel. 91 387 38 74

....

La escuela de bailes latinos y bailes de salón enseña a sus alumnos todos los secretos del bolero, el cha-cha-chá, el rock&roll, el pasodoble, el swing, el fox-trot, el vals, el tango o la samba. También se imparten clases de sevillanas, danza árabe, gimnasia de mantenimiento y pilates.
Metro Manuel Becerra, Tel. 91 727 95 23

....

Disfruta de la mejor selección de cursos de escritura. Cursos de tres meses de duración. Inscripción a partir del 15 de septiembre. Comienzo el 15 de octubre. Atención: plazas limitadas (25 plazas por curso). ¡Apúntate ahora!
Zona Barrio Austrias, Tel. 91 327 45 54

....

¿Alguna vez te has quedado con la boca abierta mirando a un artista cuando ha convertido un simple globo alargado en una espada láser, un animalito o un sombrero? Este es un arte sencillo de aprender que da la oportunidad de participar en animaciones, fiestas infantiles y eventos importantes.
Más información en el teléfono 914563932

d **Escucha y decide qué curso eligen los amigos.**

e **Escucha otra vez y marca qué se dice.**

- [ ] Julián sabe un poco de astronomía.
- [ ] Julián tiene facilidad para conocer a gente.
- [ ] A Julián se le dan muy mal los trabajos manuales.
- [ ] Julián es un negado para bailar.
- [ ] Julián es un genio para el ritmo.

hablar de habilidades

saber (mucho / poco / nada) de
tener facilidad para
algo se me da bien / mal
ser bueno / malo para
ser un genio / un negado para

vocabulario

f **Elige un curso de los anuncios para el/la compañero/-a que has entrevistado en 6b y explica por qué.**

g **¿Estás contento con lo que te han asignado a ti? ¿Tienes las habilidades para el curso?**

AB 13–20

¡A LA TAREA! B — TE OFREZCO UN CURSO

7. Vamos a crear un programa de cursos donde somos profesores.

a **Hablad sobre vuestras capacidades. ¿Qué curso podéis ofrecer?**

b **Busca a un/a compañero/-a con las mismas capacidades.**

c **Poneos de acuerdo sobre el tipo de curso: nombre, contenido, profesor/-a, horario y lugar.**

d **Elaborad el anuncio para el programa de cursos.**

e **Con todos los textos elaborad el programa de cursos.**
Elige con un/a compañero/-a dos cursos a los que queréis asistir.

Enseñar con eñe

a Mira los sistemas educativos de México y España y marca las respuestas correctas.

1. La educación obligatoria en México comienza a los
   ☐ 6 años ☐ 5 años ☐ 3 años
2. Los alumnos mexicanos acaban la educación obligatoria a los
   ☐ 13 años ☐ 15 años ☐ 18 años
3. La educación primaria en España abarca de los
   ☐ 6 a 12 años ☐ 10 a los 16 ☐ 6 a los 16 años
4. La educación secundaria obligatoria (ESO) en España tiene una duración de
   ☐ 2 años ☐ 6 años ☐ 4 años

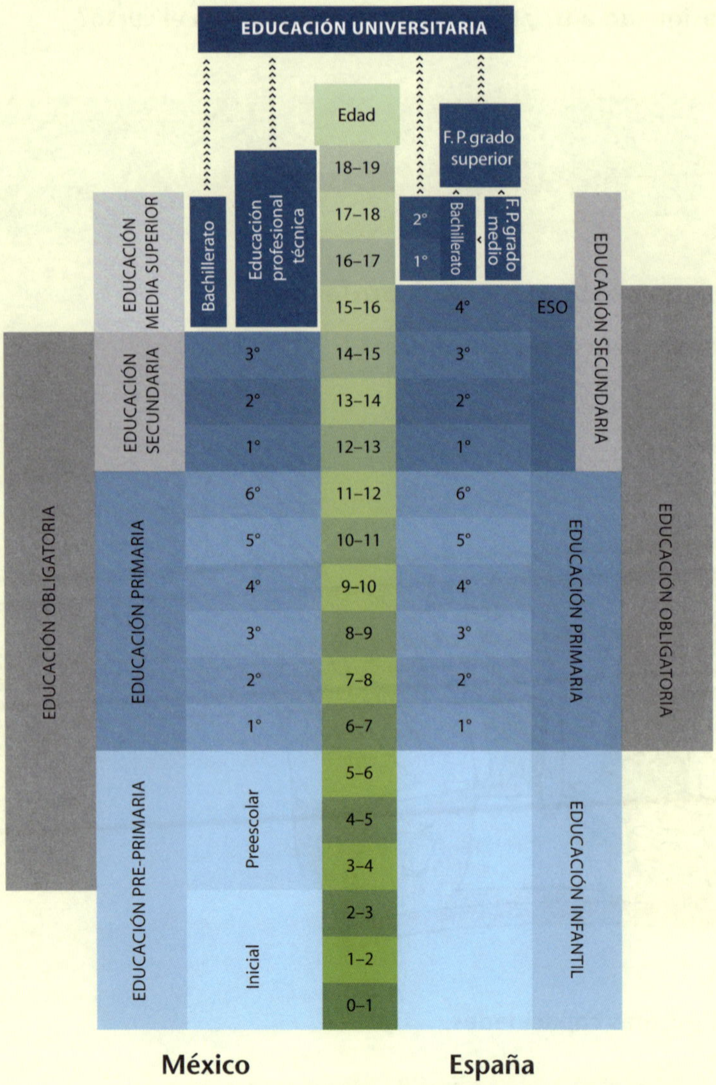

¿Sabías que...?

Tanto en México como en España la educación pública preescolar o infantil es gratuita. En México durante la educación primaria los libros son gratuitos.

El bachillerato es el periodo de estudios que se desarrolla previamente a la educación universitaria. Al finalizar el bachillerato el alumno realiza un examen de acceso a la universidad. Tanto en España como en México existen diferentes tipos de bachillerato, dependiendo del tipo de carrera universitaria que se va a elegir.

En México se emplea la titulación junto al nombre como título de respeto (p. ej., el Licenciado Pérez). En España, en cambio, no es costumbre utilizar el grado universitario junto al nombre; sólo en determinadas profesiones, como farmacéutico o arquitecto, se emplea la abreviatura de la titulación (Ldo. /Lda.).

¡Cuidado con los falsos amigos! La palabra "profesor" significa en alemán *Dozent* o *Lehrer*, por lo tanto no hay que confundirlo con *Professor* (=catedrático).

b Lee la información de "¿Sabías que...?" y busca dos diferencias entre los sistemas de enseñanza que se describen y el de tu país o región.

c ¿Y cómo es en tu país? Dibuja con tu compañero/-a un esquema donde explicas a un/a hispanohablante el sistema de enseñanza de tu país o región.

AB 21, 22

El pretérito imperfecto: uso (1)

Si se quieren *describir* situaciones, personas u objetos en el pasado, se usa el *pretérito imperfecto*. Por eso, se suele usar cuando comparamos cosas, hechos o costumbres de antes con los de ahora.
Antes las escuelas no ***tenían*** *tantas instalaciones como ahora. Por ejemplo, en mi escuela no* ***había*** *ordenadores.*

→ 1.3

El pretérito imperfecto: uso (2)

Si se quieren describir acciones habituales o repetidas en el pasado, se usa el *pretérito imperfecto.*
De niño ***iba*** *a un colegio religioso. Todos los días* ***iba*** *al colegio con mi hermano y* ***solíamos*** *ir a pie.*

→ 1.3

El gerundio: uso adverbial

Se usa el gerundio para indicar la manera de hacer algo. Responde a la pregunta *¿cómo?*

■ *¿Cómo aprendíais francés en tu escuela?*
● *Aprendíamos* ***repitiendo*** *las conjugaciones y* ***memorizando*** *el vocabulario.*

→ 1.8

El gerundio: formas irregulares

caer → cayendo	morir → muriendo
creer → creyendo	oír → oyendo
decir → diciendo	pedir → pidiendo
dormir → durmiendo	poder → pudiendo
ir → yendo	traer → trayendo
leer → leyendo	venir → viniendo

→ 1.8

El pretérito indefinido y el pretérito perfecto: contraste en el uso

Si el hablante quiere expresar una acción terminada en el pasado, y el tiempo en el que se realiza la acción también está terminado, se usa el *indefinido.*
El mes pasado ***fui*** *a una exposición de Goya.*

Si el hablante quiere expresar una acción terminada en el pasado, pero el tiempo no está terminado, se usa el *perfecto.*
Este mes no ***he hecho*** *todavía nada interesante.*

En algunas regiones de España (Andalucía, Islas Canarias) y en partes de Latinoamérica se utiliza en vez del perfecto el indefinido.

→ 1.1

El indefinido: uso valorativo

Si el hablante quiere valorar una acción pasada en un tiempo pasado, se usa el *indefinido.*

■ *El jueves pasado empecé el curso de cocina.*
● *¿Sí? ¿Y qué tal fue?*
■ *Me encantó.* ***Fue fenomenal.***

→ 1.2

LENGUA

Describir personas, objetos y situaciones en el pasado

■ ¿Cómo era tu escuela?
● Era muy pequeña y solo para niñas. Mi maestra era muy estricta, pero me gustaba mucho.

Hablar de acciones pasadas y valorarlas

■ ¿Qué has hecho tú últimamente?
● Pues, fui al cine a ver una película. ¡Estuvo genial!

Hablar de habilidades

■ Se me da mal bailar. Soy un negado.
● Pues a Luisa se le da muy bien. Es muy buena para el baile.

▲ ¡Pregunta a Javier! Sabe mucho de historia.
◆ Ah, buena idea, gracias.

● ¡Qué bien habla Ana francés!
■ Sí, es que tiene mucha facilidad para los idiomas.
● ¡Qué envidia!

COMUNICACIÓN

¡YA LO SABES!

Soy capaz de...	😊	🙂	☹	→ Unidad 1
comparar mi educación escolar con la de ahora *Cuando iba al colegio, aprendía* .... *Ahora se aprende*	☐	☐	☐	A1, A2
decir cómo aprendo mejor *Yo aprendo mejor*	☐	☐	☐	A1
hablar sobre diferentes tipos de aprendizaje *Hay diferentes tipos de enseñanza, por ejemplo*	☐	☐	☐	A2
contar qué actividades de tiempo libre he hecho últimamente ● *¿Qué has hecho últimamente?* ▲ *Últimamente he..., por ejemplo el*	☐	☐	☐	B4
valorar actividades de tiempo libre que ya he hecho ● *¿Cómo te lo pasaste?* ▲ *Fue*	☐	☐	☐	B4
hablar sobre mis habilidades *Se me da*	☐	☐	☐	B5, B6
explicar el porqué de una elección ● *¿Por qué haces este curso de español?* ▲	☐	☐	☐	B6

Escribe para una revista un pequeño artículo sobre ti cuando tenías 10 años. ¿Cómo era un día en tu vida?, ¿cómo era tu colegio?, ¿cómo eran los profesores?, ¿cómo aprendías?, ¿qué hacías en tu tiempo libre?

consejo 1

Recordar vocabulario

Para recordar el vocabulario que te parece importante completa los asociogramas. Compara con tus compañeros/-as. Después añade 5 palabras o expresiones de tus compañeros/-as.

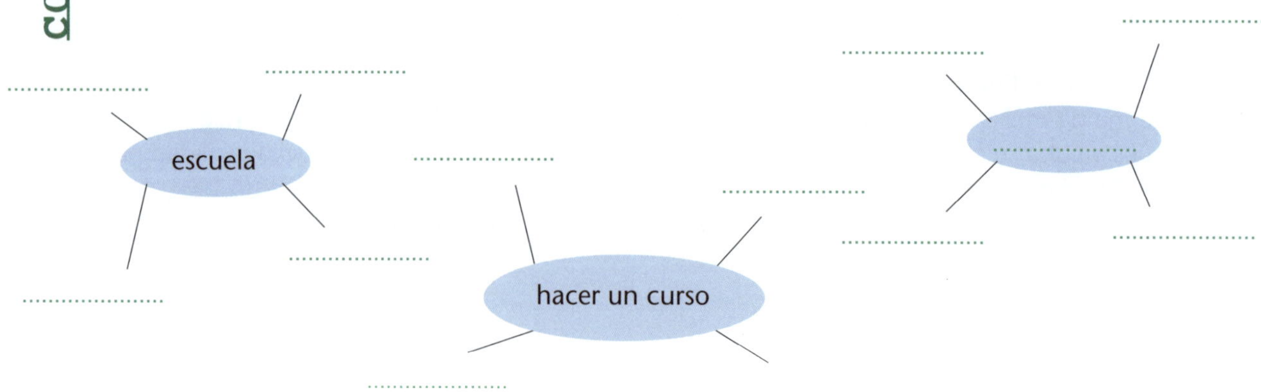

¿En cuáles de estas situaciones es más fácil hacer amigos? ¿En cuál es más difícil? Enumera del 1 (más fácil) al 4 (más difícil) dónde puedes conocer a más gente. ¿En qué otras situaciones puedes conocer gente? Haz una lista.

5 Escucha a las personas. ¿Dónde se conocieron? ¿Coinciden con las situaciones de tu lista?

Piensa en un/a amigo/-a. ¿Dónde y cuándo lo/la conociste? ¿Cómo?

¡Adelante! Entra en mi vida

EN ESTA UNIDAD VAS A APRENDER A:

- expresar sentimientos como aversión, preocupación, gusto y disgusto, alegría
- describir relaciones
- expresar estados de ánimo y de humor
- describir el carácter y el físico de personas
- escribir un blog para internet

2 A EN PRIMER LUGAR

1. La que se avecina

a **Mira las fotos de algunos protagonistas de la serie "La que se avecina". ¿Quién vive con quién? Haz hipótesis. Después lee los textos y comprueba.**

Coque

Raquel

Izaskun

Fran

Nines

Mari Tere

Antonio

Enrique

Coque
Es el portero del edificio. Antes estaba en la cárcel y después trabajaba como jardinero. Tiene una buena relación con el presidente de la comunidad porque este lo defiende. Está enamorado de Raquel. Hace su trabajo bien, pero los vecinos siempre se quejan y están enfadados con él.

Mari Tere
Es una mujer mayor tradicional. Vive con su amiga Izaskun. Es muy inocente y le gusta ayudar a los demás, por eso la gente la aprecia, pero a veces critica a su amiga por su comportamento alocado.

Nines
Vive de alquiler en un piso que comparte con su prima Raquel. Nines es muy buena, pero está un poco celosa de Raquel y también le molesta su forma de vida. No está contenta con su trabajo porque no gana mucho dinero y está a menudo de mal humor.

Enrique
Es el vicepresidente de la comunidad. Vive solo con Fran, su hijo adolescente, que le causa muchos problemas. Él tiene muchas ganas de dos cosas: de encontrar una buena madre para su hijo y de llegar a ser el presidente de la comunidad. Por eso se lleva tan mal con Antonio.

Izaskun
Es la amiga de Mari Tere. Es una mujer muy sinvergüenza y sin pelos en la lengua. Antes vivía en una residencia pero se fugó para compartir piso con su amiga, aunque son muy diferentes. Está casi siempre de buen humor, pero le molesta la actitud del presidente de la comunidad.

Raquel
Quiere ser modelo o actriz y siempre está buscando trabajo. Tiene mucho éxito con los hombres y siempre está contenta, pero no es muy inteligente. Comparte piso con su prima Nines, de la que se aprovecha un poco porque son muy diferentes. A veces le fastidia un poco la personalidad de Nines.

Antonio
Es el presidente de la comunidad. Vive con Berta, su mujer. Tienen los problemas comunes de las familias. Se toma muy en serio su cargo, pero los vecinos siempre están enfadados con él.

Fran
Es el hijo adolescente de Enrique. Es rebelde y por eso tiene problemas con su padre. Le cae bien una vecina, Izaskun.

b **¿Cómo se llevan entre ellos? ¿Por qué ?**

Coque se lleva bien con Antonio porque Antonio ayuda a Coque.
Sí, y Nines se lleva mal con…

relaciones personales
Me llevo bien/mal con Antonio.
Nines me cae bien/mal.
vocabulario

c **Pregunta a tu compañero/-a.**

¿Qué vecino/-a…
está enamorado/-a?
está celoso/-a?
está de buen humor?
está enfadado/-a o enojado/-a?
está contento/-a?
está de mal humor?

expresar estados de ánimo
estar + adjetivo
Antonio ***está*** *hoy muy* ***contento.***
estar + participio
Coque ***está*** *muy* ***enfadado.***
¡Fíjate!

d **Elige uno de los estados de 1c y haz mímica. Tus compañeros/-as adivinan cómo estás.**

AB 1–3

e **Inventa una historia en la que los personajes son tus compañeros del curso y pasan por todas (o casi todas) estas situaciones. ¿Quién ha inventado la historia más creíble?**

enamorarse de alguien | enfadarse con alguien | ponerse celoso/-a de alguien
ponerse contento/-a | ponerse de buen humor | ponerse de mal humor

2. Escenas de vecinos

cambio de estado de ánimo
enamorarse → estar enamorado/-a
ponerse celoso/-a → estar celoso/-a
¡Fíjate!

6–9 **a** **Escucha a algunos de los personajes de "La que se avecina". ¿Quién habla?**

Diálogo 1: ....
Diálogo 2: ....
Diálogo 3: ....
Diálogo 4: ....

6–9 **b** **Escucha otra vez. ¿Cuáles de estos problemas se mencionan?**

- [ ] El padre no deja salir al hijo tan tarde.
- [ ] Los vecinos hacen ruido.
- [ ] Alguien ha puesto la música muy alta.
- [ ] Uno/-a de los compañeros/-as de piso no paga el alquiler.
- [ ] El ascensor está sucio.
- [ ] Hay papeles tirados en el suelo.
- [ ] Las bolsas de basura están fuera del contenedor.
- [ ] Una de las amigas se ha gastado mucho dinero en el bingo.

c **Lee el correo electrónico de Lisa, una nueva vecina venezolana y subraya las situaciones de 2a.**

Hola, Óscar:
Ya estoy en Madrid. Me costó encontrar apartamento, pero ya conseguí uno. Aunque no está en el centro de la ciudad, es muy lindo. Además, ¡tenemos vigilante y todo! A mí me cae bien, pero los vecinos no se llevan muy bien con él. A ellos no les gusta que haga el trabajo tan mal.
Vivo con dos chicas, Nines y Raquel, que son primas. Raquel quiere ser actriz y está siempre haciendo castings, pero a Nines y a mí nos fastidia que nunca tenga dinero para pagar el piso. Pero me gusta vivir con ellas, son muy divertidas y locas.
Mis vecinos se meten mucho en las vidas de los demás. A mí me molesta un poco que sean tan chismosos. El otro día hicimos una fiesta y el señor de abajo, el presidente de la comunidad no veas lo que se molestó. Los vecinos están enfadados siempre con él, y yo creo que prefieren que el presidente sea Enrique, el actual vicepresidente, que es un señor que vive sólo con su hijo, que en realidad hace lo que quiere de su padre. Por lo visto el presidente no soporta que hagamos fiestas sin su permiso y que no leamos las normas de las comunidad.
También oigo siempre a unas amigas viejitas de abajo, que viven juntas. Son muy divertidas. Una de ellas es muy moderna y activa. Tiene fama de decir todo lo que piensa, por eso no aguanta que su amiga le prohíba hablar mal de los vecinos. ¡Tiene una energía! La otra es más tradicional. Se pelean mucho, pero todos los vecinos saben que no pueden vivir la una sin la otra.
A veces pienso que este es un edificio lleno de locos, pero voy a dejar de quejarme porque me encanta que hablen tanto entre ellos y la verdad es que la estoy pasando super chévere. Bueno, no quiero darte envidia, así que me despido ya.
Muchos besos y escribe pronto, ¿vale? (como dicen aquí todo el rato).
Lisa

A EN PRIMER LUGAR

d **En el correo de Lisa aparece un nuevo tiempo verbal, el presente de subjuntivo. Busca los verbos y termina las frases. Después completa la tabla de verbos.**

No les gusta que ....
Nos fastidia que ....
Me molesta que ....
Prefieren que el presidente ....
No soporta que .... y ....
No aguanta que su amiga ....
Me encanta que ....

uso del subjuntivo (1)

Se usa el subjuntivo en las frases con *que* después de verbos y expresiones que indican un sentimiento, como *gustar, molestar, (no) soportar, preocupar*, etc.

¡Fíjate!

e **¿Qué le gusta y no le gusta a Lisa de su nuevo apartamento (vecinos, compañeras, costumbres…)? Completa.**

A Lisa le gusta que...........
A Lisa no le gusta que...........

f **¿Y a ti? ¿Qué cosas te gustan o no te gustan de tus compañeros de piso o vecinos?**

A mí me gusta que...............
A mí no me gusta que..........

g **¿Cuáles son los problemas más frecuentes? Haced un ránking.**

AB 4–9

el subjuntivo

regulares			irregulares		
hablar	**leer**	**prohibir**	**ser**	**tener**	**hacer**
hable	lea	prohíb**a**	sea	tenga	haga
habl**es**	le**as**	prohíb**as**	seas	tengas	hagas
hable	lea	....	....	....	....
habl**emos**	....	prohib**amos**	seamos	tengamos	....
habl**éis**	le**áis**	prohib**áis**	seáis	tengáis	hagáis
....	le**an**	prohíb**an**	....	tengan	hagan

El presente del subjuntivo se forma casi siempre a partir de la 1ª persona singular del presente de indicativo: decir → yo **dig**o → yo **dig**a

recursos

¡A LA TAREA! A ¿QUIERES COMPARTIR PISO CONMIGO?

3. Vamos a elaborar un cuestionario para buscar a compañeros/-as para compartir piso.

a **Elegid de vuestras listas de la actividad 2f seis informaciones comunes. Después elaborad una encuesta con los temas sobre los que queréis preguntar a vuestros/-as compañeros/-as.**

b **Pregunta a tus compañeros/-as y escribe sus nombres en la columna de la derecha.**

Tema	Pregunta	Nombre
ruido	*¿Te molesta que hagan ruido?*	*Astrid, ...*
música	*¿Te gusta que...?*	
...	...	

Astrid, ¿a ti te molesta que hagan ruido?
Sí, bastante, sobre todo si es de la televisión.

c **Leed vuestros resultados y elegid. ¿Con qué compañeros/-as tenéis más en común? Solo podéis elegir a tres compañeros/-as para compartir piso.**

4. Mi otro yo

a **Estas personas han creado un avatar, «su otro yo», en internet. Mira las imágenes, lee los textos y completa la tabla.**

JANET SONG
Audaz ama de casa

Carmina Jiménez (1978), Mendoza, Argentina. Ama de casa con tres hijos.

Su familia no llena su vida. Por eso Carmina ha decidido formar parte de Second Life, donde da vida a la inquieta y sensual modelo Janet Song.

NOEMI VENENO
El lado femenino de un albañil

Tomás Dunas (1963), Teruel (España). Trabaja en la construcción.

En la vida virtual Tomás es Noemi Veneno. "Es una guerrera pelirroja, salvaje y generosa, y se parece a mi lado femenino", dice Tomás.

CARLOS LINDEN
El otro 007

Carlos Ordóñez (1975), Cañón de a Parra (Baja California, México) Responsable informático.

Carlos es el atractivo y seductor Carlos Linden en el mundo virtual. Su misión: conquistar a las chicas y, claro, ayudar a los que tienen problemas.

	Janet Song	Noemi Veneno	Carlos Linden
¿Cómo es?			
Otras características (profesión, edad, etc.)			
	Carmina Jiménez	Tomás Dunas	Carlos Ordóñez
¿Cómo es?			
Otras características (profesión, edad, etc.)			

b **¿Cuáles de los avatares de 4a te gusta más? ¿Por qué?**

c **Invéntate un avatar y ponle un nombre. ¿Cómo te gustaría ser? ¿Qué actividades te gustaría hacer? Describe tu físico y carácter. Después intercámbialo con tus compañeros/-as. ¿Crees que se pueden llevar bien? ¿Por qué?**

B NADIE ES PERFECTO

5. Un blog de internet

a ¿Dónde encuentras la información?

una poesía | comentarios de un viaje | manías personales | frases o citas | un vídeo

¡Bienvenido a mi blog!

16 DE AGOSTO DE 2009

Cosas que hago
He leído un artículo y no sé si soy maniática. Aquí algunos ejemplos:
Dibujo garabatos cuando hablo con alguien por teléfono. Me lavo las manos a menudo. Coloco las toallas antes de ducharme en orden de uso. A veces me muerdo las uñas. Me toco mucho el pelo cuando me aburro. Tengo que comprobar varias veces si la puerta de mi casa está cerrada con llave. ¿Vosotros qué pensáis?

Comentario:
Yo te considero una persona fantástica. No eres la única, todos somos un poco maniáticos, ¿no?
Escrito por Mili - 19 Agos 2009

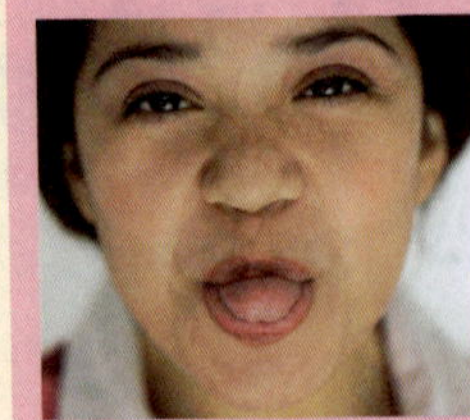

Ver todo mi perfil

17 DE JUNIO DE 2009

Estrés fin de curso
Últimamente estoy muy liada con los exámenes. No os molestéis si no contesto con frecuencia, pero este año tengo que aprobar todo. No quiero perder más el tiempo. ¡No digáis que soy vaga!

1 DE JUNIO DE 2009

Mi última peli
He visto una película que me ha impresionado mucho. La peli se llama El Patio de mi Cárcel. Fui a verla con mi novio y cuando la vi me puse muy melancólica y sensible. Es muy dura pero te hace pensar bastante.

Comentario:
Yo también la vi y me encantó. Pero un poco fuerte, ¿no?
Escrito por Gustavo - 3 Jun 2009

27 DE MAYO DE 2009

Mis citas
¡A vivir que son dos días!
Si lo que vas a decir no es más bello que el silencio: no lo digas.

Comentario:
¿De quiénes son las citas?
Escrito por Tina - 28 Mayo 2009

24 DE MAYO DE 2009

Yo me voy. Estoy triste: pero siempre estoy triste.
Vengo desde tus brazos. No sé hacia dónde voy.

Comentario:
Me encanta esta poesía.
Escrito por Luísa - 27 Mayo 2009

4 DE FEBRERO DE 2009

Banda de flamenco de Granada con influencias de rock, reggae, flamenco y música clásica. Aprovechan las letras de sus canciones para hacer reinvidicaciones sociales de una manera divertida! ¡Son geniales!

Comentario:
¿No sabes el nombre del grupo?
Escrito por Aino - 7 Feb 2009

Un viaje especial. Vista de la Plaza Roja y la ciudad amurallada (Kremlin). Ya estábamos preparados para volar a Delhi. ¡Fue agotador!

Comentario:
Seguro que no vas a olvidar nunca este viaje. Yo he estado también y me encantó.
Escrito por ahandert- 10 Jul 2009

b **¿Cómo crees que es esta persona de carácter? ¿Por qué? ¿Cómo se siente la persona en los diferentes días?**

Es...		Está...	
romántica	☐	ocupada	☐
trabajadora	☐	estresada	☐
rara	☐	triste	☐
maniática	☐	impresionada	☐
viajera	☐	alegre	☐
intelectual	☐	liada	☐
divertida	☐	enfadada	☐
sincera	☐	de buen humor	☐
moderna	☐	cansada	☐
impuntual	☐	aburrida	☐

AB 10–13

ser y estar

Con *ser* se indica una característica inherente de una persona, por ejemplo, el carácter.
*Maria **es** un chica muy aburrida.*

Con *estar* se indica el estado de una persona, por ejemplo, el estado de ánimo.
*María **está** aburrida (pero María puede **ser** una persona divertida).*

¡Fíjate!

10 **c** **Escucha la conversación entre amigas y señala el orden de aparición de los temas de 5a.**

d **Busca en el blog la frase con el mismo contenido.**

1. A la persona le gusta que la otra persona sea tal y como es.

   ....

2. A la persona le molesta que le digan que no es trabajadora.

   ....

3. A la persona le gusta disfrutar de la vida.

   ....

4. A la persona le gusta mucho leer poemas.

   ....

gustar + infinitivo / gustar que + subjuntivo

A mí *me gusta* ***limpiar*** *la casa.*
Yo *limpio la casa.*
A mí *me gusta.*

A mí *me gusta que* ***mi marido limpie*** *la casa.*
Mi marido *limpia la casa.*
A mí *me gusta.*

¡Fíjate!

e **Completa las citas sobre un compañero/-a sin escribir su nombre. Después tenéis que adivinar de quién se trata. ¿Quién del curso se parece a ti?**

Soy una persona .... *y me siento* .... *cuando* ....
Soy una persona ...., *pero estoy* .... *cuando* ....
Soy .... *y con frecuencia estoy* ....
Soy ...., *pero estoy* ....
Soy ....
Estoy ....

AB 14–17

¡A LA TAREA! B — EL BLOG DEL CURSO

6. Vamos a crear un blog para el curso de español.

a **¿Qué información os gustaría tener en un blog? Elegid temas que os interesan: el aula, los compañeros, el libro, el profesor / la profesora...**

b **Escribe un texto donde te presentas (nombre, físico, carácter, qué te gusta, qué no te gusta...) y sobre uno de los temas de 6a.**

c **Pasa tu texto a un/a compañero/-a. Escribe un comentario sobre el texto de tu compañero/-a.**

d **Ahora poned vuestros textos en la pared. ¿Representan bien los textos vuestro curso de español?**

pág. 26

Pasión latina

a Una programación de televisión. Lee los textos y contesta las preguntas.

1 ¿Qué temas se tratan?
2 ¿Qué tipo de personajes se pueden distinguir?
3 ¿A qué hora se emiten? ¿Qué tipo de público puede verlas?
4 ¿Cuánto tiempo duran los episodios? Y las series, ¿duran semanas, meses, años?

Día	Hora	Descripción	Min.	Canal
Jue.19	12:30	Yo soy Bea (Ep. 670): Adriana consigue robar las joyas y dárselas a Joni. Padre e hija por fin son libres de las amenazas y los chantajes. La directora confiesa a su marido que le ha sido infiel con el abogado y le promete que no volverá a suceder.	35"	TVE 1
Jue.19	15:30	Pasión de gavilanes (Ep. 124): Los hermanos Reyes tuvieron que huir de su casa tras el asesinato de sus padres y llegaron a la ciudad. La hermana pequeña, Libia, se enamora de Bernardo Elizondo, un hombre mayor quien a su vez se enloquece por ella. Los dos viven un secreto romance, que es descubierto por los hermanos Reyes.	40"	Antena 3
Jue.19	16:00	Amarte así, Frijolito (Ep. 2): Frijolito es un niño de seis años que vive con su mamá Margarita y su abuela. Su gran ilusión es tener un papá al que cree muerto. Después de seis años Ignacio vuelve a la ciudad a trabajar como médico y se encuentra por casualidad con su hijo y sin ellos saberlo se hacen grandes amigos.	30"	Telecinco

b Lee los textos sobre las telenovelas y elige el título más adecuado para cada texto.

Identidad nacional | El rescate de la memoria | Años de innovación | Valor educativo

México: Su modelo es el tradicional, el melodrama clásico. Se utiliza este género de gran difusión para enseñar al público temas como la alfabetización, la planificación familiar o dar mensajes de salud.

Colombia: Las telenovelas colombianas toman como temas de referencia la familia y el trabajo; esto le ha servido a este país para contar historias propias, mostrar sus modos de ser o introducir en la sociedad la modernidad.

Chile: Una característica que identifica a las nuevas series chilenas es la innovación narrativa que mezcla la ficción con algunos aspectos de la realidad social del país.

Argentina: En 2007, el mayor fenómeno de la televisión fue la serie Montecristo, que puso en pantalla uno de los pasajes más dolorosos de la historia del país: la represión de la dictadura militar.

¿Sabías que...?

La telenovela es un género típico de países latinoamericanos creado para la televisión. Temas como pasión, amor, venganzas o reencuentros son sus ingredientes principales. Las diferencias más importantes entre la telenovela y su versión anglosajona, el *soap opera* o *serial televisivo*, son que en la telenovela los personajes normalmente no cambian y tanto el final feliz como el argumento están definidos desde el principio.

Otros términos que se utilizan como sinónimos de *telenovela* son *teleserie*, *culebrón* (sobre todo en España) y *telecebolla* (Chile).

c ¿Y cómo son las telenovelas en tu país? ¿Con cuáles de las siguientes características se pueden describir? Añade alguna más.

- ☐ Los sentimientos y pasiones son muy fuertes.
- ☐ Hay diferencias de clase marcadas, por ejemplo "pobres" frente a "ricos".
- ☐ Los diálogos son muy exagerados.
- ☐ Es un fenómeno reciente.
- ☐ Hay temas tabú como la homosexualidad.
- ☐ Duran años.
- ☐ ....
- ☐ ....

AB 18

El presente de subjuntivo: formas

	regulares			irregulares		
	hablar	**aprender**	**vivir**	**ser**	**tener**	**hacer**
yo	habl**e**	aprend**a**	viv**a**	sea	tenga	haga
tú	habl**es**	aprend**as**	viv**as**	seas	tengas	hagas
él/ella/usted	habl**e**	aprend**a**	viv**a**	sea	tenga	haga
nosotros/-as	habl**emos**	aprend**amos**	viv**amos**	seamos	tengamos	hagamos
vosotros/-as	habl**éis**	aprend**áis**	viv**áis**	seáis	tengáis	hagáis
ellos/ellas/ustedes	habl**en**	aprend**an**	viv**an**	sean	tengan	hagan

El presente del subjuntivo se forma casi siempre a partir de la primera persona del singular (yo) del presente de indicativo.
Poder → (yo) ***puedo*** *→ (yo)* ***pueda***

→ 1.7.1

El presente de subjuntivo: uso (1)

Se usa el subjuntivo si se quiere expresar un sentimiento sobre otra persona o cosa.
Por eso, se utiliza el subjuntivo en una frase con *que*, después de verbos como *gustar, molestar, soportar, preocupar, alegrarse*, etc.

Me gusta que *mis amigos me* ***visiten.***
Mis amigos me visitan. → A mí me gusta esto.

A mi vecina ***no le gusta*** *que los niños* ***hagan*** *ruido.*
Los niños hacen ruido. → A mi vecina no le gusta esto.

→ 1.7.2.1

ser / estar

Se usa *ser* si se quiere expresar una característica inherente a una persona o cosa, por ejemplo el carácter de una persona, la profesión, el nombre, etc.
María ***es*** *muy inteligente.* (característica inherente de María = inteligente)

Se usa *estar* si se quiere indicar el estado de una persona, por ejemplo el estado de ánimo.
Juan tiene mucho trabajo y últimamente ***está*** *estresado.* (estado actual de Juan = estresado)

Agustín normalmente ***es*** *muy tranquilo, pero estos días* ***está*** *bastante nervioso.*
(característica inherente de Agustín = tranquilo, estado actual de Agustín = nervioso)

→ 1.9

LENGUA

Hablar de relaciones entre personas

■ ¿Cómo te llevas con tus nuevos vecinos?
● ¡Muy bien! Me caen genial.

Expresar sentimientos sobre otras personas o cosas

■ Me gusta mucho que mis hijos cocinen para mí.
● Pues a mí me preocupa que usen la cocina.

▲ A mí me molesta que la gente tire las servilletas al suelo en los bares.
◆ A mí también. Luego todo está tan sucio...

Expresar estados de ánimo

■ Hola, Juan, ¿cómo estás?
● Bien, pero estoy un poco preocupado.

Describir el carácter de una persona

■ ¿Cómo es tu nuevo profesor de matemáticas?
● Es muy simpático y explica todo muy claro.

■ Esta chica nueva de clase es muy abierta, ¿no?
● Sí, además siempre está dispuesta a ayudar.

COMUNICACIÓN

¡YA LO SABES!

Ya soy capaz de...

Soy capaz de...	🙂	🙂	☹	→ Unidad 2
describir relaciones *A Natalia le caen bien sus vecinas.*	☐	☐	☐	A1, B4
expresar estados de ánimo y de humor *María está enamorada. Y*	☐	☐	☐	A1, A2
expresar sentimientos hacia otras personas y/o situaciones *Me gusta(-n) que* .... *pero me molesta(-n) que*	☐	☐	☐	A2, A3
describir el carácter y el físico ● *¿Cómo eres?* ▲ *Soy*	☐	☐	☐	B4, B5
escribir pequeños textos para internet sobre mí *A mí me gusta levantarme muy temprano.*	☐	☐	☐	B6

Mi dossier

Vas a hacer un intercambio con un/a estudiante argentino/-a de alemán que va a quedarse en tu casa y va a conocer a tu familia y amigos. Escríbele unn correo electrónico donde te describes a ti, a tu familia y a tus mejores amigos. Escribe cómo sois y qué os gusta.

Aprender a aprender

consejo 2

Escribir un diario de aprendizaje

¿Has escrito alguna vez un diario de aprendizaje? Puede ser una gran ayuda hacerlo porque así reflexionas sobre tus progresos, problemas y sentimientos después de cada clase. Así puedes ver claramente a lo largo del curso tus avances en la lengua. Y puedes seguir trabajando en los puntos débiles.

Hoy... ..... de ..... de 20...
- lo que más me ha gustado ha sido ....
- me he sentido bien cuando ....
- me ha molestado que ....

He aprendido ....

....

Quiero mejorar ....

¿Qué experiencias has tenido con este diario de aprendizaje? Intercámbialas con tus compañeros/-as.

Unidad 3

Querido Juan Pedro:
Saludos desde el "fin del mundo". Estoy disfrutando de unos paisajes increíbles. Ayer conocí a una familia muy simpática en Usuaia que me acompañó a observar a los pingüinos y a los lobos marinos.

Juan Pedro Paz
Vía de Carlos, 94, 7°
Edificios Trade

1

y al final nos llevaron a hacer submarinismo, donde pudimos ver todo tipo de peces. Fue fabuloso, es una experiencia que no voy a olvidar.
Saludos desde Varadero,
Pili y Miguel

Tomás de Suiza
Calle de Núñez, 35

2

¡Hola!
Me acuerdo mucho de vosotros y por eso os mando esta postal. Aquí en Guinea nos hemos recorrido el país de punta a punta. ¡Las carreteras y el transporte son excelentes!

Rosi Müller
Calle Godoy, 27
29080 Malaga

3

... Además de ver muchas iglesias románicas y disfrutar del arte y la buena comida, tengo mucho tiempo para pensar en mí misma haciendo el camino. Mañana sigo hacia Fromista.
Te echo de menos.
Lourdes

Pablo
Calle C
Carrer
46003

4

Relaciona las postales con las fotos.

11–14 Escucha a los viajeros y subraya la información falsa en las postales.

¿Tu compañero/-a ha hecho un viaje similar? Pregunta.

¿Adónde fuiste? ¿Cuándo? ¿Con quién? ¿Qué hiciste allí? ¿Te gustó?

Viajar para contarlo

EN ESTA UNIDAD VAS A APRENDER A:

- contar experiencias y anécdotas de viajes
- identificar la información útil y de interés para viajar a un país
- expresar la consecuencia
- narrar y describir hechos del pasado
- dar recomendaciones de viaje
- planificar un viaje

EN PRIMER LUGAR

1. Informaciones útiles de Cuba

a **Mira la página web de Cuba. ¿Cuál es el tema de cada apartado?**

medios de transporte | teléfonos útiles | clima | moneda
horarios comerciales | ingreso al país | electricidad | recomendaciones

Datos útiles de Cuba

_______ Las temperaturas oscilan entre los 24° y 30°, vientos refrescantes y aguas cálidas. Los meses más calurosos son de mayo a octubre y los más frescos de noviembre a abril. Los meses lluviosos van de mayo a octubre.

_______ Es de 110 V y los enchufes tienen 2 patas planas, debido a esto conviene llevar consigo adaptadores para los aparatos eléctricos.

_______ Los comercios abren entre las 9:00 y las 10:00 h y cierran alrededor de las 18:00 o 19:00 h.

_______ Es necesario tener el pasaporte al día y una visa o tarjeta de turista, excepto aquellos países que tengan convenio de libre visado. La visa se obtiene en el consulado cubano de cada país.

_______ No es conveniente usar los trenes y autobuses públicos porque los horarios son irregulares. Se recomienda tomar los taxis oficiales, que están en buen estado, o los "cocotaxis", más originales y divertidos.

_______ Oficialmente es el peso cubano, pero el turista debe utilizar el peso convertible (CUC), que equivale al dólar norteamericano.

_______ Beber sólo agua embotellada, usar anteojos de sol y crema con filtro solar. Es conveniente llevar un botiquín básico de medicinas y también repelente de insectos.

_______ Policía: 106 Bomberos: 105 Urgencias: 878 2528

b **¿Puedes ayudar a este turista a preparar su viaje? Encuentra la información en el texto.**

¿Se puede beber el agua del grifo?
¿Necesito un visado?
¿Puedo recargar allí el móvil o la batería de la cámara sin problemas?
¿Cómo puedo viajar por Cuba?
¿Tengo que cambiar euros a pesos cubanos?

el clima

Es
- caluroso
- fresco
- lluvioso
- templado
- agradable
- seco
- húmedo

Las temperaturas oscilan entre los 24 y 30 grados.
Los vientos son refrescantes.

vocabulario

c **Escribe los datos de interés que consideres importantes sobre tu país para un visitante de un país hispanohablante.**

AB 1–4

2. Incidentes de viajes

15 **a** **Escucha las cinco situaciones. ¿A qué contratiempos se refieren?**

- ☐ perder el avión / el tren
- ☐ estropearse el autobús / el coche
- ☐ quedarte en un alojamiento sucio
- ☐ sufrir diarrea, vómitos, mareos, etc.
- ☐ tener que ir al médico / hospital
- ☐ pincharse una rueda
- ☐ perder la maleta / el bolso
- ☐ ser robado/-a
- ☐ perderse
- ☐ ser timado/-a

b **¿Qué contratiempos te han ocurrido a ti alguna vez en un viaje? Cuéntalos.**

~ *A mí una vez me perdieron la maleta…*
~ *¡Pues a mí una vez me robaron!*

la impersonalidad: 3ª persona del plural

Interesa saber qué pasó, no tanto quién lo hizo.
*Me **perdieron** la maleta.*
*Me **robaron**.*

¡Fíjate!

c **Lee lo que dicen estos viajeros sobre sus experiencias en Guatemala. ¿Qué contratiempos coinciden con 2a?**

Lo que dicen nuestros usuarios sobre Guatemala

20 DE JULIO. TOMÁS. ESPAÑA.

Tiene lugares increíbles. Por ejemplo Antigua, que es una ciudad colonial preciosa, con casas de colores y comida deliciosa y que había sido la capital en los tiempos de los españoles, o Tikal, que son unas ruinas de templos y pirámides Mayas en medio de la selva. Tuve mala suerte y me rompí un brazo al caerme bajando de una pirámide y tuve que ir al hospital. ¡Toda una experiencia!

18 DE AGOSTO. MARTÍN. MÉXICO D.F.

No hay nada malo que contar, aparte de que me mareé en el autobús que tomé a San Pedro por algo que había comido. Y además me dijeron que el mismo autobús también se había estropeado antes y que habían tenido que esperar dos horas hasta que lo arreglaron. Pero eso puede pasar en cualquier sitio. San Pedro es un lugar para compartir con los cuates, buen ambiente de reggae. Visítenlo, les va a gustar.

27 DE AGOSTO. SILVIA. PERÚ.

Perdimos el avión a Ciudad de Guatemala y por eso llegamos un día más tarde de lo previsto al lago Atitlán. Una pena, porque se pueden hacer muchas actividades al aire libre como nadar, senderismo, escalada al volcán, montar a caballo, etc. El entorno es un sueño hecho realidad.

1 DE SEPTIEMBRE. SILKE. ALEMANIA.

Me encantó TODO de Guatemala, la gente, la cultura, la comida, el clima y vamos a volver muchas veces a ver más cosas: las playas, la selva... Pero no os alojéis en el hotel Paraíso Tikal, está sucio y en una parte de la ciudad donde no hay nada que hacer. Por cierto, no os olvidéis de vacunaros de la hepatitis A y B y contra la rabia.

> Ver los 20 resultados siguientes   *> Ir a la página principal*

d **Fíjate en las frases. Subraya de un color las acciones que pasaron antes y de otro color las que ocurrieron después.**

"Me mareé en el autobús que tomé a San Pedro por algo que había comido."

"Me dijeron que el mismo autobús también se había estropeado antes y que habían tenido que esperar dos horas hasta que lo arreglaron."

pretérito pluscuamperfecto

	-ar/-er/-ir
había	
habías	viajado
había	comido
habíamos	tenido
habíais	sido
habían	

recursos

uso del pretérito pluscuamperfecto

El pretérito pluscuamperfecto se usa para expresar un hecho anterior a otro momento del pasado. Se forma con el pretérito imperfecto de *haber* más el participio del verbo correspondiente.
*La habitación estaba sucia porque no la **habían limpiado**.*
(En aquel momento la habitación estaba sucia.
Antes de aquel momento no la habían limpiado.)

¡Fíjate!

3 A EN PRIMER LUGAR

e **Escribe en la parte de arriba de un papel una de las frases de abajo y pásalo a tu compañero/-a de la derecha. Lee lo que ha escrito tu compañero/-a de la izquierda y dóblalo. Escribe ahora lo que había pasado antes. Dóblalo y pásalo otra vez (¡Ojo! Tu compañero/-a sólo puede ver la última frase). Sigue así hasta el final.**

No tenía dinero.
Le habían robado la cartera.
Se había quedado dormido.
...

No podíamos seguir el viaje. | *Tenía ganas de vomitar.* | *Las maletas no llegaban.*

f **Une algunas frases del texto que has recibido con *porque, entonces, después, por lo tanto, por eso, así que, y,* etc. para tener una historia con sentido. Lee la historia.**

expresar la consecuencia

Le habían robado la cartera. → ***Por eso / Así que / Por lo tanto*** *no tenía dinero.*
Se había quedado dormido. → ***Por eso*** *le habían robado la cartera.*

¡Fíjate!

g **Piensa en la última vez que hiciste una de estas cosas y escribe una frase donde cuentas qué ocurrió. ¿Qué había pasado o habías hecho antes? Tu compañero/-a lo adivina.**

una fiesta | una actividad de tiempo libre | una visita a mi familia | una mudanza de casa/piso | un viaje

un viaje → ~ *Perdí el avión.* → ~ *¿Habías salido tarde de casa?.* ~ *¡No!*
~ *¿Te habías quedado dormido?* ~ *Sí.*

AB 5–10

¡A LA TAREA! A ANÉCDOTAS

3. Vamos a elaborar un juego sobre anécdotas de viajes.

a **En parejas pensad en cuatro posibles anécdotas de viaje. Dos de ellas tienen que ser reales y las otras dos inventadas. Para ello os podéis inspirar en los siguientes temas.**

alojamiento | clima | enfermedad | accidente | medios de transporte | robo | equipaje | cambio de dinero | visado | electricidad

b **Preparad para cada anécdota una tarjeta donde escribís seis palabras clave que resumen el contenido.**

c **En grupos de cuatro contad por turnos las anécdotas. Vuestros/-as compañeros/-as os hacen preguntas y adivinan si son reales o inventadas. Si lo adivinan, les dais la tarjeta.**

4. Recorriendo el mundo

a **Mira las fotos y haz suposiciones sobre el personaje.**

¿Qué está haciendo? ¿A qué se dedica?

16 **b** **Escucha a tres personas. ¿Qué descripción de la foto se corresponde más con tus hipótesis?**

c **Lee la entrevista a Álvaro Neil y comprueba. Después completa la tabla con la información de la entrevista.**

Una bicicleta y sonrisas. Estos son los elementos principales que el asturiano Álvaro Neil necesita para conseguir su objetivo: dar la vuelta al mundo en 80 meses y presentar su espectáculo a todos los niños del mundo.

Álvaro, ¿dónde empezó su viaje?
Todo empezó el 19 de noviembre de 2004 en Campomanes, Oviedo. ¡Desde ese día ya he recorrido medio mundo!
¿Y por qué decidió hacer este viaje?
Antes de empezar mi viaje llevaba una vida bastante monótona. Era abogado y tenía un empleo fijo en una notaría, pero estaba bastante cansado de hacer siempre lo mismo. Me encanta viajar y decidí hacer lo que me gusta. Para mí era importante también ayudar a la gente. ¿Y qué mejor que hacer feliz a la gente?
Pero para hacer este viaje necesita dinero. ¿Cómo hace con el dinero? ¿Cuál es su presupuesto?
Mi presupuesto tope mensual es de 300 euros. Para comer no me puedo pasar de los tres euros diarios. No suelo pagar para dormir porque tengo mi tienda de campaña o busco casas abandonadas o la solidaridad de la gente. No necesito mucho dinero, solo lo suficiente para vivir.
Muchos lugares tienen que ser bastante peligrosos, ¿no tiene miedo?
Sólo tengo (o tenía) miedo a vivir una vida monótona y absurdamente previsible.

Nombre:	....
Motivo del viaje:	....
Profesión actual:	....
Profesión anterior:	....
Dinero que gasta para comer y dormir:	....
Otros datos interesantes:	....

d **Escribe una pregunta más que te gustaría hacerle a Álvaro Neil. Tu compañero/-a escribe una respuesta.**

e **Eres un viajero especial. Elige un personaje y contesta a las preguntas de tus compañeros/-as reporteros/-as.**

pirata

nómada

investigador/a polar

astronauta

viajero/-a en globo

pronombres interrogativos

¿Qué?
¿Quién? ¿Quiénes?
¿Cuál? ¿Cuáles?
¿Cómo?
¿Por qué?
¿Para qué?
¿Dónde?
¿De dónde?
¿Adónde?
¿Cuánto/-a/-os/-as?
¿Cuándo?

vocabulario

AB 11–12

UN VIAJE DIFERENTE

5. Te recomiendo que te prepares bien.

a **Lee un correo electrónico que escribe Álvaro a un futuro compañero de viaje. ¿Qué más cosas le recomiendas que lleve en su viaje por el mundo?**

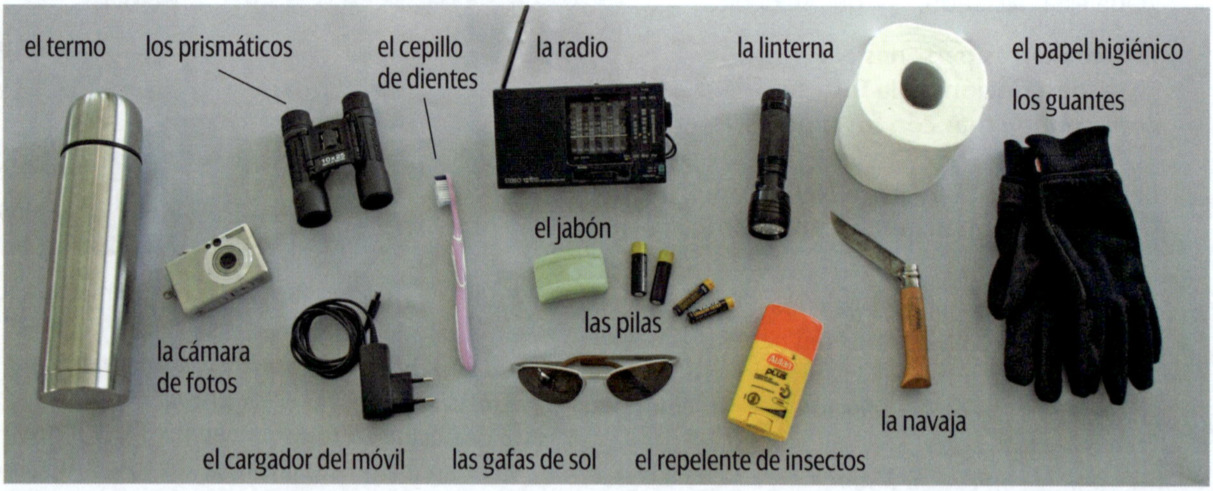

Asunto: nuestro viaje

Estimado Fernando:
No te puedes ni imaginar cómo me alegra que me quieras acompañar durante parte de mi viaje. Como bien sabes, en estos momentos me encuentro en El Cairo. Esta tarde he tenido un espectáculo en un barrio bastante popular y los niños estaban entusiasmados.

Me preguntas por cosas que debes traer. Te recomiendo que traigas lo necesario porque ir en bici no es siempre fácil. No sé cuánto tiempo piensas acompañarme, pero te mando una lista "básica" que es conveniente que tengas en cuenta:
cubiertos: Yo tengo una olla pequeña y una sartén de titanio que podemos compartir.
Un encendedor y cerillas: te aconsejo que tengas siempre un encendedor o cerillas a mano, si quieres cocinar.
Ropa cómoda: es importante que traigas una chaqueta impermeable y unas buenas botas.
Además te recomiendo que estés en forma y que estés abierto a nuevas experiencias. Por cierto, ¿tienes una buena bici?

Escríbeme si tienes más preguntas. Saludos desde Egipto,
Álvaro

pág. 36

b **Elige cinco objetos que te parecen imprescindibles para hacer un viaje a estos lugares.**

un viaje al Sáhara | un viaje a la Antártida | un viaje a los Andes | un viaje al Amazonas

c **Subraya en el correo de Álvaro las estructuras que introducen el subjuntivo y completa la tabla.**

uso del subjuntivo (2)

Cuando se quiere influir de alguna manera en otras personas, por ejemplo, cuando se da un consejo o una recomendación, se usa el subjuntivo.
Te .... que traigas lo necesario.
Es .... que tengas en cuenta...
Te .... que tengas siempre un encendedor o cerillas a mano.
Es .... que traigas una chaqueta impermeable.

¡Fíjate!

d **Dale a Álvaro tres consejos para visitar tu ciudad. ¿Qué objetos le aconsejas que traiga?**

AB 13–16

6. Viajes especiales

17–19 **a** **Lee los anuncios de viajes. Después anota en que orden se escucha la publicidad de las agencias que los publicó.**

☐ **¿Quieres descubrir la cosmovisión andina?**

Con nosotros puedes visitar uno de los chakras de la Tierra y contar con un sacerdote andino durante conferencias, prácticas, ceremonias, rituales... Del 2 al 14 de septiembre, 13 días, 11 noches.

Plazas limitadas. Llama al 915464886

☐ **Nepal Aventura.** Un viaje muy especial y diferente. Durante 24 días puedes disfrutar al máximo de la aventura. Salida: 21 de marzo. Precio actual 2.300 €. Conócenos en www.pasaporte4.com

☐ 

Especial isla de La Gomera

¿Te encuentras solo o sola? Entonces viaja con nosotros en grupo y con guía del 6 al 11 de marzo. 5 días y 4 noches. Si buscas compañía en tus viajes, llámanos al 984215485

b **Elige uno de los viajes y escribe una lista de recomendaciones de lo que hay que hacer para prepararlo y de lo que hay que hacer durante el viaje.**

AB 17

A LA TAREA B UN VIAJE A MEDIDA

7. Vamos a crear una guía de recomendaciones para viajar a nuestra ciudad.

a **Elige un tema para la guía de recomendaciones de tu ciudad. Sentaos en grupos según preferencias.**

transportes | ropa y utensilios | trato con los lugareños | restaurantes y vida nocturna | lugares de interés | actividades imprescindibles

b **Elaborad una lista de recomendaciones para el tema elegido.**

c **Elaborad un cartel con las recomendaciones del grupo y ponedlo en la pared. ¿Cuáles son las seis recomendaciones más útiles?**

Tradición y modernidad

a **Lee las ofertas turísticas y marca las descripciones que en tu opinión dan una imagen típica, tradicional o estereotipada del país.**

La sonrisa de Costa Rica

Visite Costa Rica, disfrute del calor de su gente y del clima. Importante centro turístico, con un gran territorio marítimo, con playas de arena blanca y bosques tropicales donde podrá observar quetzales y ver más de 1.000 especies de orquídeas y 10.000 especies de plantas. En Costa Rica todo es una mezcla de color y aventuras, montañas, y volcanes, canopy, buceo, rafting, surfing, nado con delfines y pesca deportiva.

Perú: El país de las tradiciones

El "país de los Incas" es una maravilla de la naturaleza y un testimonio de las culturas precolombinas, el impresionante Machu Picchu, Cuzco, mitos e historias, los caminos de los Incas...
Visite Perú, descubra sus selvas, sus playas y disfrute con platos como el ceviche de una de las gastronomías más variadas y ricas del mundo.

España – la fiesta continúa

España es conocida por su historia, arte, corridas de toros, flamenco, playas y tantas horas de sol al año. Muchas de sus ciudades poseen monumentos de extraordinario valor, ya sea por su antigüedad o por su riqueza artística. Numerosos acontecimientos festivos, como la Semana Santa, la Feria de Abril, en Sevilla, las Fallas, en Valencia o, el último miércoles de agosto, la Tomatina de Buñol (Valencia).
¡Venga y disfrute de la fiesta española!

¿Sabías que...?

Todos tenemos opiniones fijas sobre características típicas de otros países y sus habitantes. Estos estereotipos nos ayudan a clasificar el mundo. ¡Pero cuidado! Muchas veces la realidad tiene más facetas y es más compleja que un simple estereotipo.

Por ejemplo, dentro de las diferentes regiones de España hay muchas diferencias de clima, de dialecto, de comida y de tradiciones. Por eso una frase como *"En España siempre hace sol."* no corresponde a la realidad, puesto que en Galicia y el País Vasco llueve con mucha frecuencia.
E igualmente nos pasaría con cualquier otro país y situación.

Lo mejor para conocer las características socioculturales de un país y de sus habitantes es conocer a mucha gente de ese país haciendo un viaje.

b **Haz una lista de imágenes típicas y de estereotipos existentes en estos países: Argentina, Colombia, Cuba. Comparad en el grupo.**

c **¿Qué imágenes y estereotipos se asocian con tu país o región? ¿Cuáles te parecen adecuados, cuáles te molestan?**

AB 18

El pretérito pluscuamperfecto: formas

		participios regulares	irregulares	
yo	había		hecho	escrito
tú	habías	hablado	puesto	roto
él/ella/usted	había	bebido	dicho	abierto
nosotros/-as	habíamos	dormido	vuelto	visto
vosotros/-as	habíais			
ellos/ellas/ustedes	habían			

→ 1.4.1

El pretérito pluscuamperfecto: uso

El pretérito pluscuamperfecto se usa para expresar un hecho anterior a otro momento del pasado.
La habitación estaba sucia porque no la ***habían limpiado****.*
(En aquel momento la habitación estaba sucia. Antes de aquel momento no la habían limpiado.) → 1.4.2

La impersonalidad: 3ª persona del plural

Si interesa saber qué pasó, pero no quién hizo una acción, se usa la tercera persona del plural (ellos).
¿Qué pasó? → ***Me perdieron*** *la maleta.*
Le han felicitado *por su cumpleaños.* → 1.10

El presente de subjuntivo: uso (2)

Se usa el subjuntivo cuando se quiere influir de alguna manera en otras personas, por ejemplo, cuando se da un consejo o una recomendación.
Te recomiendo ***que traigas*** *lo necesario.*
Te aconsejo ***que tengas*** *siempre un encendedor o cerillas a mano.*

También se puede dar un consejo o una recomendación con una estructura impersonal:
es + adjetivo + *que* + subjuntivo
Es importante ***que tengas*** *la linterna a mano.*
Es necesario ***que estés*** *en forma y que seas optimista.* → 1.7.2.2

LENGUA

Contar un viaje pasado

- ■ ¿Cómo fue tu viaje?
- ● ¡Muy bien! Estuve en Cuba y me lo pasé genial.

Expresar la consecuencia

- ■ Había mucho tráfico, así que llegamos tarde.
- ● ¡Qué pena!

- ▲ ¿Es que no tenías hambre?
- ◆ Había desayunado mucho y por eso no tenía hambre.

- ▲ No habíamos reservado los asientos, por lo tanto tuvimos que sentarnos separados.
- ◆ ¡Vaya!

Contar contratiempos de un viaje

- ■ ¿Qué te pasó?
- ● No había mirado la hora, perdí el avión y me tuve que comprar un billete nuevo.

Dar recomendaciones

Si vas a Andalucía, te recomiendo que visites La Alhambra. Es importante que bebas mucha agua porque hace mucho calor en verano y, además, te recomiendo que vayas a los pueblos. ¡Son preciosos!

COMUNICACIÓN

¡YA LO SABES!

Soy capaz de...	😀	🙂	☹	→ Unidad 3
hablar sobre viajes pasados *Fui a .... y estuve en ....*	☐	☐	☐	página inicial
identificar la información útil y de interés para viajar a un país *Para viajar a mi país hay que ...., y también es importante ....*	☐	☐	☐	A1
contar anécdotas ocurridas en mis viajes *Estaba de viaje por ...., y ....*	☐	☐	☐	A2, A3
expresar la consecuencia de un hecho *Había ...., por lo tanto ....*	☐	☐	☐	A2
realizar una entrevista y responder a preguntas como entrevistado/-a *¿Desde cuándo te dedicas a esta profesión?* *Pues desde ....*	☐	☐	☐	B4
dar recomendaciones *Te recomiendo que ....*	☐	☐	☐	B5, B6

Jacobo, un estudiante mexicano, va a pasar sus vacaciones en tu país. Escríbele una carta donde le das recomendaciones sobre tu país, por ejemplo cosas que tiene que traer, cómo se tiene que comportar con la gente, cómo son las costumbres, etc.

consejo 3

Explicar el significado de palabras

A veces hay palabras en un texto de las que no se conoce el significado. ¿Qué se hace entonces? Para eso los compañeros/-as pueden ayudar. ¿Cómo? Se puede parafrasear, es decir, explicar el significado con otras palabras conocidas, hacer uso de sinónimos o de sus opuestos. También se puede explicar un significado mediante gestos y mímica o haciendo dibujos o movimientos.

Imagina que tu compañero/-a nunca ha escuchado estas palabras. Descríbeselas en español. Para ello utiliza diferentes técnicas.

navegar mochila descanso vacaciones maravilla ruido cerillas quemaduras arena disfrutar

Compara con las descripciones que han hecho tus compañeros/-as.

Sentidos y sentimientos

1 ¿Qué palabras relacionas con el mar?

2 Lee un fragmento de *El cartero de Neruda* de Antonio Skármeta. ¿Qué le pide Neruda a Mario, su cartero?

Quería mandarte algo más aparte de las palabras. Así que metí mi voz en esta jaula que canta. Una jaula que es un pájaro. Te la regalo. Pero también quiero pedirte algo, Mario, que sólo tú, puedes cumplir. Todos mis otros amigos o no sabrían qué hacer, o pensarían que soy un viejo chocho y ridículo. Quiero que vayas con esta grabadora pasando por isla Negra, y me grabes todos los sonidos y ruidos que vayas encontrando. Necesito desesperadamente aunque sea el fantasma de mi casa. Mi salud no anda bien. Me falta el mar. Me faltan los pájaros. Mándame los sonidos de mi casa. Entra hasta el jardín y deja sonar las campanas. Primero graba ese repicar delgado de las campanas pequeñas cuando las mueve el viento; y luego tira de la soga de la campana mayor, cinco, seis veces. ¡Campana, mi campana! No hay nada que suene tanto como la palabra campana, si la colgamos de un campanario junto al mar. Y ándate hasta las rocas, y grábame la reventazón de las olas. Y si oyes gaviotas, grábalas. Y si oyes el silencio de las estrellas siderales, grábalo. París es hermoso, pero es un traje que me queda demasiado grande. Además, aquí es invierno, y el viento revuelve la nieve como un molino la harina. La nieve sube y sube, me trepa por la piel. Me hace un triste rey con su túnica blanca. Ya llega a mi boca, ya me tapa los labios, ya no me salen las palabras.

Antonio Skármeta

Nació en 1949 en Antofagasta, Chile. Estudió Filosofía en Chile y en los Estados Unidos e impartió clases de Filosofía y Literatura. En 1973 tuvo que salir de Chile debido al golpe militar de Pinochet. Primero vivió en Argentina durante un año, y después en Alemania, donde se dedicó al cine.

En Alemania escribió la historia de *El cartero de Neruda*, primero para la radio y luego como guión. Como novela se publicó con el título de *Ardiente Paciencia* en 1985. Trata de la relación de amistad del poeta Pablo Neruda y Mario Jiménez, su cartero personal. Neruda se mudó a París desde donde le envía una carta con una grabación. El texto son las palabras que Neruda graba.

3 Piensa en tu pasado. ¿Qué sonidos, sabores u olores echas de menos? ¿Qué sonidos te gustaría grabar? ¿Por qué? Haz una lista con cinco sonidos.

De viaje por Norte y Centroamérica

Estados Unidos

Comunicación
¿Qué te gusta de tu compañero/-a? Nombra tres características.

Cultura
Te has encontrado con hispanohablantes en los Estados Unidos pero hablan un poco diferente. ¿Cómo se llama la lengua que consiste en una mezcla de inglés y español, hablada por muchos hispanos residentes en los Estados Unidos?

México

Comunicación
Recomiéndale a tus compañeros/-as actividades que se pueden hacer en México.
~ "Os recomiendo que…"

Cultura
Has conocido a un mexicano que estudia en la universidad de México D.F. y te ha hablado del sistema educativo mexicano, ¿qué se tiene que estudiar para poder entrar en la universidad?

Guatemala

Comunicación
¿Quién te cae bien de la clase? ¿Por qué?

Cultura
Has visitado muchas ciudades históricas y has visto las maravillas de la naturaleza guatemalteca. Nombra una ciudad histórica guatemalteca y el nombre de un lago en Guatemala.

El Salvador

Comunicación
Di otra palabra para profesor.

Cultura
Quieres conocer la historia precolombina de El Salvador, ¿qué civilización habitaba en lo que hoy es El Salvador?
a. los aztecas
b. los incas
c. los mayas

Objetivo
El objetivo del juego es conseguir el mayor número posible de objetos en una maleta. Gana la pareja que consigue llevarse más objetos después de hacer el recorrido por los países.

Número de participantes
Se juega en grupos de cuatro personas. Cada grupo tiene dos parejas.

Material
Cada grupo necesita dos fichas y una moneda.

Instrucciones
Los dos grupos ponen sus fichas en SALIDA-META pero recorren diferentes direcciones. Se juega con una moneda. Se tira la moneda y si se obtiene cruz, se avanza un país. Si se obtiene cara, se avanzan dos países. Entonces se elige una pregunta de las dos y se contesta. Las preguntas son de dos tipos, de comunicación (1 objeto) y de cultura (2 objetos).

Se gana un/dos objeto/s si la pregunta se contesta correctamente. Los/-as compañeros/-as del grupo deciden si las respuestas son correctas o no.

Si se ha contestado correctamente la pregunta, esa pregunta queda eliminada. Si la respuesta no está bien, se puede contestar en otro turno. Se pueden repetir los países pero no las preguntas que ya están contestadas. El juego termina cuando se llega a SALIDA-META.

Las soluciones se encuentran en la página 75.

I OTRA VUELTA

Cuba

Comunicación
Da tres recomendaciones para viajar a Cuba (cosas que son diferentes a tu país).

Cultura
Nombra dos productos cubanos que son famosos en todo el mundo.

República Dominicana

Comunicación
Describe a un compañero/-a de clase con cinco adjetivos (sin gestos ni señales). Tus compañeros/-as adivinan quién es.

Cultura
Hay un tipo de música que está muy presente en la República Dominicana. ¿Cómo se llama esta música nacional?

Honduras

Comunicación
Adivina la palabra: lo necesitas en tu pasaporte para viajar a algunos países extranjeros, lo puedes obtener en un consulado o embajada.

Cultura
¿Qué es la lempira?
Elige las dos respuestas correctas.
a. el nombre de un plato gastronómico
b. la moneda nacional
c. el nombre de un héroe indígena que luchó contra los conquistadores

Puerto Rico

Comunicación
¿Cómo era la escuela a donde ibas cuando tenías 8 años?

Cultura
De visita en Puerto Rico te has dado cuenta de que es un país latino pero con mucha influencia de otro país. ¿De qué país depende políticamente Puerto Rico?

Nicaragua

Comunicación
Nombra tres adjetivos que definen los estereotipos de tu nacionalidad. Nombra después a compañeros/-as del curso que no representan estos estereotipos.

Cultura
¿Qué famoso escritor es de Nicaragua?
a. Gabriel García Márquez
b. Pablo Neruda
c. Rubén Darío

Panamá

Comunicación
Cuenta algún contratiempo que te ocurrió durante un viaje.

Cultura
¿Por dónde tienes que pasar en Panamá para cruzar del océano Pacífico al Atlántico?

Costa Rica

Comunicación
Adivina la palabra: un hotel, un hostal, un albergue juvenil, un cámping… ¿Qué tienen en común?
~ Son…

Cultura
En Costa Rica oyes hablar mucho de los ticos. ¿Qué son?
a. pájaros
b. los habitantes de Costa Rica
c. árboles

Son mis amigos

1 Piensa en un/a viejo/-a amigo/-a que hace tiempo que no ves. ¿Porqué es/era tu amigo/-a? ¿Qué experiencias tenéis en común?

20 2 Lee el correo de Carlos a María. Después escucha la canción que canta María y escribe en el correo el nombre de los amigos que nombra.

Claudia | Sebas | Guille | Lidia | Isabel

De: carlos_82@ene-mail.com
Para: marilechu@ene-mail.com

Hola María:
¡Cuánto tiempo sin saber de ti! Esto no puede seguir así, tenemos que vernos pronto. El viernes pasado Juan hizo una fiesta para recordar los viejos tiempos. Lástima que no estuviste.Te echamos mucho de menos. Por eso te escribo, para saber qué tal va todo e informarte de cosillas.
¿Sabes lo de mi hermana ....? Resulta que la han echado del trabajo. Nadie sabe por qué. ¿Te lo puedes creer? Pero claro, como no tenía ni contrato… La pobre lo está pasando fatal.
¡Notición! ¿Sabes que .... ha tenido un hijo? ¡Qué fuerte! Por lo visto conoció a un chico y ha sido todo muy rápido. En la fiesta me quedé de piedra.
Por cierto, ¿te enteraste de que .... se fue a vivir a Barcelona? Otra que nos abandona.
¿Has escuchado algo de Marta y ....? Lo último que supe de él era que estaba pensando regresar a Buenos Aires, por lo visto no le iba bien económicamente en España. ¿Sigues teniendo contacto con ellos?
¿Y qué sabes de ....? Hace siglos que no lo veo. Bueno, a ver si me contestas y me pones al día.
Besos,
Carlos

3 **¿Qué significa la amistad para ti? Elige de la lista los tres criterios más importantes para ti. Después comenta con tus compañeros/-as.**

- ☐ salir con los amigos
- ☐ pasarlo bien
- ☐ poder contar los problemas
- ☐ dar consejos
- ☐ pedirles y dar cosas, por ejemplo, dinero, el coche…
- ☐ tener visitas, por ejemplo, en caso de enfermedad
- ☐ ....
- ☐ ....

4 **Escribe un correo electrónico a un/a amigo/-a que hace tiempo que no ves para informaros sobre la vida en general, amigos comunes, …**

"Marta, Sebas, Guille y los demás", M + T: Amaral Lallana, Eva María/García Aguirre, Juan Vicente
© by Warner/ Chappell Music Spain, S.A., SVL: Neue Welt Musikverlag GmbH & Co. KG

Unidad 4

¿Qué asocias con estos anuncios? ¿Cuál te gusta más?
¿Cuáles de los temas son actuales en tu país?

la contaminación | el ahorro de energía/agua | los gases tóxicos
ser vegetariano/-a | reciclar basura | la deforestación | el cambio climático

21 Escucha la encuesta de concienciación para el medio ambiente y marca las respuestas.

	nunca	a veces	siempre
1. Comer carne.	☐	☐	☐
2. Dejar la luz encendida al salir de una habitación.	☐	☐	☐
3. Dejar el grifo abierto duchándose.	☐	☐	☐
4. Interesarse por las ONG (organización no gubernamental) que protegen la naturaleza.	☐	☐	☐

¿Y tú? Responde a la encuesta.

Verde que te quiero verde

EN ESTA UNIDAD VAS A APRENDER A:

- hablar sobre problemas medioambientales
- predecir el futuro
- entender noticias en periódicos y en la radio sobre problemas medioambientales
- escribir una carta de queja a un periódico
- dar la opinión en un debate

1. Nuestro medio ambiente

a **Lee los titulares. ¿Cuáles de los problemas están relacionados con la naturaleza o con la industria? Subraya las palabras que te han ayudado.**

1 **Mueren 5 de los 13 linces nacidos esta temporada en Doñana**

2 **Alarmante aumento de emisiones de CO_2 en la zona industrial de Sant Poi**

3 **Incendio forestal destruye al menos 150 hectáreas de bosque en Loxicha, México**

4 ALARMA POR INUNDACIONES EN RÍO ROJO, EEUU

5 **Declarada zona catastrófica las playas afectadas por la marea negra en Australia**

6 Problemas en la frontera por la fábrica de papel

b **Lee las noticias. ¿A qué titular de 1a corresponde cada una?**

A

Uno de los puentes que separan Argentina y Uruguay está cerrado desde hace dos años por un conflicto entre ambos países. Los vecinos de la localidad argentina de Gualeguaychú cerraron el puente a Uruguay debido a la contaminación del río por una fábrica de papel situada en la parte uruguaya. "La gente de aquí considera la fábrica como una agresión al río", protesta uno de los vecinos de Gualeguaychú.

B

A pesar de los esfuerzos del equipo de conservación del parque, este animal puede desaparecer en menos de diez años debido a la destrucción del bosque mediterráneo y a la construcción de carreteras. Con una población total de unos 150 individuos, puede seguir el camino de la cabra pirenaica, que se extinguió desde hace dos inviernos.

c **Lee otra vez las noticias y completa la tabla.**

	Noticia A	Noticia B
¿Quién es el protagonista?	....	....
¿Qué ha pasado?	....	....
	....	....
¿Por qué?	....	....
	....	....

22 **d** **Escucha a dos de los participantes en un debate sobre el Río Uruguay (noticia A). Elige las dos frases que resumen lo que dice cada uno.**

Jorge Márquez, miembro de la Asamblea Ambiental de Gualeguaychú

Ana María Leza, trabajadora de la fábrica de papel Botnia desde hace dos años

Fábricas como esta son malas para el medio ambiente, pero de algo tenemos que vivir.

Vamos a hacer una huelga de hambre para detener la contaminación del agua potable.

Este tipo de fábricas no contaminan tanto porque los residuos no son tan tóxicos como dicen.

A las grandes empresas sólo les preocupan las ganancias y les da igual contaminar.

e **¿Cuáles de los temas de 1a afectan a tu país? ¿Qué temas son los más comunes?**

AB 1–3

2. ¡Así veo el futuro!

a **Lee el cómic. ¿De que color ves tú el futuro? ¿Por qué?**

Mafalda © Joaquín S. (Quino) / published by arrangement with Caminito

b **¿Qué consecuencias crees que tiene el cambio climático? Elabora una lista. Lee la noticia. ¿Aparecen los mismos temas que en la lista de 2a?**

La nieve de picos colombianos desaparecerá en 2030 según el Banco Mundial

Bogotá. La nieve que cubre los picos andinos en Colombia desaparecerá por completo alrededor del 2030 debido al impacto del cambio climático en ese país, dice un estudio revelado hoy por el Banco Mundial (BM). Este estudio también añade que los páramos se reducirán un 56 por ciento.

El organismo considera que si no se hace nada a cambio, en 2050 se producirá un incremento de las temperaturas en las altas cumbres andinas de Colombia, que oscilará entre uno a dos grados centígrados, y por la misma fecha habrá una reducción significativa de la lluvia.

El estudio también prevee que la temporada de lluvias en la isla caribeña de San Andrés puede alargarse en un 15 por ciento a fines de 2080, aumentando el riesgo de inundaciones.

(adaptado de "el universal.com" 17/02/2009)

c **En la noticia aparece un nuevo tiempo verbal, el futuro simple. Subraya los verbos en 2b y completa la regla.**

futuro simple

regulares	irregulares	
desaparecer	**hacer**	
desaparecer**é**	**haré**	tener → tendré
desaparecer**ás**	**harás**	decir → diré
desaparecer**á**	**hará**	querer → querré
desaparecer**emos**	**haremos**	poder → podré
desaparecer**éis**	**haréis**	poner → pondré
desaparecer**án**	**harán**	hay → habrá

El futuro simple se forma añadiendo las terminaciones de futuro al verbo en .... Para todas las conjugaciones las terminaciones son siempre .... En los verbos .... no cambian las terminaciones sino la raíz del verbo.

recursos

¿futuro simple o ir a + infinitivo?

Se usa el *futuro simple* si se quiere expresar una **predicción**.

Creo que el nivel del mar ***subirá*** *en los próximos años.*

Se usa *ir a + infinitivo* si se quiere expresar un **plan o intención**.

El próximo verano ***me voy a ir*** *de vacaciones a la India, está decidido.*

¡Fíjate!

d **Escribe titulares sobre las consecuencias del cambio climático en tu país.**

subir/bajar el nivel del mar | aumentar/disminuir las emisiones de CO_2 | quemarse los bosques | derretirse los glaciares | inundarse las costas | secarse los ríos/lagos | desaparecer especies de animales

e ¿Qué pasará si…? Elige uno de los dibujos y comenta qué pasará si ocurren estos hechos.

los gases de efecto invernadero | la falta de agua | las catástrofes naturales | la deforestación | la extinción de especies de animales | el calentamiento global | el agujero de la capa de ozono | la contaminación del agua o del aire

~ *Si usamos el coche sin necesidad, produciremos más gases de efecto invernadero y la tierra se calentará.*

expresar una condición

Si + verbo en presente,… + verbo en futuro
***Si** no **cuidamos** los bosques, muchas especies **desaparecerán**.*

¡Fíjate!

f ¿Cuáles de los temas de 2e crees que serán todavía actuales en tu país dentro de 20 años?

AB 4–8

¡A LA TAREA! A ¿QUÉ SERÁ, SERÁ?

3. Vamos a hacer un anuncio sobre el futuro de nuestro planeta para crear conciencia sobre los problemas.

a Elegid el tema que más os interese y escribid frases sobre el futuro.

el cambio climático | la desaparición de especies animales | la contaminación

b Inventad un eslogan y un texto que lo acompañe.

c Presentad los anuncios y explicadlos.

4. ¡Ayudar es importante!

a ¿Qué objetivos persiguen estas ONG?

FUNDACION PIES DESCALZOS | WWF | GREENPEACE | MEDICOS SIN FRONTERAS | AMNISTÍA INTERNACIONAL

conservar la naturaleza | salvar las costas | proteger los bosques
llevar asistencia médica a personas afectadas por crisis humanitarias | ayudar a los niños

b **Vidas de cooperantes. Lee el reportaje y subraya con distintos colores los aspectos positivos y negativos de ser cooperante.**

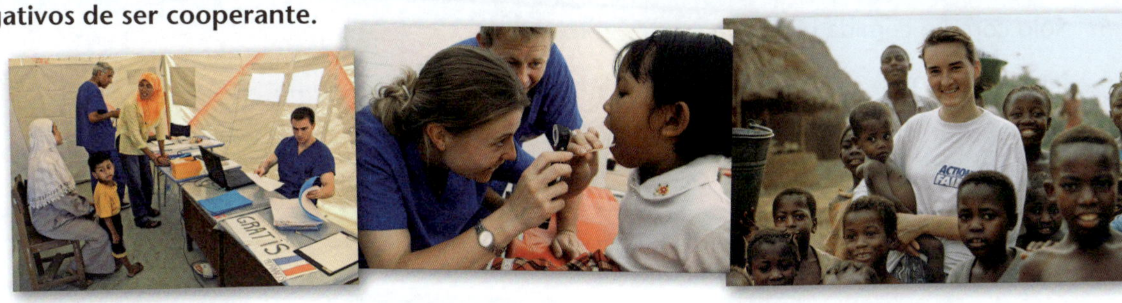

FERNANDO AGUIRRE
Madrileño, 37 años. Cooperante en Macedonia, Kosovo, Perú y Panamá.

BEATRIZ HURTADO
32 años. Cooperante en Bulgaria, Albania, Kosovo y Guatemala con la Cruz Roja española.

CRISTINA MONTERO
Madrileña, 34 años. Cooperante con Media Luna Roja Internacional en el Caribe, Perú, el terremoto de Bam (Irán) y la hambruna en Níger.

En la oficina de Médicos del Mundo en Madrid, nos reunimos con Beatriz, Fernando y Cristina. Los tres han recorrido medio mundo como cooperantes de ONG, los tres abandonaron su hogar por una temporada para ayudar a gente que necesitaba ayuda. Pero los tres tenían opiniones diferentes sobre las ventajas y los inconvenientes de ser cooperantes y estar tan lejos de sus familias.
"Creo que la gente tiene que entender que esto es un trabajo" nos dice Beatriz. "Mucha gente piensa que estamos aquí haciendo turismo, o como mucho haciendo unas pequeñas prácticas. Me parece que no estamos bien valorados.
Además, cada vez que vas a un destino nuevo, tienes que empezar prácticamente de cero, con la casa, los amigos, los compañeros. Emocionalmente es muy cansado. Es un gran problema tener que empezar de cero."
Sin embargo para Fernando viajar continuamente es un aspecto positivo: "No creo que tener que empezar de cero sea un problema. Para mí lo mejor fueron los viajes constantes, por ejemplo en América viajé a Guatemala, Honduras, Nicaragua, El Salvador, Perú, Bolivia, Argentina. Viajando de emergencia en emergencia aprendes un montón y conoces a gente muy interesante. Pero llegó un momento en que me apetecía la vida rutinaria. Me encantaba mi trabajo, pero puedes llegar a perder tus señas de identidad y es importante que tu familia y tus amigos estén a tu lado."
Cristina tiene la misma opinión que Beatriz sobre los continuos viajes: "Pues para mí, el viajar era un problema. No estoy muy de acuerdo con Fernando, no creo que llegues a conocer a mucha gente en los viajes porque al final te sientes muy sola viajando tanto. Mi sede estaba en Perú, pero sólo estaba en Perú una semana al mes. Así, dos años y medio. Como Beatriz, pienso que nuestro trabajo no está tan bien valorado."

c **¿Con qué ONG de 1a y 1b te gustaría colaborar? ¿Por qué?**

d **Busca las frases en los textos y completa la tabla.**

dar una opinión

1. Introducir una declaración
creer que + **indicativo** → *Creo que la gente* .... *que entender que esto es un trabajo.*
pensar que + **indicativo** → *Mucha gente piensa que (nosotros)* .... *aquí haciendo turismo.*
parecer que + **indicativo** → *Me parece que (nosotros) no* .... *bien valorados.*
2. Negar o cuestionar una opinión
no creer que + **subjuntivo** → *No creo que tener que empezar de cero* .... *un problema.*
3. Valorar una opinión
es importante que + **subjuntivo** → *Es importante que tu familia y tus amigos* .... *a tu lado.*

¡Fíjate!

e **¿Qué crees? Completa la lista y después haz hipótesis sobre los compañeros/-as del curso y comenta lo que dicen.**

	Nombre
1. Es miembro de una ONG.	....
2. Es vegetariano/-a.	....
3. Prefiere el agua del grifo.	....
4. No usa microondas.	....
5. Sólo compra comida biológica.	....
6. No usa el móvil.	....
7.	....
8.	....

Creo que Christoph tiene un animal en casa y que...
¡No! Yo no creo que tenga un animal...

AB 9–11

5. Medidas para el medio ambiente

a **Lee estas frases y explica después a tu compañero/-a tu opinión sobre las mismas.**

- ☐ Es difícil encontrar bombillas de bajo consumo de calidad. Además son caras y no me gusta su luz.
- ☐ No creo que los coches eléctricos tengan éxito. ¿De dónde va a salir tanta electricidad?
- ☐ Después de los vidrios y los periódicos, los pañales de los bebés son el tercer artículo más contaminante, por eso, hay que usar pañales reutilizables.
- ☐ El mayor consumo de energía es el de los aviones. Unas vacaciones en el Caribe consumen por pasajero más energía que toda una familia en electricidad, gas y coche en todo un año.
- ☐ Es muy incómodo tener que desenchufar siempre los aparatos eléctricos, por eso en mi casa la tele o el dvd están en stand-by.

23 **b** **Escucha las noticias de la radio. ¿De qué temas de 5a tratan? ¿Hay otros temas? ¿Cuál/-es?**

23 **c** **Escucha otra vez y marca la información que se menciona.**

- ☐ La fábrica de Huelva tira sus deshechos a la marisma.
- ☐ Hay un paseo marítimo muy turístico junto a los ríos de Huelva, el Tinto y el Odiel.
- ☐ A causa de la contaminación hay mucha gente con enfermedades.
- ☐ Si se cierra la fábrica, mucha gente pierde su trabajo.

- ☐ La medida de regalar bombillas de bajo consumo es para reducir el consumo de energía eléctrica.
- ☐ Las bombillas tradicionales se podrán usar sólo en los negocios, no en las casas.

- ☐ En la manifestación se quejan los taxistas y conductores de autobuses públicos.
- ☐ El gas es mucho más caro que la gasolina, dice un taxista.
- ☐ Un taxista dice que es injusto que haya solo una gasolinera con surtidor de gas y que este además esté averiado con frecuencia.

d **¿Qué haces tú para proteger el medio ambiente? Elabora una lista.**

AB 12–13

6. Cartas al director

a **Lee la carta al director de un periódico y elige la frase que la resume mejor.**

¿Medida para el medio ambiente o medida económica?

He leído el artículo del día 30 de abril sobre las nuevas medidas del ayuntamiento para prevenir la contaminación de la ciudad, y he decidido escribir esta carta donde explico mi situación.
Un día abro el buzón de mi casa y me encuentro con la noticia, enviada por el ayuntamiento, que llevaba escuchando varios meses de mis amigos y vecinos: "Cómo adquirir la tarjeta de residente para poder aparcar en tu barrio". Si quiero aparcar en mi calle, tengo que solicitar una tarjeta y para ello tengo que pagar 25 euros al año. ¿A dónde hemos llegado?
Me parece muy bien que con esta medida haya ahora más aparcamientos libres, que hasta ahora ha sido un problema en mi barrio. Pero, ¿por qué tengo que pagar yo para poder aparcar en mi propia calle? Otro problema es cuando quiero aparcar en una calle que no es de mi barrio; en este caso me cuesta ¡30 céntimos el minuto! Ya no vamos a poder ir en coche a ningún sitio y esto me hace pensar que en vez de avanzar en una sociedad moderna del siglo XXI regresamos al pasado.
No creo que esta sea una medida para evitar la contaminación en la ciudad. Para mí, es una medida económica para aumentar la riqueza de nuestros políticos.

MANUEL VIDAL, 37 años, administrativo, Granada

1. ☐ Manuel se queja de no poder aparcar en su barrio porque hay muchos coches y nunca puede aparcar cerca de su casa. Por eso tiene que aparcar en otro barrio y tiene que pagar por aparcar allí.
2. ☐ Manuel se queja porque ha recibido una carta del ayuntamiento que exige que solicite una tarjeta para poder aparcar en las calles de su barrio. A él no le gusta la idea porque le parece injusto que haya que pagar para poder aparcar.
3. ☐ Manuel escribe a los políticos del ayuntamiento porque cree que es necesario que existan medidas para proteger el medio ambiente. Él propone la creación de una tarjeta para los vecinos de su barrio.

valorar una opinión

Es necesario que ***existan*** *medidas para proteger el medio ambiente.*
Es justo/injusto que se ***pague*** *por aparcar.*
Me parece bien/mal que se ***proteja*** *el medio ambiente.*
Me parece necesario/importante/justo/... que ***reciclemos****.*

¡Fíjate!

pág. 50

AB 14–15

b **¿Qué problemas hay en tu ciudad o barrio? Escribe una carta de queja al periódico que lees donde das tu opinión.**

¡A LA TAREA! B ¿SÍ O NO AL CIERRE?

7. Vamos a realizar un debate.

a **Leed el titular y buscad aspectos positivos y negativos de la situación.**

La fábrica de abonos químicos Fertimás cierra dos de sus cuatro plantas en Villaluisa
La empresa despedirá y prejubilará a 70 de los 367 trabajadores de la fábrica

b **Tomad el papel de uno de los participantes y buscad a tres compañeros/-as con el mismo papel. Buscad argumentos para defender vuestras opiniones.**

ecologista — empresario/-a — empleado/-a — ciudadano/-a

c **Realiza el debate con compañeros/-as de los tres otros grupos y llegad a un acuerdo. Explicad al resto de la clase a qué acuerdo habéis llegado.**

¡Salvemos al más grande!

a **Animales en extinción. ¿Dónde viven? Comprueba con la información de ¿Sabías que...?**

el tucán

la tortuga marina

el tapir

el jaguar

b **Lee el texto. ¿Cuál de los títulos te parece más adecuado?**

Ballenas de las costas entorpecen las labores de pesca

Chile, un refugio para las ballenas

NUESTRAS BALLENAS MUEREN

Finalmente en libertad

¿Sabías que Chile es considerado una importante ruta migratoria de los grandes cetáceos? Bueno, si no tenías ni la más mínima idea de esto, ahora te lo contamos: ¡el 70 por ciento de las ballenas pasan por nuestras costas!

Los mejores lugares para observarlas se dan en la isla Choros, el Canal de Chacao en Chiloé y los canales de la Patagonia. Por lo mismo, la Comisión Nacional para el Medio Ambiente (Conama), el gobierno regional de la XII Región y el Fondo Mundial para el Medio Ambiente (GEF) se pusieron de acuerdo para desarrollar un super proyecto: la primera área marina protegida en Chile, en el lugar donde se ha avistado a la mayor cantidad de ballenas jorobadas en todo el territorio chileno. La idea es crear un santuario natural marino para que estos cetáceos puedan ser protegidos de la caza indiscriminada y de la extinción. ¡Imagínate, será el primer parque marino de nuestro país!

La extensión del lugar es de 67 mil hectáreas de agua marina, las que rodean la Isla Carlos III, en el Estrecho de Magallanes, a 180 kilómetros de la ciudad de Punta Arenas. Y hay más, porque este lugar es uno de los 37 menos contaminados del planeta y el principal centro de alimentación, en Latinoamérica, de las ballenas jorobadas.

¿Sabías que...?

De las especies animales en extinción se encuentra el tucán que vive sobre todo en la Amazonía peruana, la Amazonía del Ecuador y la selva del Orinoco en Venezuela. Se caracteriza por su pico desarrollado y sus vivos colores.

La tortuga marina se encuentra principalmente en las costas de México. Aunque en la tierra son lentas, pueden llegar a una velocidad de hasta 35 kilómetros por hora en el agua.

Considerado familiar lejano del caballo y del burro, el tapir vive hoy en Ecuador y el bosque andino y brasileño.

El jaguar es de la familia del tigre. Es el felino más grande y poderoso de Latinoamérica. Se puede encontrar en Centroamérica, Paraguay y norte de Argentina.

c **Una marcha en contra de la caza de ballenas. Inventa un eslógan ecológico para tu país.**

~ *Un país sin animales es como un mar sin agua.*
~ *¡Un bosque con carreteras es como una playa con basura!*

AB 16

El futuro simple: formas

	regulares			irregulares	
	ahorrar	perder	reducir	tener	
yo	ahorraré	perderé	reduciré	tendré	decir → diré
tú	ahorrarás	perderás	reducirás	tendrás	hacer → haré
él/ella/usted	ahorrará	perderá	reducirá	tendrá	poder → podré
nosotros/-as	ahorraremos	perderemos	reduciremos	tendremos	poner → pondré
vosotros/-as	ahorraréis	perderéis	reduciréis	tendréis	querer → querré
ellos/ellas/ustedes	ahorrarán	perderán	reducirán	tendrán	hay → habrá

→ 1.5.1

El futuro simple: uso

El futuro simple se usa si se quiere expresar una predicción para el futuro.
Creo que la nieve de los polos se derretirá muy rápidamente.

Si se quiere expresar un plan o intención para el futuro, se usa *ir a* + infinitivo.
He hablado con María y voy a ir al cine con ella. Hemos quedado a las 7. → 1.5.2

Oraciones condicionales con *si*

Las oraciones condicionales se construyen con *si* + presente de indicativo, + futuro...:
Si todo sigue así, mi ciudad tendrá en unos años más de cien mil habitantes.
También es frecuente utilizar el presente de indicativo o el futuro próximo en la frase principal.
Si todo sigue así, mi ciudad tiene/va a tener en unos años más de cien mil habitantes. → 2.3

El presente de subjuntivo: uso (3)

Se usa el subjuntivo si se quiere negar o cuestionar una opinión.
No creo que tener que empezar de cero sea un problema.
También: no opino que…, no pienso que…, no me parece que…

→ 1.7.2.4

Se usa el subjuntivo si se quiere valorar una opinión.
Es importante que tu familia y tus amigos estén a tu lado.
También: es necesario que…, me parece bien/mal que…, me parece necesario/importante/justo que...

→ 1.7.2.3

LENGUA

Predecir el futuro

- ¿Tú cómo crees que será tu ciudad dentro de 10 años?
- Creo que será mucho más grande y habrá más habitantes.

Expresar una condición

Si no cuidamos los bosques, muchas especies desaparecerán.
Muchas zonas se secarán, si no controlamos el gasto de agua.

Dar una opinión

- ¿Qué te parece la nueva medida del ayuntamiento?
- Yo creo que es injusta. No me parece bien.
- Pues yo no creo que sea injusta, a mí no me parece tan mala.

Valorar una opinión

- Me parece muy bien que ahora la gente tenga más consciencia para el medio ambiente.
- Pues, claro que sí.

- Oye, ¿Tu crees que es necesario reciclar papel y vidrio?
- Sí, a mí me parece muy importante que todos reciclemos.

COMUNICACIÓN

PORTFOLIO

Ya soy capaz de...

Soy capaz de...	😊	🙂	☹	→ Unidad 4
hablar sobre problemas medio ambientales *Para mí ahorrar energía es ....*	☐	☐	☐	página inicial, A1
hacer predicciones sobre el futuro *En el futuro ....*	☐	☐	☐	A2, A3
expresar una condición *Si ...., ...*	☐	☐	☐	A2
dar una opinión *Yo creo que ...., pero no creo que ....*	☐	☐	☐	B4, B5, B6
participar en un debate *Pues yo no estoy de acuerdo contigo porque ....* *En mi opinión ....*	☐	☐	☐	B7

Mi dossier

Te has comprado una casa en España y la ciudad donde está no es como te la imaginabas (ruido, pocas zonas verdes, ...). Escribe una carta al director del periódico local donde das tu opinión y haces propuestas para mejorar la situación.

Aprender a aprender

consejo 4

Equivocarse es bueno

Los errores son un instrumento importante a la hora de aprender una lengua, puesto que solo cometiendo errores se puede avanzar en el aprendizaje de esa nueva lengua.
Señala en esta lista de errores cuáles son los que tú cometes con más frecuencia.

Mi lista de errores

1. Cambiar los géneros: masculino por femenino o al contrario. ☐
   ~~el~~ contaminación
2. La persona es diferente de la terminación del verbo. ☐
   el glaciar desaparecer~~é~~
3. No utilizar la preposición correcta. ☐
   viven ~~a~~ las ciudades
4. Confundir el significado de una palabra. ☐
   el verano ~~pasado~~ iremos a la Patagonia
5. Confundir las formas verbales: imperfecto por indefinido. ☐
   en invierno ~~estaba~~ de vacaciones en Egipto
6. Cambiar el orden de las palabras en la frase. ☐
   hoy he ~~me~~ levantado muy tarde
7. No pronunciar bien algunas letras. ☐
8. .... ☐
9. .... ☐

Compara con un/a compañero/-a. ¿Coincidís? Mirad la lista de errores cada mes a ver qué cambios se producen. Pensad en posibilidades de cómo corregir los errores unos a otros.

Unidad 5

¿Cuáles de estos objetos o acciones consideras buenos o malos hábitos para la salud? ¿Por qué?

¿Qué hay que hacer para sentirse bien?

- sentirse bien
  - ejercicio físico
    - ....
  - ....
  - alimentación sana
  - ....
  - ....
  - otros (para la mente o el espíritu)

¿Qué cosas haces tú para llevar una vida sana?

¡Hoy me siento bien!

EN ESTA UNIDAD VAS A APRENDER A:

- hablar de buenos y malos hábitos para la salud
- describir un deporte
- hacer sugerencias y dar recomendaciones
- reconocer los ingredientes de productos de alimentación
- opinar sobre creencias en la alimentación
- hacer hipótesis

5 A EN PRIMER LUGAR

1. Mis deportes favoritos

a **¿Cuáles de los objetos o lugares se necesitan para practicar los deportes de la estadística?**

raqueta | balón | pelota | patines | bañador | bicicleta | gorra | palo | tablero | aro | esquís | guantes | pista | campo | zapatillas | piscina | gimnasio | portería | hoyo | red

~ *Para jugar al tenis se necesita una raqueta.*
~ *Sí, y para hacer gimnasia unas buenas zapatillas.*

¿Qué deportes practicas? (Encuesta de múltiples votos)

fútbol	19,8%	ajedrez	3,4%
tenis	19,6%	béisbol	2,3%
natación	13,3%	rugby	2,3%
baloncesto	13,0%	equitación	1,4%
voleibol	12,5%	golf	1,7%
paddle	11,0%	gimnasia	1,4%
ciclismo	7,1%	Otros:	
atletismo	6,5%	correr, etc.	23,8%
balonmano	6,5%		

Fuente: encuesta en una página web de foros en Argentina (adaptado)

24–27 **b** **Escucha los diálogos y marca qué deportes de la estadística se nombran.**

c **Describe un deporte. Tus compañeros/-as lo adivinan.**

¿Cómo se practica? ¿Cómo se gana o pierde?
¿Solo o en equipo? ¿Deportistas conocidos?

d **¿Qué deportes practicas tú? Haz la estadística de la clase.**

AB 1–5

2. Dime qué deportes haces y te diré cómo eres.

a **Haz el test a tu compañero/-a.**

¿Qué deporte se adapta mejor a tu personalidad?

1. ¿Qué medio de transporte usas más?
- ☐ el transporte público (2 PUNTOS)
- ☐ vas en bici o a pie (1 PUNTO)
- ☐ el coche (3 PUNTOS)

2. En vacaciones...
- ☐ te tumbas y te relajas al máximo. (3)
- ☐ te mueves más y haces más ejercicio que durante el año. (2)
- ☐ aprovechas para hacer deporte de aventura. (1)

3. En el cole, las clases de educación física...
- ☐ eran tus preferidas. (1)
- ☐ te parecían una tortura, te inventabas excusas para no ir. (3)
- ☐ te parecían divertidas. (2)

4. Para ti los kilos...
- ☐ son difíciles de perder, sabes que deberías hacer más deporte. (2)
- ☐ son inevitables, te tientan demasiado las pastelerías y el sofá. (3)
- ☐ no son un problema, los tienes bajo control. (1)

5. Los fines de semana los aprovechas para...
- ☐ hacer deporte y moverte al máximo. (1)
- ☐ salir de marcha, a cenar, viajar. (2)
- ☐ tumbarte delante de la tele. (3)

6. ¿Con cuál de estos conceptos asocias el deporte?
- ☐ sensaciones fuertes y placenteras (1)
- ☐ esfuerzo físico (3)
- ☐ sentirte bien (2)

7. Haces deporte al aire libre...
- ☐ sólo cuando hace buen tiempo. (2)
- ☐ no importa qué tiempo atmosférico haga. (1)
- ☐ ¡nunca hago deporte al aire libre! (3)

8. ¿Qué esperas de una actividad física?
- ☐ descargar adrenalina (1)
- ☐ relajarte (2)
- ☐ perder peso (3)

9. Si un/a amigo/-a te propone ir a correr...
- ☐ sueles ser tú el/la que se lo propone a los demás. (1)
- ☐ te sueles animar aunque no eres constante. (2)
- ☐ ¡uff!, eso no es para mí. (3)

10. ¿Cómo es la relación de los miembros de tu familia con el deporte?
- ☐ nula, nuestro deporte familiar es comer y ver la tele (3)
- ☐ todos lo practicamos, incluso de forma profesional (1)
- ☐ forma parte de nuestro ocio, solemos practicarlo juntos (2)

b **Según las respuestas de tu compañero/-a, ¿cómo crees que es? ¿qué deporte le recomiendas?**

nervioso/-a | pacífico/-a | serio/-a | divertido/-a | hiperactivo/-a | perezoso/-a | sociable | individualista | aventurero/-a | tranquilo/-a | disciplinado/-a | competitivo/-a

Creo que eres aventurera. Deberías hacer...

uso del condicional

El condicional se usa para dar una sugerencia.
Deberías *hacer más deporte.*
Podrías *correr por el parque.*
Tendrías que *apuntarte a un gimnasio.*

¡Fíjate!

el condicional simple

deber**ía**
deber**ías**
deber**ía**
deber**íamos**
deber**íais**
deber**ían**

recursos

c **Tu compañero/-a te dice cuantos puntos tienes en el test. Lee los resultados. ¿Coincide con la recomendación de tu compañero/-a?**

De 10 a 16 puntos	De 17 a 24 puntos	De 24 a 30 puntos
¡Qué disciplinado/-a eres! El deporte es uno de los aspectos más importantes de tu vida. Seguro que no podrías vivir sin él. Si te gusta el riesgo, deberías probar con deportes de aventura. Si prefieres los deportes tradicionales, seguro que ya estás en algún equipo ¡bien hecho! Eso sí, no te pases, a veces, podrías descansar más, ¿has jugado al golf o al ajedrez alguna vez?	Haces deporte pero no eres un/-a profesional. A veces eres perezoso/-a y a veces aventurero/-a, a veces no tienes ganas y a veces eres disciplinado/-a. ¿Has probado a meterte en un equipo? Seguro que así, te motivarías más para hacer deporte. ¿Te gusta el voleibol? ¿Y qué tal el clásico fútbol o baloncesto? Haces deporte por placer, pero a veces deberías poner más de tu parte para hacer un poco más.	Eres una persona tranquila y pacífica. El deporte no es lo tuyo. Buscas cualquier excusa para evitar hacerlo y, además, sabes que tienes algunos kilillos de más. Deberías hacer más deporte. ¿Has probado con algo fácil? ¿Qué tal caminar al menos quince minutos diarios? Con el tiempo podrías incluso salir a correr. También podrías hacer natación, un deporte completísimo. Si tienes bici, úsala con más frecuencia, por ejemplo, para ir al trabajo, si no, este es el momento de comprarte una. Ya sabes, ¡a moverse más! Tu cuerpo lo agradecerá.

AB 6–7

3. Un gimnasio especial

a **Lee el plan de un día de la semana del gimnasio "Élite" y las descripciones de las actividades que ofrece. ¿Qué clases haces en las siguientes situaciones?**

1 quieres perder peso rápidamente: ....

2 quieres bailar y practicar un arte marcial al mismo tiempo: ....

3 quieres practicar muchos tipos de bailes: ....

4 quieres fortalecer los músculos y activar la mente: ....

Horarios **Gimnasio Elite**

LUNES	8:15	9:30	14:30	18:00	19:30	20:30	21:30
SALA A	Ciclo Indoor	Fight Box	Ciclo Indoor	Bailes de salón	Body Power	Pilates	GAP (glúteos, abdomen y piernas)
SALA B	Body Power	GAP (glúteos, abdomen y piernas)	Fight Box	Baile moderno	Ritmo Latino	Body Power	Capoeira

A EN PRIMER LUGAR

Ciclo Indoor: clase sobre una bicicleta estática. El profesor marca los ejercicios al ritmo de la música. En estas clases gastas muchas calorías, por lo que puedes perder peso rápidamente además de mejorar la capacidad cardiovascular y pulmonar.

Fight Box: conseguirás quemar calorías de una forma fácil y divertida por medio de técnicas de artes marciales, principalmente del taekwondo, al compás de la música.

Body Power: repetición de ejercicios con peso para fortalecer todos los músculos del cuerpo, todo esto unido a una música que te marcará el ritmo.

Baile moderno: fusión entre hip-hop y funky. Disfruta haciendo coreografías como los artistas más actuales.

Pilates: con este método endurecerás y tonificarás los músculos de una forma consciente. Además proporciona una gran flexibilidad, conciencia corporal y ayuda a encontrar una nueva tranquilidad mental.

Capoeira: arte marcial, danza y/o ritual brasileño. Te potenciará la elasticidad, la fuerza y tu ritmo, además de pasártelo genial con nuestro profesor.

Bailes de salón: en esta actividad podrás disfrutar con tu pareja todo tipo de bailes clásicos como vals, pasodoble, swing.

Ritmo Latino: ven y disfruta de nuestros bailes (bachata, salsa, merengue…)! Verás cómo tus fines de semana y tus fiestas ya no serán lo mismo.

GAP: un programa especial para mujeres para obtener una silueta perfecta. Empiezas con un calentamiento, continúas con la fase de trabajo y terminas con abdominales y estiramientos.

28

b **Escucha el diálogo con el monitor del gimnasio y marca en el horario de 3a en qué orden se mencionan las clases. ¿A qué clase va a asistir al final?**

c **¿A qué clase te gustaría ir a ti? ¿Por qué?**

AB 8–9

¡A LA TAREA! A UN GIMNASIO ESPECIAL

4. Vamos a crear un gimnasio según las necesidades de un grupo de personas.

a **Elegid uno de los grupos meta y sentaos con los que han elegido el mismo.**

estudiantes — ejecutivos/-as — niños — jubilados/-as — mujeres embarazadas — amos/-as de casa

b **Diseñad clases y actividades para el gimnasio según las características del público. ¿Qué tipo de deportes hay?**

c **Presentad el plan de un día del gimnasio.**

d **¿Cómo se podría mejorar el gimnasio? Dad sugerencias para los otros grupos.**

e **¿A qué gimnasio os gustaría ir? ¿Por qué?**

5. Cocina fácil

a **¿Qué ingredientes crees que llevan estos productos? Relaciona.**

A
Azúcar, aromas, hortalizas deshidratadas (cebolla, ajo), extracto de levadura, sal, especias (pimienta negra, pimienta de Cayena, jengibre) acidulantes, colorante: caramelo natural

B
Atún (35%), salsa (agua, cebolla, vino blanco, tomate, aceite vegetal, ajo, azúcar, sal, almidón de patata modificada y especias), patata, pimiento rojo y cebolla

C
Alubias y agua de cocción, morcilla, chorizo, tocino de cerdo ibérico, bacon, sal, estabilizador trifosfatos, antioxidante eritorbato sódico, conservador nitrito sódico

D
50% de almendra y 50% de azúcar, yema de huevo y frutas confitadas

b **Busca un ingrediente de 5a para cada grupo de la pirámide alimentaria.**

Grasas saturadas

Carne y pescado

Lácteos

Frutas, verduras y aceite de oliva

Hidratos de cárbono

c **¿Qué productos de la pirámide comiste ayer?**

d **¿Qué platos precocinados son populares en tu país? ¿Te gusta la comida precocinada?**

AB 10–12

6. Saber comer

a ¿Con cuáles de estas frases estás de acuerdo?

- ☐ Beber mucha agua puede provocar alteraciones en el organismo.
- ☐ Beber agua no nos puede perjudicar nunca.
- ☐ Si no tenemos tiempo para cocinar, nunca podremos conseguir una dieta equilibrada.
- ☐ Usar alimentos precocinados no tiene por qué ser malo para tener una dieta sana.
- ☐ La fruta es rica en proteínas e hidratos.
- ☐ Comer sólo fruta no ayuda a adelgazar.

b Lee el foro sobre dietas y compara con tu opinión.

LA POTOMANÍA. *POR DRA. ELENA ASUAR* **EL 26 DE MAYO A LAS 11:00**

Por ser un elemento natural pensamos que no nos puede perjudicar, pero no es cierto. Algunos de los daños provocados por beber agua en exceso son la alteración en el funcionamiento de los riñones, de la sangre y el equilibrio de los fluidos internos. Un exceso de agua en el organismo ayuda a que los minerales (sodio, potasio y magnesio) se diluyan con mayor rapidez en la sangre, dando lugar a la aparición de calambres, cansancio y pérdida de agilidad mental" [...]

Seguir leyendo...

MENÚS RÁPIDOS Y NUTRITIVOS. *POR ÓSCAR.COCINERO* **EL 27 DE MAYO A LAS 18:30**

Alcanzar el máximo equilibrio dietético en el menor tiempo posible se puede conseguir. La clave es utilizar algunos ingredientes más o menos ya preparados como pueden ser legumbres cocidas en conserva, o pescado precocinado congelado o también ensaladas limpias y troceadas ya listas para comer [...]

Seguir leyendo...

CENAR FRUTA. *POR LUISMA* **EL 30 DE MAYO A LAS 09:16**

Pensamos que esto nos permitirá perder peso más fácilmente, pero no es cierto. No hace falta ser médico para saber que tomar fruta no te va a eliminar los depósitos de grasa por arte de magia. Sólo el ejercicio físico lo hará, nada más. ¿Es perjudicial tomar frutas para cenar?, como comida única, sí. Ya sabrás que sólo contienen vitaminas y agua, pero no proteínas o hidratos [...]

Seguir leyendo...

29 **c Escucha un programa de televisión sobre dietas. ¿Qué recomendaciones se dan?**

La doctora Susana Monereo recomienda…

- ☐ que los niños se acostumbren a los sabores desde pequeños.
- ☐ que bebamos muchas bebidas de todo tipo.
- ☐ que compremos productos biológicos.
- ☐ que no nos preocupe el dinero a la hora de comprar productos sanos.
- ☐ que cocinemos con aceite de oliva.
- ☐ que haya un equilibrio en la alimentación.
- ☐ que comamos mucha fruta.
- ☐ que el desayuno sea la comida fuerte del día.

pág. 60

uso del subjuntivo (4)

Se puede usar el subjuntivo para dar sugerencias o recomendaciones.

*Recomiendo que los niños **coman** pescado.*
*Os aconsejo que **compréis** productos biológicos.*
*Es mejor que no **ahorréis** en salud.*
*Es bueno que la alimentación **sea** equilibrada.*

¡Fíjate!

d ¿Qué otras opiniones sobre alimentación conoces? Da recomendaciones para tus compañeros.

AB 13–17

Os aconsejo que no echéis mucha sal a la comida. Es malo para la tensión.

7. El arte de cocinar

a **¿Cómo se llaman estos platos del cocinero Ferran Adrià? Haz hipótesis.**

- ☐ Naranja y calabaza con polvo de yogur y almendra amarga.
- ☐ Bacalao crudo y confitado con habas.
- ☐ Puré de piel de limón con emulsión y aceite de nuez.
- ☐ Granizado de trufa negra con gelatina de apio.
- ☐ Gelatina de manzana y albahaca con sorbete de queso fresco.
- ☐ Lomo de conejo con pies de cerdo y caracoles.

El número 1 quizás sea el granizado de trufa negra.
O tal vez sea la gelatina de manzana.

> **tal vez / quizás + subjuntivo**
> Se usa para hacer hipótesis.
> *Tal vez* ***sea*** *bacalao.*
> *Quizás* ***esté*** *crudo.*
> ¡Fíjate!

b **Elabora un menú de primer plato, segundo plato y postre con los platos de 7a.**

c **¿Qué te parece este tipo de cocina? ¿Cuál ha sido la comida más rara que has comido?**

AB 16–17

¡A LA TAREA! B EL MENÚ DE UN DÍA

8. Vamos a crear un plan de comida para un día de comida sana y original para nuestros/-as compañeros/-as.

a **Pensad en tres platos con ingredientes sanos y originales para desayuno, comida y cena.**

b **Elegid los platos, elaborad un menú para todo un día e inventad un nombre para el menú.**

c **Recomendad el menú al curso y explicad qué ingredientes lleva y por qué es sano.**
¿Qué platos queréis probar?
¿Por qué?

El fútbol en Argentina: ¡más que una pasión!

a ¿Cómo se llaman estos elementos típicos del fútbol? Relaciona.

himno | camiseta | diario | hincha | partido

1

2

3

4

5

30 **b** Escucha una parte del himno del club argentino Boca Juniors y describe la música. ¿Que sensaciones te produce?

c Lee el foro de los seguidores del club Boca Juniors y marca los comportamientos típicos de sus hinchas.

FABIAN *(EL VETERANO) ESCRIBIÓ:*
EL 05 DE MAYO DE 2009 A LAS 12:39

Como buen xeneize soy capaz de dejar plantada a la mujer más linda del mundo con tal de acompañar al equipo de mis amores, el Boca Juniors. Yo confieso ser "fanático" de mi equipo; entre las cosas que hice por mi equipo, se encuentran: viajar miles de kilómetros para ir a la cancha a una fecha clave, postergar vacaciones por ver un partido o hacerme el enfermo y faltar al trabajo.

BLANCA *ESCRIBIÓ:*
EL 03 DE ABRIL DE 2009 A LAS 11:06

A mis 73 años sigo yendo a la cancha a ver al Boca; tengo tres hijos y 9 nietos, y si bien mi marido es del River Plate, yo los hice a todos xeneizes. Parece chiste, pero cada vez que el Boca juega un partido, recorto del diario la imagen del equipo adversario, después la cubro con sal y la envuelvo como un paquete que guardo en el freezer; claro que primero me fijo que no haya nada del Boca al otro lado de la hoja.

PETAKA *12 ESCRIBIÓ:*
EL 31 DE MAYO DE 2009 A LAS 9:34

Fui a la Bombonera hoy y la verdad que me fui muy orgulloso del aliento de la 12; el hincha siente que su pasión y su entrega influyen en el resultado del partido. ¡Boca, la pasión que sentimos por vos nadie la entiende!

d ¿En qué coinciden, en qué se diferencian los hinchas del Boca Juniors con los hinchas de un equipo de tu país?

e Lee la información de ¿Sabías que...? ¿El fútbol está tan presente en la cultura de tu país como en Latinoamérica?

AB 18

¿Sabías que...?

El club Atlético Boca Juniors es el mejor ejemplo de fútbol como deporte popular. Su nombre, Boca, proviene del barrio de La Boca en Buenos Aires y fue fundado en 1905 por inmigrantes italianos. El equipo de fútbol River Plate es considerado el principal rival del Boca Juniors.

El Boca Juniors es el club argentino con mayor número de hinchas. La hinchada del Boca es conocida por los apodos de *xeneizes* (nombre de los habitantes de Génova, genovés) y *La 12* que se usa para nombrar a la "barra brava", a la que pertenecen los hinchas más conflictivos.

En Argentina, como en otros países de latinoamérica, el valor social del fútbol es enorme y la cantidad de niños que lo practican asombrosa. Así, este deporte sirve de herramienta de transmisión de valores tales como la solidaridad, respeto y convivencia; ejemplo de ello son proyectos como la creación de la Liga de Fútbol Callejero o la alianza entre el Boca Juniors y UNICEF.

En el mundo hispanohablante el fútbol forma parte indispensable en la vida cotidiana. No solo está muy presente en la prensa y otros medios de comunicación, como en la radio y en la televisión, con los partidos narrados y comentados en vivo por jugadores veteranos y especialistas. Sino también en la charla diaria es el tema favorito de muchos. Se comentan, por ejemplo, los resultados de la quiniela que es un juego de azar donde se apuesta por resultados de partidos.

El condicional simple: formas regulares

	jugar	deber	dormir
yo	jugaría	debería	dormiría
tú	jugarías	deberías	dormirías
él/ella/usted	jugaría	debería	dormiría
nosotros/-as	jugaríamos	deberíamos	dormiríamos
vosotros/-as	jugaríais	deberíais	dormiríais
ellos/ellas/ustedes	jugarían	deberían	dormirían

→ 1.6.1

El condicional simple: formas irregulares

El condicional se forma con los mismos cambios de raíz de los verbos en futuro y las terminaciones de condional.

infinitivo	futuro	condicional	infinitivo	futuro	condicional
poder	podré	podría	saber	sabré	sabría
hacer	haré	haría	poner	pondré	pondría
tener	tendré	tendría	salir	saldré	saldría

→ 1.6.1

El condicional: uso

Si se quiere dar una sugerencia o dar consejos a alguien, se usa el condicional.

- *Últimamente estoy ganando mucho peso. ¿Qué puedo hacer?*
- *Yo creo que **deberías / podrías / tendrías** que hacer más deporte.*

- *Mi hermano no me habla y no sé por qué.*
- *Yo, en tu lugar, Jorge, **hablaría** con él.*

→ 1.6.2

El subjuntivo: uso (4)

Si se quiere hacer una hipótesis con *tal vez* o *quizá(s)*, se puede usar el subjuntivo.

- *Este plato tal vez **sea / es** algo de carne.*
- *O quizás **venga / viene** con verduras también.*

→ 1.7.2.5

LENGUA

Expresar la frecuencia en actividades

- ¿Tú qué deportes sueles hacer?
- Pues corro al menos dos veces a la semana y a veces nado, sobre todo, los fines de semana.

Dar sugerencias o recomendaciones

- A mi hijo no le gusta el pescado y no sé qué hacer.
- Te recomiendo que lo acostumbres desde pequeño, porque es un alimento muy sano.

- Me duele mucho la cabeza.
- ¿Has bebido suficiente agua? Te aconsejo que bebas, es muy importante para el organismo.

- No me siento muy bien últimamente.
- Es mejor que comas más sano y hagas más deporte.
- Últimamente estoy muy nerviosa.
- Podrías dormir un poco más. Además, deberías beber menos café.

Hacer hipótesis

- ¿Qué crees que hay de postre?
- Quizás tengan helado.

- ¿Qué tipo de cocina crees que sirven en este restaurante?
- Tal vez sea tradicional y variada. Parece que es un buen restaurante.

Hablar de comidas raras en el pasado

- ¿Cuál ha sido la comida más rara que has comido?
- Pues una vez estuve en México y en un restaurante me sirvieron una ensalada de nopales, que es un cactus.

- ¿Y eso cómo sabe?
- ¡Estaban un poco amargos y tenían una consistencia muy blanda! ¡Muy interesante!

COMUNICACIÓN

¡YA LO SABES!

Soy capaz de...	😊	🙂	☹	→ Unidad 5
describir un deporte *Para jugar al baloncesto se necesita ....*	☐	☐	☐	A1
hablar del carácter de una persona *Creo que mi compañero es una persona ....*	☐	☐	☐	A2
hacer sugerencias *Deberías ....*	☐	☐	☐	A2
hablar de deseos para hacer algo *A mí me gustaría ....*	☐	☐	☐	A3, A4
opinar sobre los buenos y malos hábitos en la alimentación *Para mí, la comida precocinada ....*	☐	☐	☐	B5, B6
dar consejos y recomendaciones *Te aconsejo que ....*	☐	☐	☐	B6
hacer hipótesis *Tal vez/quizás sea ....*	☐	☐	☐	B7

Mi dossier

Escribe un pequeño texto sobre los buenos propósitos para ti y tu familia.
¿Vas a cambiar algo en la alimentación?
¿Qué vas a comer?
¿Vas a hacer más/menos deporte? ¿Cuál?

Aprender a aprender

consejo 5

Trabajar con las audiciones

Las audiciones llevan autenticidad al curso. Así se puede tener una impresión del ritmo del español, de su entonación y escuchar desde el principio a hablantes de diferentes regiones.

¿Cómo te sientes al trabajar con las audiciones en la clase de español? ¿Por qué?

☐ me aburro ☐ me interesa ☐ me divierto ☐ me angustia ☐ ....

¿Cómo prefieres trabajar con las audiciones?
Señala tres preferencias y nombra una ventaja en cada elección.

☐ hacer una breve actividad de introducción
☐ escuchar la grabación primeramente en casa con tiempo
☐ escuchar la grabación en clase varias veces
☐ después de realizar la actividad, escuchar otra vez para verificar los resultados
☐ leer la transcripción
☐ otras: ....

Compara tus resultados con los de tus compañeros/-as.

Unidad 6

A ¿Qué ha pasado hoy?

B Quiero escuchar las noticias.

C Me gustaría informarme sobre cine.

D Me gustaría ver mi programa de televisión favorito.

¿Dónde se puede encontrar la información? Lee las citas y decide.

Enumera del 1 (+) al 5 (-) los medios que tú usas más para informarte.

- [ ] diario
- [ ] revista
- [ ] radio
- [ ] televisión
- [ ] internet

Lee la estadística y describe la tendencia en España.

¿Coincide con la de tu curso?

Medios de comunicación: usuarios en España (porcentaje)

	2004	2008
diarios	41,1	42,1
revistas	55,1	53,3
radio	56,8	53,1
televisión	89,6	88,5
internet	16,9	29,3

(Fuente: Estudio General de Medios. AIMC, INE 2009)

¡Cuéntame lo que pasó!

E Quiero saber más sobre mi deporte favorito.

EN ESTA UNIDAD VAS A APRENDER A:

- analizar noticias
- escribir noticias cortas
- dar tu opinión sobre las nuevas tecnologías
- hablar de los programas de la televisión
- contar el argumento de una película
- hacer sugerencias

1. ¡Qué noticia!

a **Lee los titulares de las noticias. ¿Qué titular corresponde a cada sección del diario?**

La República.pe

POLÍTICA | ECONOMÍA | SOCIEDAD | INTERNACIONALES | CULTURAL | DEPORTES | REGIONALES

Habilitan los nueve carriles de Panamericana Norte, en Fiori

Sáb, 04/07/2009 – 10:42

A partir de las 6 horas de hoy los conductores podrán hacer uso de los nueve carriles con los que ahora cuenta la Panamericana Norte, a la altura de Fiori, donde se culminó la primera etapa de los trabajos de ampliación en Lima.

"Derrotaremos a Turquía y vamos a quedar en el primer lugar"

Sáb, 04/07/2009 – 12:01

Así lo manifestó el entrenador de la selección peruana de voleibol sub 18, Manuel Hernán Artieda después del triunfo en el mundial, al imponerse frente a Túnez de forma clara y contundente por 3–0.

Caral declarada Patrimonio Cultural de la Humanidad

Dom, 05/07/2009 – 24:10

La Ciudad Sagrada de Caral-Supe, considerada el centro de civilización más antiguo de toda América, fue declarada ayer como bien cultural de "valor universal excepcional" por el Comité del Patrimonio Mundial de la Unesco. El sitio arqueológico está emplazado en una meseta desierta y árida que domina el valle verdeante del río Supe, al norte de Lima.

El informe del Banco Mundial sostiene que Perú y Panamá evitarán la caída de su PBI en América Latina

Vie, 03/07/2009 – 11:28

El informe fue dado a conocer en la segunda Cumbre de Ministros de Hacienda de América y el Caribe, que se desarrolla en Chile y en la que participa el ministro de Economía y Finanzas de Perú, Luis Carranza.

Ministros llegarán mañana a Chumbivilcas para dialogar con la población

Dom, 05/07/2009 – 13:29

Los ministros que confirmaron su viaje a Chumbivilcas (Cusco) para participar en mesa de diálogo son los de Salud, Agricultura, Energía y Minas, Educación, Transporte y Vivienda.

Seísmo de 5.3 grados sacude Cusco

Dom, 12/07/2009 – 09:51

Un seísmo de 5.3 grados de magnitud en la escala de Richter sacudió esta mañana el departamento del Cusco, causando alarma entre la población de la localidad. Por el momento no se han producido daños.

Un niño japonés pide perdón tras robar 60 mil euros "para jugar"

Vie, 03/07/2009 – 11:10

El niño robó 8 millones de yenes, casi 60 mil euros, del armario de un vecino de la ciudad de Ishigaki, "porque necesitaba dinero para jugar", informó hoy la prensa nipona.

El niño se justificó así cuando su padre, al tener dudas por su extraño comportamiento, le preguntó sobre la desaparición del dinero denunciado por un señor de la zona días antes.
De acuerdo con el diario, el robo tuvo lugar entre el 4 y el 7 de mayo, el período vacacional más importante en Japón.

b **Elige dos noticias, léelas y completa la tabla con la información.**

	Noticia 1	Noticia 2
¿Qué?	....	....
¿Quién?	....	....
¿Cuándo?	....	....
¿Dónde?	....	....

c **Cuéntale a tu compañero/-a la información que has encontrado.**

d **Elige una sección del periódico e invéntate una breve noticia con titular. Después tus compañeros/-as adivinan a qué sección corresponde.**

¿qué? — *ha dimitido/anunciado* — *una guerra/un conflicto* — ....

¿quién? — *el gobierno* — ....

¿dónde? — *en la cumbre* — ....

¿cuándo? — .... — ....

2. ¡Qué me dices!

a **Mira la foto. ¿Qué crees que ha pasado? Elige un titular.**

- ☐ **El Director General de Belcrex detenido por evasión de impuestos**
- ☐ ***Cocinero acusado de robo a mano armada***
- ☐ **Detienen al cantante Paco Puño por tráfico de drogas**

31 **b** **Escucha la noticia y comprueba.**

31 **c** **Escucha otra vez y elige la opción correcta.**

1. El locutor ha informado que la rueda de prensa la ha convocado
   - ☐ el ladrón.
   - ☐ la duquesa.
   - ☐ el portavoz de la casa de Pedralba.
2. El portavoz ha declarado que
   - ☐ la duquesa se encuentra bien.
   - ☐ la duquesa está en el hospital.
   - ☐ el perro de la duquesa la salvó.
3. La duquesa ha anunciado que
   - ☐ no va a descansar hasta que el ladrón esté en la cárcel.
   - ☐ ha retirado los cargos.
   - ☐ está muy contenta de cómo ha terminado todo.
4. La policía ha explicado que el ladrón
   - ☐ ha perdido su empleo.
   - ☐ va a devolver las joyas.
   - ☐ ha pedido perdón.

d **Lee la entrevista a la limpiadora de la duquesa y escribe la noticia en estilo indirecto.**

Revista Corazón: Parece ser que el ladrón tenía fácil acceso a la casa porque se trataba de uno de los empleados de la duquesa.
Carmen ML: Sí, era el cocinero de la duquesa, pero al principio no lo sabíamos porque llevaba puesto un disfraz.
RC: Cuando se dio cuenta de que estaban atracando a la duquesa, ¿qué hizo?
CML: Yo llamé inmediatamente a la policía porque pude reconocer la voz del ladrón y sabía que no iba a ser capaz de atacarla.
RC: ¿Qué pensó usted?
CML: Que se había vuelto loco. Pero después, cuando llegó la policía empecé a atar cabos y me di cuenta de que algo no estaba claro. Yo sabía que Pedro era el amante de la Duquesa y que ella estaba pasando por dificultades económicas. Además, durante el atraco, pude escuchar que estaban hablando y riéndose tranquilamente. Yo creo que entre los dos planearon el robo. Las joyas de la duquesa están aseguradas y por eso, si se las roban, ella recibe una buena cantidad de dinero del seguro.
RC: ¿Cree que la duquesa confirmaría lo que usted acaba de decir?
CML: ¡Por supuesto que no! Ella nunca confesaría que su amante es el cocinero. Pero creo que él sí que lo diría, para vender una exclusiva y sacar dinero, ¡claro! El dinero es lo único que a él le interesa.

> **el estilo indirecto** — ¡Fíjate!
>
> Se usa si se quiere repetir o contar lo que alguien ha dicho. Se introduce con un verbo como *decir, declarar, informar, anunciar, explicar, ...* + *que* + declaración.
>
> *"**Me** encuentro bien".* → ***Dice / Ha dicho que se*** *encuentr**a** bien.*
> *"**He** retirado los cargos."* → ***Dice / Ha dicho que ha*** *retirado los cargos.*
> *"**Voy** a devolver las joyas."* → ***Dice / Ha dicho que va*** *a devolver las joyas.*
>
> Hay que tener en cuenta que la persona del verbo y los pronombres cambian.

e **Di a tu compañero/-a al oído una frase con una información sobre ti. Tu compañero/-a repite la frase a otro/-a compañero/-a al oído añadiendo o cambiando alguna información. Al final el/la último/-a compañero/-a repite la frase y tú corriges lo que es falso.**

AB 5–6

- *Me voy a casar en mayo.*
- *¿Te has enterado de que Sabine va a casarse con un millonario en agosto?*
- *¿Te vas a casar con un millonario en agosto?*
- *¡No! He dicho que voy a casarme con mi novio en mayo.*

contar una noticia
¿Te has enterado de que...?
¿Has oído que...?
¡Fíjate!

3. ¿Versión online o impresa?

a **Lee las citas, ¿con cuál o cuáles estás de acuerdo?**

1 “Yo creo que ahora sufrimos sobreabundancia de información. Se dicen tantas cosas que ya no sé qué creerme.”

2 “Debido a la red global ahora existe un periodismo más participativo y controlado por el ciudadano.”

3 “Gracias a las nuevas tecnologías, no tengo que pagar y además es muy fácil obtener información.”

4 “Me encanta formar parte de Facebook, MySpace o Twitter, que al ser plataformas globales, me permiten estar en contacto con gente de todo el mundo.”

5 “Los diarios ya no existirán en papel, sino en pantalla de cristal líquido.”

b **¿Quién crees que ha dicho las citas de 3a?**

Esmeralda, 21 años. Estudiante de Ciencias de la Información

Manuel, 46 años. Director General del periódico “El Globo”

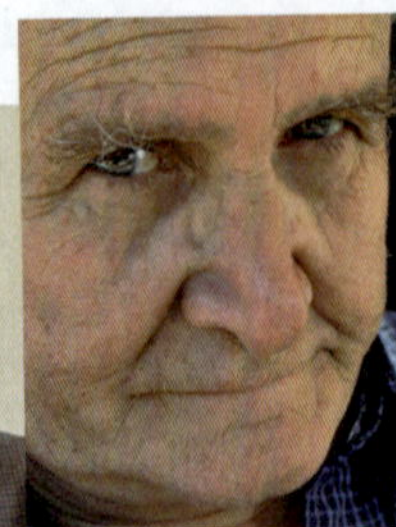

Antonio, 70 años. Jubilado

María Luísa, 35 años. Directora internacional de Facebook

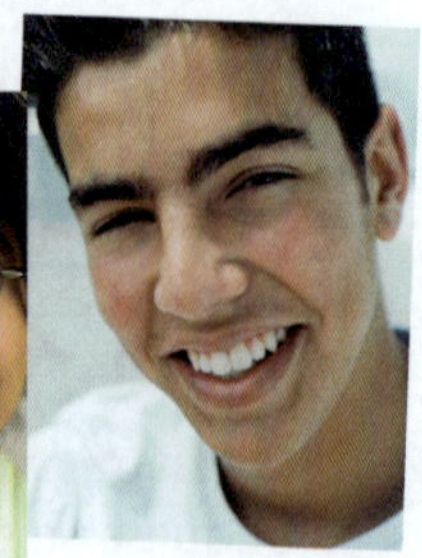

Rafa, 17 años. Estudiante de 2º de Bachillerato

c **¿Con quién de las personas de 3b te identificas? Toma su papel y haz un debate con representantes de las otras posturas sobre el tema “versión online o impresa”.**

¡A LA TAREA! A EL PERIÓDICO DE LA CLASE

4. Vamos a elaborar un periódico con noticias de la clase.

a **Decidid qué secciones queréis para vuestro periódico y qué periodistas se ocupan de cada sección.**

b **Elaborad una noticia de algo que ha pasado en el curso. La noticia puede ser verdadera o falsa.**

c **Si queréis podéis leer las noticias para la radio o la televisión o escribirlas en la primera página de un periódico y colgarlas en la pared.**

d **¿Qué noticias son verdad o mentira?**

¡Nuestro curso de español ganó el primer premio en el concurso “el curso más activo”!

Y Thomas quiso dejar el curso para dedicarse a la política. Ahora se presenta a las elecciones.

5. ¿Hay vida sin tele?

a **Mira la programación de la televisión. ¿Qué tipo de programas crees que son?**

un programa de entrevistas | dibujos animados | un noticiero | una película un partido de fútbol | un documental | una serie / una telenovela | un concurso

la cuatro

10:05 *Pocoyó. Episodio 10*
Los amigos de Pocoyó deciden darle una fiesta sorpresa sólo para mostrarle cuánto lo quieren.

11:10 *Alerta Cobra: Unidad Especial "Caza sin tregua (II)".*
Con la ayuda de los compañeros de la brigada de carreteras Tom y Semir consiguen huir de la policía.

12:15 *Las mañanas de Cuatro*
Concha García Campoy continúa una temporada más al frente de este magazine que aúna la tertulia, la información y el entretenimiento.

14:25 *Noticias Cuatro mediodía*
Presentado por Marta Reyero, Marta Fernández y Manolo Lama. Informativo que, además del seguimiento de las noticias más relevantes del día, ofrece comentarios de prestigiosos analistas.

15:30 *Password*
Los participantes pueden ganar con la ayuda de invitados famosos hasta 25.000 euros, gracias a su don de palabra.

16:15 *Documental. "Los incas".*
Reportaje sobre el imperio americano, que comenzó a extenderse desde la región de Cuzco a finales del siglo XIV y se terminó brutalmente por la invasión española dirigida por Francisco Pizarro en 1532.

32 **b** **Escucha a Emilia y a Luis. ¿De qué tipo de programas hablan?**

c **Lee las citas de cuatro personas sobre la televisión. ¿Qué opinión coincide con la tuya? ¿Cuándo ves tú la tele?**

“En mi casa, “la pequeña pantalla” preside las reuniones familiares y de amigos, incluso comidas y cenas, pero nadie le presta demasiada atención. La televisión muchas veces está solamente como ruido de fondo.”

“Tengo una tele pero casi nunca la veo, sólo cuando algo me interesa. Eso sí, a veces la pongo porque me acompaña cuando estoy sola.”

“En mi casa tenemos cuatro televisores: en el salón, en la cocina, en mi habitación y en la de mi hijo.”

“Yo no tengo tele y no la echo de menos. Prefiero pasar mi tiempo libre haciendo otras cosas.”

d **¿Qué tipo de programas prefieres tú? ¿De qué tratan? Haz una lista de tus tres programas preferidos y recomiéndaselos a tus compañeros/-as.**

AB 7–9

6. ¿De qué va la peli?

a **Mira los carteles de las películas y contesta.**

¿Qué tipo de películas son?
¿De qué crees que tratan?
¿Qué película te gustaría ver?
¿Por qué?

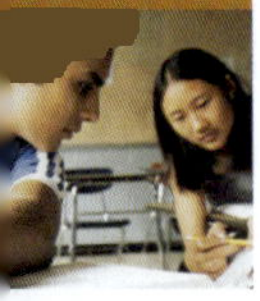

b **Completa la lista con títulos de películas. ¿De qué tratan? ¿Se las recomiendas a tus compañeros/-as?**

Una película...
- que te hizo reír: ....
- que te hizo llorar: ....
- que te dio miedo: ....
- que has visto varias veces: ....
- que has visto últimamente: ....
- que no volverías a ver nunca más: ....
- que te trae buenos recuerdos: ....

oraciones de relativo

He visto ***una película.***
La película *me ha gustado mucho.*
→ *He visto una película* ***que*** *me ha gustado mucho.*

recursos

c **Lee el artículo de una enciclopedia sobre cine y relaciona los párrafos (1–4) con los títulos.**

Bienvenido, Mister Marshall

1 **España. 1953;**
Dirección: Luis García Berlanga;
Guión: Miguel Mihura, Juan Antonio Bardem;
Producción: Vicente Sempere.

2 Villar del Río es un pequeño pueblo de Castilla, tranquilo, pobre y olvidado, en el que nunca pasa nada especial. Sólo la llegada de la cantante folclórica Carmen Vargas y de su representante Manolo ha dado una nota de novedad a la vida aburrida del pueblo. Esa misma mañana se presenta de pronto un delegado del gobierno, el cual anuncia que va a llegar de un momento a otro una comisión del Plan Marshall, autoridades americanas que facilitan ayuda económica al país.
El alcalde del pueblo, un hombre bonachón y un poco sordo, al recibir la noticia, decide disfrazar a toda la población al más puro estilo andaluz, para sorprender a sus visitantes y de esta forma recibir mayor cantidad de dinero. Todo el pueblo los espera ilusionado, pero los americanos pasan por el pueblo sin parar.

3 La película es una divertida sátira al aislamiento internacional al que se veía sometida España debido a la dictadura franquista. Se trata el tema del programa de ayuda económica internacional conocido como Plan Marshall, establecido por el gobierno estadounidense para auxiliar a Europa después de la Segunda Guerra Mundial, de cuyas ayudas España no disfrutó directamente. Al mismo tiempo se observa el ambiente rural castellano y el tópico internacional de la España de toros y flamenco.

4 Berlanga construye un magistral título cinematográfico, extraordinariamente simpático en la forma, pero muy amargo en su representación, mensaje y contenido. El director demuestra aquí su habitual dominio del ritmo, ingeniosos diálogos, estupendos pasajes oníricos e inolvidables secuencias cómicas engrandecidas por la enorme interpretación de dos grandes e incomparables mitos del cine español, Pepe Isbert y Manolo Morán, por no hablar de geniales intérpretes como Alberto Romea, Luis Pérez de León o Fernando Aguirre.

- ☐ importancia histórica de la película
- ☐ ficha técnica
- ☐ argumento
- ☐ el director y los intérpretes

pág. 70

d **Completa la tabla con la información del párrafo 2 del artículo. Después, en grupos de tres, contad por turnos el argumento de la película. Cada persona dice una frase.**

Lugar ....
Personajes ....
Desarrollo ....
....
Final ....

AB 10–12

e **Busca los ejemplos en el artículo y completa con las palabras que faltan.**

oraciones de relativo

el/la cual, los/las cuales
*Se presenta **un delegado del gobierno. El delegado del gobierno** anuncia que va a llegar una comisión.*
→ *Se presenta de pronto un delegado del gobierno, ... anuncia que va a llegar una comisión.*

preposición + **el/la/los/las** + **que**
*Villar del Río es **un** pequeño **pueblo. En el pueblo** nunca pasa nada.*
→ *Villar del Río es un pequeño pueblo, ... nunca pasa nada que le saque de la rutina.*

*La película es una sátira al **aislamiento internacional**. España se veía sometida **al aislamiento internacional**.*
→ *La película es una sátira al aislamiento internacional .... se veía sometida España.*

recursos

f **Cuenta de qué trata una de estas películas sin decir el nombre. Tus compañeros/-as adivinan cuál es. ¡Cuidado! No puedes decir las palabras que están al lado de la película ni nombres propios.**

Supermán: *superhéroe, volar, ciudad*
Titanic: *barco, hundirse, enamorarse*
El señor de los anillos: *anillo, buscar, viaje*
Metrópolis: *ciudad, robot, trabajador*
El Padrino: *familia, mafia, años 40*
La guerra de las galaxias: *espacio, luchar, nave espacial*
Tiburón: *playa, nadar, turistas*
Corre Lola corre (Lola rennt): *correr, chica, novio*
E.T. El extraterrestre: *casa, teléfono, bicicleta*

oraciones de relativo

donde = **en el/la/los/las que**
*Es una película **en la que** actúan muy buenos actores.*
*Es una película **donde** actúan muy buenos actores.*

recursos

valorar una película

Es muy divertida / aburrida.
Es entretenida.
Es buenísima / malísima.
Es un peliculón.
Es un rollo.

vocabulario

AB 10–12

¡A LA TAREA! B UNA TARDE DE CINE

7. Vamos a organizar una tarde de cine para ver películas juntos.

a **Elegid dos películas que os gustaría ver.**

Título: ....
Tipo de película: ....
¿De qué trata?: ....
La recomiendo porque........................

Título: ....
Tipo de película: ....
¿De qué va?: ....
La recomiendo porque........................

b **Presentad las películas y elegid tres películas para el curso.**

c **¿Cómo vais a organizar la tarde?**

¡Lo vamos a pasar de cine!

a ¿Cuáles de estos temas son los más habituales en el cine de tu país? Busca un ejemplo para cada tema.

- ☐ biografía/personaje famoso
- ☐ historia y política
- ☐ leyendas populares
- ☐ realidad social
- ☐ ritos, tradiciones y creencias religiosas
- ☐ otros: ....
- ☐ historia de amor

b En La Habana desde hace más de 30 años se celebra el Festival Internacional del Nuevo Cine Latinoamericano. Lee la sinopsis de algunas de las películas que participan en el concurso y relaciona las películas con la sección a la que pertenezcan.

1 Concurso de Animación

2 Concurso de Documentales

3 Concurso de Cortos

4 Cine Fantástico y de Horror

☐ TITIRI-WE, EL CANTO DE LA NOCHE
Viveca Baíz (Venezuela) 9' | 2008
Recreación mediante marionetas del mito Yanomani sobre la creación de la noche. Una pareja de indígenas, extenuados por la luz y el calor, hieren mortalmente a un ave paují en vuelo. De cada gota de sangre que derrama el ave, nace una nueva. Se forma una bandada que, al alzar vuelo, cubre el sol. Así, ante la mirada asombrada de los humanos, surge la noche.

☐ LAS COLMENAS
Alejandro Ramírez A. (Guatemala, Cuba) | 52' | 2007
Guatemala, 1979. Un grupo de hijos de exguerrilleros tienen que huir como consecuencia de la represión del ejército. Su objetivo es participar en un proyecto de ayuda llamado Las Colmenas. Treinta años más tarde sus protagonistas cuentan sus experiencias.

☐ FANTASMA DE BUENOS AIRES
Guillermo Grillo Ciocchini (Argentina) | 91' | 2008
Una noche, tres amigos hacen el juego de la copa. La sesión de espiritismo funciona y el fantasma de un malvado asesinado en 1920 pasa a habitar la casa. Uno de los chicos hace un pacto con él…

☐ NOCHE DE MUERTOS
Misael Rubio (México) | 12' | 2008
Durante la noche del Día de Muertos, un grupo de ladrones entra en una casa a por un gran botín, pero no están solos.

☐ XXXX AÑOS DESPUÉS
Aram Vidal Alejandro (Cuba) 15' | 2007
Un recorrido por Vallegrande y La Higuera nos enfrenta al olvido de la figura del Che. Una alerta sobre el peligro de desconocer la historia.

☐ LOS DEMONIOS DEL EDÉN
Alejandra Islas (México) | 70' B/N-Color | 2007
La periodista Lydia Cacho da voz a niñas y niños víctimas de abuso sexual en el libro *Los demonios del Edén*, y se convierte también en víctima del crimen organizado.

¿Sabías que…?

Cuba es uno de los países latinoamericanos con mayor tradición cinematográfica. En este país, el cine ocupa un puesto importante en su cultura; existen instituciones como el ICAIC (Instituto Cubano del Arte y la Industria Cinematográfica) que tiene más de 50 años.

El Festival Internacional del Nuevo Cine de Cuba se encuentra entre los festivales de cine más famosos del mundo hispano. Su premio es el Gran Coral.
También existen otros festivales de habla hispana como el Festival de San Sebastián (España) con el premio la Concha de oro, o el Festival de Cine de Mar de Plata (Argentina) con el premio "Astor" en honor al compositor Astor Piazzola o el de Cartagena (Colombia) con la "India Catalina" como premio.

Cuando se lee el programa de un festival de cine, se pueden encontrar términos como sinopsis o resumen del argumento; el film puede ser en versión original y con subtítulos; se pueden ver largometrajes (más de 60 min.) y cortometrajes o "cortos" (menos de 30 min.)

c ¿Qué temas de a tratan las películas del Festival de Cine?

d ¿Qué película del festival de cine te gustaría ver? ¿Por qué? Elige una película de tu país que representa un tema típico y recomiéndala al público del festival de La Habana. ¿Por qué crees que le interesaría?

AB 13

El estilo indirecto (presente)

Se usa para repetir o contar lo que otra persona ha dicho. Se introduce con un verbo como *decir, declarar, informar, anunciar, explicar, ...* + que + declaración.

*"**Estoy viendo** la tele en el salón." → **Dice / Ha dicho que está** viendo la tele en el salón.*
*"**He** leído las noticias." → **Dice / Ha dicho que ha** leído las noticias.*
*"**Voy** a mirar qué ponen hoy en la tele." → **Dice / Ha dicho que va** a mirar qué ponen hoy en la tele.*

La persona del verbo y los pronombres cambian.
Si se quiere repetir lo que alguien dijo en el pasado (dijo que…, había dicho que…), el tiempo verbal de la frase subordinada cambia también.

→ 2.3

Oraciones de relativo

Oraciones de relativo son frases subordinadas que hacen referencia a un elemento de la frase principal. Empiezan con:

que
*He visto **una película. La película** me ha gustado mucho.*
*→ He visto una película **que** me ha gustado mucho.*

el/la cual, los/las cuales
*Ha venido **un señor** a buscarte. **El señor** llevaba un traje muy elegante.*
*→ Ha venido un señor a buscarte, **el cual** llevaba un traje muy elegante.*

Preposición + el/la/los/las + que
*Vimos **una película** muy entretenida. **En la película** actuaba mi actor favorito.*
*→ Vimos una película **en la que** actuaba mi actor favorito.*
***La noticia** estaba en la versión impresa del periódico. Me refería **a la noticia**.*
*→ La película **a la que** me refería estaba en la versión impresa del periódico.*

donde = en el/la/los/las que
*Es una revista **en la que** hay muchas fotos de famosos.*
*Es una revista **donde** hay muchas fotos de famosos.*

→ 2.1

LENGUA

Contar noticias de manera informal

- ■ ¿Te has enterado de lo que ha pasado?
- ● ¿Qué ha pasado?
- ■ Resulta que Josefina tiene novio. Los vi juntos ayer en una cafetería.

Repetir qué han dicho otras personas en presente o en el pasado próximo

- ■ ¿Qué te ha dicho tu hermano?
- ● Dice que podemos ir sin problemas. Me ha dado las llaves, pero me ha dicho que tenemos que dejar todo tal como está.

Contar el argumento de un película

- ■ ¿Has visto Los Abrazos Rotos de Almodóvar?
- ● Todavía no, pero me gustaría saber de qué trata.
- ■ Pues trata de un guionista de cine que se enamora de la novia de un antiguo enemigo.

Valorar y recomendar películas

- ■ ¿Qué tal la peli de anoche?
- ● La película era buenísima, con mucha acción, y los actores geniales. Tienes que verla.

COMUNICACIÓN

¡YA LO SABES!

Ya soy capaz de...

Son capaz de...	😊	🙂	☹	→ Unidad 6
reconocer diferentes medios de información y hablar de preferencias *Yo prefiero informarme en*	☐	☐	☐	Página inicial
contar breves noticias por escrito y oralmente *Se ha* .... *en*	☐	☐	☐	A1, A2
opinar sobre las ventajas e inconvenientes de Internet *Para mí, Internet*	☐	☐	☐	A3
hablar de programas de televisión *A mí me gusta mucho ver*	☐	☐	☐	B5
contar películas *La peli trata de* .... *El protagonista es*	☐	☐	☐	B6, B7

Mi dossier

Escribe un correo electrónico a un/-a futuro/-a compañero/-a del curso de español en el que le recomiendas estudiar español en tu curso. Puedes comentar cosas que has aprendido este curso, anécdotas que han pasado en clase, medios que habéis utilizado (televisión, ordenador, periódicos...).

Aprender a aprender

consejo 6

Mejorar la lectura de textos largos

Para facilitar la lectura de textos largos es útil desarrollar diferentes capacidades para resumir, es decir elaborar una versión corta del texto. Por ejemplo, sacar lo esencial de una noticia, marcar la información central de una entrevista, estructurar textos informativos o hacer una sinopsis de una película.

Lee las técnicas y marca las dos que te parecen más útiles. Coméntalo con tu compañero/-a.

1. ☐ marcar las expresiones, palabras, ideas claves más importantes (cuanta menos información, mejor)
2. ☐ hacer un organigrama con la información clave y establecer conexiones por medio de flechas
3. ☐ sacar la información central a través de las preguntas ¿Quién? ¿Qué? ¿Cómo? y ¿Dónde?
4. ☐ poner un título o una palabra clave a cada párrafo del texto

Elige una técnica y aplícala a la entrevista a la limpiadora de la duquesa (actividad 2d).

Después compara con tu compañero/-a.
¿Quién lo ha hecho más breve sin olvidarse de lo más importante?

La inmortalidad

1 Clasifica las palabras en los dos grupos.

rosas | lo infinito | cantos | abejas | panal | eternidad | el rosal | mañana | tendrás | jardín | alas | volar | un minuto | lo inmortal | pájaros

el tiempo	la naturaleza

2 Lee el poema de Dulce María Loynaz, elige o ponle un título y explica por qué.

Soledad Eternidad Mi jardin

....

En mi jardín hay rosas
yo no te quiero dar
las rosas que mañana...
mañana no tendrás.

En mi jardín hay pájaros
con cantos de cristal.
No te los doy, que tienen
alas para volar...

En mi jardín abejas
labran fino panal
¡Dulzura de un minuto...
no te la quiero dar!

Para ti lo infinito
o nada; lo inmortal
o esta muda tristeza
que no comprenderás...

La tristeza sin nombre
de no tener que dar
a quien lleva en la frente
algo de eternidad...

Deja, deja el jardín...
no toques el rosal:
Las cosas que se mueren
no se deben tocar.

Dulce María Loynaz
(La Habana, 1902-1997) Poeta cubana. Viajó muchas veces por Europa, Asia y América.
Su poesía es fuerte e intensa, aunque delicada y expresa la feminidad como pocas. Escribió no sólo libros de poemas, sino también crónicas de viaje, artículos de periódico y novelas.
Recibió muchos premios, entre los que destacan el premio Nacional de Literatura de su país en 1986 y el premio Cervantes en 1992, convirtiéndose desde entonces en directora de la Academia Cubana de la Lengua.

3 Escribe un nuevo poema con otras palabras. Ponle un título. Representa el poema para la clase. Puedes cantar, hacer teatro, recitar, etc.

En mi .... hay ....
yo no te quiero dar
las/los .... que mañana...
mañana no tendrás.

En mi .... hay ....
con ....
No te los/las doy, que tienen
....

En mi ....
....
¡Dulzura de un minuto...
no te la quiero dar!

Para ti ....
o nada; ....
o ....
que no comprenderás...

.... sin nombre
de no tener que dar
o quien lleva en la frente
algo de ....

Deja, deja ....
no toques ....
Las cosas que ....
....

De viaje por Sudamérica

Objetivo
El objetivo del juego es conseguir el mayor número posible de objetos en una maleta. Gana la pareja que consigue llevarse más objetos después de hacer el recorrido por los países.

Número de participantes
Se juega en grupos de cuatro personas. Cada grupo tiene dos parejas.

Material
Cada grupo necesita dos fichas y una moneda.

Instrucciones
Los dos grupos ponen sus fichas en SALIDA-META pero recorren diferentes direcciones. Se juega con una moneda. Se tira la moneda y si se obtiene cruz, se avanza un país. Si se obtiene cara, se avanzan dos países. Entonces se elige una pregunta de las dos y se contesta. Las preguntas son de dos tipos, de comunicación (vale por un objeto) y de cultura (vale por dos objetos).

Se gana un/dos objeto/s si la pregunta se contesta correctamente. Los/-as compañeros/-as del grupo deciden si las respuestas son correctas o no.

Si se ha contestado correctamente la pregunta, esa pregunta queda eliminada. Si la respuesta no está bien, se puede contestar en otro turno. Se pueden repetir los países pero no las preguntas que ya están contestadas. El juego termina cuando se llega a SALIDA-META.

Las soluciones se encuentran en la página 75.

Ecuador

Comunicación
¿Qué pasará si no protegemos el medio ambiente? Nombra tres consecuencias.

Cultura
¿Cómo se llaman las islas situadas a casi mil kilómetros de la costa ecuatoriana y que se caracterizan por sus playas de arena blanca, bosques de cactus y reservas de animales?

Perú

Comunicación
~ "Creo que comprar agua en botellas de plástico es bueno para el medio ambiente".
Reacciona:
~ "No creo que…"

Cultura
Nombra un periódico peruano.

Bolivia

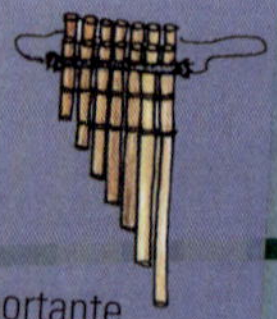

Comunicación
Completa la frase:
~ "Para mí, es muy importante que los medios de comunicación…"

Cultura
¿Cómo se llama el lago que se encuentra en el altiplano andino, en la frontera entre Perú y Bolivia?

Colombia

Comunicación
Juanes: ~ "Estoy en un momento muy especial, me siento lleno de energía y he venido a tocar a Europa."
¿Qué ha dicho Juanes?
~ "Ha dicho que…

Cultura
¿Quién fue uno de los fundadores de la Gran Colombia?

Venezuela

Comunicación
Elige la opción correcta. ¿Qué planes tienes para las próximas vacaciones?
a. Voy a ir a Venezuela en las vacaciones de Semana Santa.
b. Iré a Venezuela en las vacaciones de Semana Santa.

Cultura
¿Cuál es el producto principal que exporta Venezuela?
a. el maíz
b. el petróleo
c. el gas natural

Paraguay

Comunicación
~ "Después de las vacaciones en Asunción, creo que he engordado porque la comida estaba tan buena".
Reacciona:
~ "Deberías…"

Cultura
¿Qué otro idioma oficial, aparte del castellano, se habla en Paraguay?

Chile

Comunicación
Contesta la pregunta:
¿Cuál ha sido la última comida "no sana" que has comido?

Cultura
¿Qué es la cueca?

Uruguay

Comunicación
Contesta la pregunta: ¿De qué trata la última película que has visto?

Cultura
¿Cómo se llama la capital de Uruguay?

Argentina

Comunicación
¿Qué haces para sentirte bien?

Cultura
¿Quién era Carlos Gardel?
a. un cantante de tangos
b. un bailarín
c. un compositor

El estuche

1 ¿Qué es un estuche? Lee el estribillo de la canción y elige la opción correcta.

Mira la esencia,
no las apariencias,
el cuerpo es sólo un estuche
y los ojos la ventana,
de nuestra alma aprisionada.

Un estuche es…

☐ un objeto que se usa para hacer deporte.

☐ una sección de un periódico.

☐ el nombre de una catástrofe natural.

☐ un pequeño envase en el que se guardan cosas.

33 **2 Escucha la primera parte de la canción y elige la palabra correcta en cada verso.**

No es un entretenimiento / mandamiento / condimento ser la diva del momento.
¿Para qué trabajar por un cuerpo genial / fatal / escultural?
¿Acaso deseas sentir / sufrir / conseguir en ti todos los ojos,
y desencadenar miradas / silbidos / piropos al pasar?

3 Sigue escuchando la canción y une los principios con los finales de los versos.

a Mira la esencia,	☐ intentando aterrizar.
b Que todo entra por los ojos	☐ es una joya que te deslumbrará.
c Lo que hay adentro,	☐ un aroma espiritual,
d Siento en el aire	☐ no las apariencias.
e mensajeros alados	☐ hazte valer.
f Si abres el estuche, lo que debes encontrar	☐ tener en cuenta.
g 90-60-90	☐ dicen los superficiales.
h cifras que no hay que	☐ no te dejes confundir.
i No te dejes medir	☐ es lo que vale.
j ¡Agúzate!	☐ suman 240,

4 Lee las citas. ¿Cuáles reflejan la idea central de la canción? ¿Con cuáles estás de acuerdo? ¿Por qué?

Todo lo hermoso tiene su instante y pasa. Luis Cernuda

La belleza del físico, muchas veces, es indicio de la hermosura del alma.
Miguel de Cervantes

No hay belleza perfecta que contenga alguna rareza en sus proporciones.
Francis Bacon

NADIE QUE SEA ESCLAVO DE SU CUERPO ES LIBRE. Lucio Anneo Séneca

El cuerpo humano no es más que apariencia y esconde nuestra realidad.
Víctor Hugo

„El Estuche", Musik & Text: Hector Buitrago, Andrea Echeverri,
© Music Corp. Of America, Inc., SVL: Universal/MCA Music Publishing GmbH

SOLUCIONES JUEGOS

De viaje por Norte y Centroamérica (p. 38–39)

Estados Unidos:	spanglish
México:	bachillerato
Guatemala:	Tikal, lago de Antígua
El Salvador:	c. los mayas
Costa Rica:	b. los habitantes de Costa Rica
Cuba:	cigarros, caña de azúcar, ron, música
República Dominicana:	el merengue
Puerto Rico:	Estados Unidos
Nicaragua:	Rubén Darío
Honduras:	b. la moneda nacional; c. nombre de un héroe indígena
Panamá:	el Canal de Panamá

De viaje por Sudamérica (p. 72–73)

Venezuela:	b. el petróleo
Colombia:	Simón Bolívar
Ecuador:	Islas Galápagos
Perú:	La República
Bolivia:	el lago Titicaca
Chile:	la danza nacional oficial
Argentina:	a. un cantante de tangos
Uruguay:	Montevideo
Paraguay:	el guaraní

Unidad 1

A

1 Para conocernos mejor. Estás interesado/-a en hacer un intercambio de correspondencia con un hispanohablante. Escribe una carta en la que informas al destinatario sobre los puntos de la lista.

- tu nombre
- tu profesión
- tu familia
- tus gustos y aficiones
- qué haces en tu tiempo libre
- cuándo y dónde estuviste por última vez en un país de habla hispana
- cuál es tu motivación para estudiar español

Estimado/-a ....:

34

2 Recuerdos de la escuela

a Una persona habla en un programa de radio sobre la escuela de su época en España. Lee la lista de sus opiniones. ¿Cuáles son positivas, cuáles negativas?

b Escucha y señala en el apartado b qué se menciona.

+	-		b se menciona
☐	☐	La escuela era muy estricta.	☐
☐	☐	Todos los viernes hacíamos una excursión por el campo.	☐
☐	☐	Escribíamos muchos dictados.	☐
☐	☐	Algunos profesores nos daban castigos físicos.	☐
☐	☐	Don Damián era un profesor al que queríamos mucho.	☐
☐	☐	Cuando salía del colegio me iba a comer a casa.	☐
☐	☐	Después de comer jugaba con mis amigos toda la tarde.	☐
☐	☐	Creo que tuve una buena educación.	☐

3 La escuela en la época de Franco

a Lee (sin utilizar el diccionario) el texto extraído de un libro sobre historia contemporánea de España y escribe estos titulares encima del párrafo correspondiente.

El castigo físico
Desarrollo de las clases
El camino a la escuela
Doctrina e ideología en la escuela franquista

LA ESCUELA EN EL RÉGIMEN DE FRANCO

....

La mayor parte de las escuelas eran **unitarias**, en las que un mismo maestro atendía al alumnado

de diferentes edades y conocimientos. Muchas de las escuelas unitarias estaban situadas en lugares distantes y aislados, y el maestro tenía que llegar a ellas a través de largos caminos. Muchas veces el medio de transporte utilizado era el burro.

....

Solo en las poblaciones importantes existían escuelas graduadas, con aulas para cada nivel y separados los niños y las niñas, que eran educados para una sociedad en la que hombres y mujeres tenían **papeles** bien diferenciados, tal y como mostraban los libros de texto: el mundo del trabajo y del **sostenimiento** de la familia para los hombres, y el cuidado del hogar y de los hijos para las mujeres.

La escuela estaba marcada por un carácter político y religioso. Enciclopedias y **libros de texto** incluían temas y lecturas para alabar los valores del régimen de Franco. Cada semana se escribía y comentaba una máxima moral ("Hay que dar de comer al hambriento", etc.) y una **consigna** política (por ejemplo: "Si los niños están contentos, Franco está contento").

....

Antes de entrar en el aula, lo primero era **formar la fila** y cantar alguna canción patriótica. Una vez en la clase se rezaba un Padrenuestro o un Avemaría antes de empezar las tareas. La jornada de la mañana consistía en explicar las lecciones, realizar operaciones aritméticas básicas o hacer dictados; la jornada de la tarde se utilizaba para la lectura, el aprendizaje del catecismo y algunas actividades complementarias.

....

Para mantener la disciplina o para **sancionar** a quienes no hacían bien las tareas escolares, se empleaban varios tipos de **castigos**: hacer escribir 100 veces una frase en la pizarra, dar un reglazo en la palma de las manos, coger por las orejas, dar cachetes o colocar orejas de burro eran, entre otras, las formas habituales de imponer la autoridad del maestro y de **penar** el incumplimiento de las normas.

b ¿Qué significan las palabras en negrita?
Haz hipótesis centrándote en el contexto. Después comprueba.

1 unitarias: ....
2 papeles: ....
3 sostenimiento: ....
4 libros de texto: ....
5 consigna: ....
6 formar la fila: ....
7 sancionar: ....
8 castigos: ....
9 penar: ....

4 Santiago habla de los cambios en su vida.
Completa las frases con los verbos adecuados en pasado.

a Antes .... en un apartamento de una habitación. Ahora tengo una casa con jardín.
b Antes .... muchísimo, pero desde que nació mi hijo no toco un cigarrillo.
c Antes .... mucho por las noches con mis amigos, pero ahora prefiero quedarme en casa con mi familia.
d Ahora tengo que hacer mucho deporte para no engordar, pero me acuerdo de que, cuando .... más joven, ... muchísimo y siempre .... delgado. ¡Y entonces no .... deporte!
e Antes a mi mujer y a mí nos .... mucho ir al cine, pero ahora con los niños ya no vamos tanto.

5 Villasalada del Mar

a Escribe cómo era antes el pueblo de Villasalada del Mar y cómo es ahora.
Puedes utilizar estas palabras y expresiones.

suciedad | edificios de apartamentos | naturaleza | turismo | árboles | tranquilidad

b **Haz una lista de cinco recuerdos importantes de tu infancia.**

c **Escribe un texto explicando por qué esos recuerdos son importantes para ti.**

6 Aprendíamos cantando.

a **Escribe en los huecos las formas adecuadas de los verbos.**

escuchar | trabajar | copiar | hablar
jugar | cantar | bailar | escribir

1 En la escuela aprendíamos las tablas de aritmética *cantando*.
2 María pagó sus estudios en la universidad .... de camarera.
3 Aprendí alemán .... con la gente.
4 Aprendí francés .... mucho las canciones de Edith Piaf.
5 Conocí a mi mujer .... en una discoteca.
6 Aprendí a escribir bien .... muchos dictados en clase.
7 Muchos artistas perfeccionaron su técnica .... a los clásicos.
8 Aprendí mucho ajedrez .... con mi abuelo.

b **Ahora escribe 5 frases similares sobre ti.**

7 ¿Gerundio o participio? Escribe en los diálogos la forma correspondiente de los verbos.

dormir | pensar | hablar

a ~ ¿Dónde está Marga?
~ Está en el salón, ... un poquito. No la molestes, que está muy cansada.

b ~ ¡Jaime! ¿No me escuchas? ¿Estás .... o qué?
~ Lo siento, es que estaba .... en otra cosa.

c ~ Oye Marta, he .... que esta noche podemos ir a cenar por ahí, ¿qué te parece?
~ ¡Me parece una idea estupenda!

d ~ ¡Jaime ha .... dos horas con su novia por teléfono!
~ Sí... Es que como trabajan en ciudades diferentes pasan el mayor tiempo de su relación .... por teléfono.

8 Relaciona las dos columnas. No todas tienen correspondencia.

a Cuando iba a la escuela tenía que llevar uniforme, ...
b Lo que menos me gustaba era estudiar matemáticas...
c Dos por dos son cuatro ♫ ... En la escuela, para aprender de memoria muchas cosas...
d ¡Tenía una profesora amabilísima!

☐ Todos la queríamos mucho.
☐ ... eran muy bonitos.
☐ ... pero los zapatos los podíamos elegir nosotros.
☐ ¡Las odiaba!
☐ ... teníamos que escribir.
☐ ¡Me encantaban!
☐ ... teníamos que repetirlas cantando.

35

9 Escucha y escribe debajo de cada dibujo el número del diálogo que corresponde.

☐

☐

☐

☐

10 ¿Te gustó?

36–40

a Escucha los diálogos y escribe en los recuadros el número de dialogo en el que aparece la información.

¿Cuándo?	¿Qué?	¿Cómo fue?
☐ el fin de semana pasado	☐ fue con Marga a yoga	☐ interesantísimo
☐ la semana pasada	☐ ha conocido al novio de Sarita	☐ le gustó muchísimo
☐ este domingo	☐ ha terminado un libro	☐ fue fantástico
☐ esta semana	☐ fue con unos amigos a un bar de tapas	☐ no le gustó nada
☐ anteayer	☐ vio una película de miedo	☐ le ha encantado

b Escribe cuatro experiencias pasadas de tu vida y valóralas.

En 1998 nació mi primer hijo. Fue muy emocionante...

11 Completa las frases con algo que has hecho o hiciste en el tiempo que se indica. Utiliza el tiempo adecuado del pasado.

Esta mañana ....

Ayer por la noche ....

El fin de semana pasado ....

Esta semana ....

Este año ....

Hace dos días ....

Hoy ....

12 En mi tiempo libre

a ¿Qué pasa en las viñetas? Escribe la historia.

b Haz tres propuestas al protagonista para resolver su problema.

1 *¿Por qué no trabajas menos? / ¡Trabaja menos!*

2 ....

3 ....

4 ....

c Nombra cinco actividades que haces para cuidar la salud y la mente.

1 ....

2 ....

3 ....

4 ....

5 ....

13 **Escribe en el crucigrama el tipo de película que corresponde a la descripción.**

Horizontales

1 Una película que después de haberla visto no te deja dormir.
2 Una película en la que pasan muchas cosas.
3 Una película que trata de los sentimientos entre dos personas que se quieren.
4 Una película muy violenta que muestra la lucha entre soldados de diferentes países.

Verticales

5 Una película divertida, para reír, es una...
6 Las películas más famosas de Walt Disney son de...
7 La Guerra de las Galaxias es una película de ciencia...
8 Son películas que tratan sobre conflictos humanos, en las que lloramos mucho.
9 Las películas de espías, las policíacas, o las de Alfred Hitchcock son películas de...

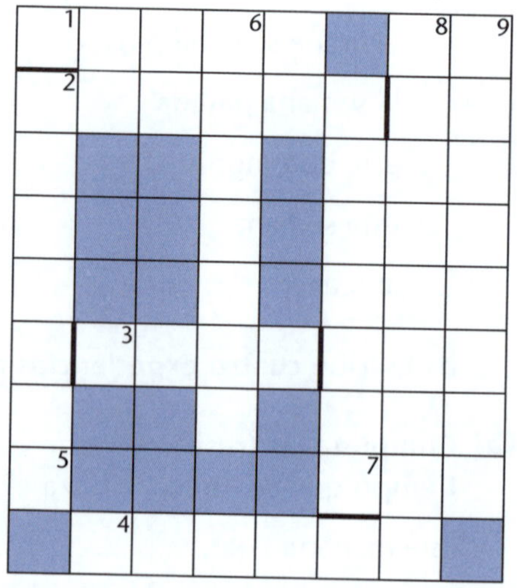

14 **Relaciona los títulos de las películas en español con el título en alemán. ¿Qué tipo de películas son?**

a	Con faldas y a lo loco	☐	Jenseits von Afrika
b	Lo que el viento se llevó	☐	Der Herr der Ringe
c	Cuando Harry encontró a Sally	☐	Das Leben der Anderen
d	Mujeres al borde de un ataque de nervios	☐	Dornröschen
e	Memorias de África	☐	Manche mögens heiß
f	El señor de los anillos	☐	Krieg der Sterne
g	La guerra de las Galaxias	☐	Vom Winde verweht
h	La vida de los otros	☐	Harry und Sally
i	La Bella Durmiente	☐	Frauen am Rande des Nervenzusammenbruchs

15 **Las personas se aburren y no saben qué hacer. ¿Qué tipo de cursos o películas les recomiendas / pueden hacer?**

a
Le recomiendo hacer un curso de .... o ....
y ver una película de .... o de ....

b
Puede hacer un curso de .... o ....
y ver una película de .... o de ....

c
Le recomiendo hacer un curso de .... o ....
y ver una película de .... o de ....

16 **Escribe ocho frases combinando los elementos de las columnas.**

Javi	soy un/a negado/-a	para las matemáticas.
Mi padre	dan muy bien	los idiomas.
José Miguel	es un genio	para el ajedrez.
A Rosa se le	da muy mal	hablar en público.
A mí se me	sabe	coser muy bien.
Marta	es muy bueno	de la organización.
Mis hijos	tienen mucha facilidad	para tratar a los niños.
(Yo)	es muy malo/-a	para la técnica.

17 **Forma frases con las palabras desordenadas.**

a bailar / A / muy / Pepe / le / bien / se / no / da

....

b para / tengo / nueva / facilidad / conocer / Yo / gente / a / mucha

....

c padre / conducir / Mi / negado / un / es /para

....

d fiestas / buena / mi / organizar / es / novia / Para / muy

....

18 **Las 7 inteligencias del hombre**

a **Lee la primera parte del artículo y rellena las palabras (vocabulario de habilidades) que faltan.**

Las 7 inteligencias del hombre

En todos nosotros existen varios tipos de inteligencia, desarrollados en diferentes grados: a algunos .... dan muy bien las matemáticas, otros son unos .... para los números pero son unos .... con las palabras. ¿Qué tipos de inteligencias están más desarrolladas en usted?

1 Inteligencia lingüística

Disfrutan jugando con las palabras y .... les .... muy bien aprender otros idiomas. Les gusta inventar historias y leen compulsivamente. Tienen una gran .... para recordar poemas complejos, fechas, nombres y lugares. Son muy .... para los debates o las discusiones. No .... problemas con la ortografía y son .... genios para los puzzles o juegos como el Scrabble.

b Lee el resto del artículo y completa el texto con los elementos.

Son muy buenos para tocar instrumentos musicales. | Se les dan bien los trabajos manuales.
Son unos genios de la informática | tienen facilidad para leer planos y mapas
Tienen facilidad para intuir los sentimientos de otras personas | Se les da muy bien trabajar solos.

2 Inteligencia lógico-matemática

Se les da muy bien el pensamiento abstracto, y los juegos de colocar o clasificar piezas, como los puzzles. Les gusta el orden y les encanta resolver problemas numéricos o de lógica. .... y les encantan los juegos estratégicos, como el ajedrez o las damas.
Cuando eran pequeños les gustaban los experimentos de química y en la escuela sacaban buenas notas en las asignaturas en que había que utilizar el razonamiento lógico. Aprenden más fácilmente con ejemplos prácticos y experimentos.

3 Inteligencia espacial

Les gusta pensar con imágenes o ilustraciones. Reconocen a la gente que han visto alguna vez, aunque muchas veces no recuerdan su nombre. Se les da muy bien orientarse en ciudades nuevas, y ....
Son unos genios para la arquitectura, el diseño y la confección.
Cuando eran pequeños se les daban muy bien el dibujo y los juegos de construcción. Para explicar una idea, prefieren dibujarla sobre un papel antes que explicarla con palabras.

4 Inteligencia musical

Se les da muy bien captar o reconocer una melodía en unos segundos, y les encanta moverse al ritmo de la música que escuchan. ....
Son unos genios para identificar los sonidos de su entorno (el canto de los pájaros, la corriente de un río, el viento en los árboles, etc.).
Cuando eran pequeños aprendían más y mejor con ritmo y música y les gustaba imitar a cantantes conocidos.

5 Inteligencia corporal-cinestésica

Procesan el conocimiento a través de las sensaciones corporales, el movimiento y el tacto. Cuando eran pequeños eran inquietos y traviesos, y estar sentado mucho tiempo era una tortura. ....
Utilizan mucho el contacto físico para comunicarse y les resulta más fácil aprender mediante el movimiento y la realización de las cosas. Son unos genios para imitar los gestos y tics físicos de los demás.

6 Inteligencia interpersonal

Esta inteligencia está asociada a la relación con las personas. De pequeños eran los líderes de la clase o del grupo de amigos. Tienen bastante facilidad para conocer a gente y hacer amigos. ....

Se les da muy bien organizar y manipular. Son muy buenos para mediar en conflictos. Les gusta trabajar en grupo y trabajar en proyectos con otros colegas.

7 Inteligencia intrapersonal

Son personas que no necesitan la interacción con otras para conseguir sus objetivos. Prefieren trabajar solas en un proyecto, a su propio ritmo. Valoran mucho su independencia. .... Son muy particulares en su forma de vestir, en sus actitudes con los demás y suelen ser un poco excéntricos. Prefieren confiar en su propia experiencia a creer en las palabras de otros.

c ¿Y tú? ¿Cuáles son tus habilidades?
Escribe seis frases explicando cuáles son tus habilidades y/o cuáles no.

19 ¿Qué curso te interesa?

a Clasifica los cursos en las columnas adecuadas. ¿Conoces algunos más?

pilates | optimización de ventas | yoga | globoflexia | bailes de salón | sevillanas | francés | árabe | escritura creativa | administración de empresas | marketing | yudo | mejora de las relaciones personales | cocina mediterránea | astrología | tarot | cómo mejorar tu autoestima | autodefensa | parapente | esquí | pintura | salsa y merengue | chino | dirección de grupos

Cursos para el crecimiento psíquico e intelectual	Cursos para el cuidado y mantenimiento de la forma física	Cursos para la formación profesional
....	....	....
....	....	....
....	....	....
....	....	....
....	....	....
....	....	....
....	....	....
....	....	....
....	....	....

b ¿Cuáles de estos cursos te interesaría hacer a ti? Elige tres.

....

20 ¿*Saber* o *poder*? Escribe en los huecos el verbo en la forma adecuada.

a ~ Señorita Márquez, ¿.................. llevarme al aeropuerto, por favor? Es que mi coche no funciona.
~ ¡Lo siento, Sr. Sarmiento, pero no .... conducir!

b ~ ¿ .... (tú) hablar chino?
~ Hablar sí, estuve dos años viviendo en Shangay, pero no .... escribir.

c ~ ¿................ (tú) escribir a máquina?
~ Bueno... no lo he aprendido nunca, pero si necesitas mi ayuda .... escribir con dos dedos...

d ~ ¿...................... (usted) bailar salsa?
~ Sí, pero de momento no .... (yo), porque he tenido un pequeño accidente con la bici...

21 Relaciona las palabras con las explicaciones.

C

a	bachillerato	☐	educación secundaria obligatoria
b	profesor	☐	título universitario
c	educación obligatoria	☐	período de estudios antes de entrar en la universidad
d	ESO	☐	persona que imparte la clase en el colegio
e	licenciado/-a	☐	período escolar que va desde los 6 a los 12 años
f	primaria	☐	Los alumnos tienen que asistir a la escuela diariamente.

22 **Lee la información sobre las dos universidades. Después lee las frases a-d y elige la opción correcta.**

La Universidad de Salamanca, está emplazada en la ciudad de Salamanca, España, y fue la primera de Europa que tuvo el título de Universidad el año 1218.

Antes, los estudiantes acudían a las clases con un traje (uniforme) y un birrete (gorro). Cuando obtenían la licenciatura se ponían un adorno encima del birrete, del color de la facultad en la que habían obtenido el título, por ejemplo azul para ciencias, rojo para leyes, amarillo para medicina. Al doctorarse añadían al birrete unos flecos del color de la facultad donde se doctoraban. Los profesores llevaban además la muceta, especie de capa corta, también de color. Este uniforme ha sido copiado por el resto de las Universidades de España.

Por esta Universidad han pasado famosos alumnos y profesores: Hernán Cortés (1485–1547), Fernando de Rojas, el autor de La Celestina (1470–1541), Antonio de Nebrija, el autor de la primera gramática de la lengua castellana (1441–1522) y Miguel de Unamuno (1864–1936), que fue rector en tres ocasiones.

La Universidad Nacional Autónoma de México (UNAM) fue fundada el 22 de septiembre de 1910.

Con casi 300.000 estudiantes es una de las más grandes e importantes universidades estatales de México. Tiene como propósito primordial estar al servicio del país y de la humanidad, formar profesionales útiles a la sociedad, organizar y realizar investigaciones.

Su campus principal al sur de la Ciudad de México es conocido por sus murales hecho por grandes artistas como David Siqueiros y Diego Rivera. En 2007, fue declarada como Patrimonio de la Humanidad por la UNESCO.

Actualmente (2009) la UNAM ofrece más carreras que cualquier otra institución en México: 2 bachilleratos, 7 carreras técnicas, 77 licenciaturas, 161 especialidades, 82 maestrías y 48 doctorados.

a La Universidad Autónoma de México es

- ☐ una universidad privada.
- ☐ una universidad que pertenece a la iglesia.
- ☐ una universidad pública.

b Por su arquitectura tiene la UNAM

- ☐ el premio a la universidad más bonita.
- ☐ el título de Patrimonio de la Humanidad por la UNESCO.
- ☐ el mayor tamaño de todas las universidades del mundo.

c Los estudiantes de la Universidad de Salamanca llevaban

- ☐ ropa de muchos colores.
- ☐ una capa negra.
- ☐ uniforme y birrete.

d Hernán Cortés

- ☐ estudió en la Universidad de México.
- ☐ no hizo estudios universitarios.
- ☐ pasó por la Universidad de Salamanca.

41

23 a Escucha y presta atención a la pronunciación de la *h*. Después completa la regla.

a zanahoria	d hándicap	g alcohol	j huevo
b hobby	e ahora	h hermano	k hielo
c ¡oh!	f hámster	i Hawai	l prohibido

¿Te acuerdas? → eñe A1: AB, Unidad 6 **la letra *h***

- La letra *h* normalmente **no** se pronuncia, como en ……………………, ………………, ………………
- Pero en algunas palabras de **origen extranjero** la *h* sí se pronuncia con una suave aspiración [x], por ejemplo, *Honolulu*………………, ………………………, ……………………
- Las palabras que **empiezan por diptongo** *(ie, ue, ui* o *ia)* se escriben con *h (hie-, hue-, hui-, hia-)*, por ejemplo, ……………………, ………………………
- En la lengua escrita, la *h* sirve para **diferenciar palabras que se pronuncian igual**, pero se escriben ………………………, como por ejemplo *hola – ola, hay – ¡ay!, hecho – echo, hora – ora, habría – abría.*

¡Fíjate!

41

b Escucha de nuevo y repite.

c Escribe *h* donde es necesario.

a Tuvimos un mal viaje en barco, porque …había muchas …olas.
b …ay que conducir con cuidado, pues …ay mucho …ielo en la carretera.
c Al zumo …echo en casa, siempre le …echo un poco de azúcar.
d Siempre que …abría la tienda, …abía 5 ó 6 personas esperando.
e La …uída de la cárcel fue espectacular.

42

24 a Escucha los diálogos.
¿Qué estado de ánimo expresa ● con la entonación en las respuestas? Relaciona.

a Dos amigos después de un concierto:
■ ¿Qué te ha parecido el concierto?
● ¡Estupendo!

b Una pareja que habla sobre el fin de semana:
■ Este sábado viene a cenar mi madre.
● ¡Estupendo!

c Dos amigos al teléfono:
■ Luis, por fin he encontrado trabajo, así que no voy a poder ir contigo de vacaciones.
● ¡Estupendo!

- [ ] decepción
- [ ] duda
- [ ] ironía
- [ ] ira
- [ ] entusiasmo

¿Te acuerdas? → eñe A1: Unidad 5 eñe A2: Unidad 6, Unidad 9 **la entonación**

Una de las funciones de la entonación en español es transmitir el estado de ánimo del hablante; así, la misma palabra puede indicar distintos estados de ánimo (entusiasmo, duda, ira, ironía o decepción) dependiendo de la entonación con que se dice.

¡Fíjate!

43

b Escucha y según la entonación elige la continuación más adecuada a las reacciones.

a ■ El jefe ha dicho que hoy salimos dos horas más tarde.
● ¡Perfecto!,…
- [ ] así puedo terminar de hacer las facturas.
- [ ] ya no me da tiempo de ir al supermercado.

b ■ Papá, ¿me dejas tu coche hasta el martes?
● ¡Claro!
- [ ] Toma las llaves.
- [ ] ¿Y yo cómo voy al trabajo el lunes?

c ■ Cariño, he comprado dos entradas para la ópera para mañana.
● ¡Perfecto!
- [ ] Hace mucho que no salimos por la noche.
- [ ] Le he dicho a mi madre que venga a cenar mañana.

d ■ Luca, he planchado toda la ropa.
● ¡Bárbaro!
- [ ] Lo has hecho perfecto.
- [ ] ¡Has estropeado mi blusa preferida!

Unidad 2

A

1 ***¿Llevar o caer?*** **Coloca el verbo en la forma adecuada.**

a Me .... bastante bien con mis compañeros de trabajo. Son muy simpáticos y hay un buen ambiente en la oficina.
b ¡Mis vecinos son horribles! Siempre están protestando. ¡Nos .... fatal!
c Mi mujer se .... muy bien con su suegra. Hacen muchas cosas juntas.
d Las personas que solo saben hablar de dinero me .... bastante mal.
e Antes, el marido de Paula me .... muy bien, pero en los últimos años ha cambiado mucho y ahora me .... muy mal con él.
f Juan y yo nos .... muy bien y somos muy felices juntos, pero a mi hija él no le .... bien. ¡No sé qué hacer!

2 ***¿Ser o estar?***

a ¿Qué estado de ánimo o carácter corresponde a cada descripción?

1 ¡Qué bien! ¡He aprobado el examen de Matemáticas! estar contento..................
2 A Marta no le gusta que su novio hable tanto por teléfono con su ex-novia. ....
3 Mi hijo no quiere hablar conmigo porque no le he permitido salir con sus amigos esta tarde. ....
4 Mi hermana tiene un carácter muy agradable, y por eso tiene muchos amigos. ....
5 El jefe ha hecho hoy un buen negocio y nos ha invitado a una copa en el bar después del trabajo. ....
6 Luis no apareció a su última cita con Esther. Por eso, esta no ha vuelto a llamarlo. ....
7 Desde la última vez que nos vimos, pienso continuamente en ella... ¡Es una mujer maravillosa! ....
8 Mi abuela no es una abuela "típica". Le gusta llevar ropa moderna y no es nada convencional. ....

b Describe con un ejemplo las cualidades del carácter o estados de ánimo.

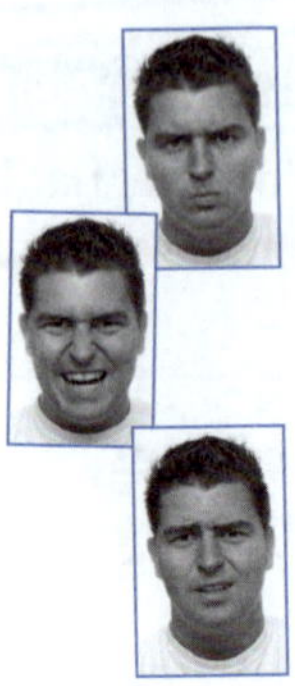

a estar de mal humor: ....
b ser optimista: ....
c estar enfadado/-a: ....
d estar alegre: ....
e estar deprimido/-a: ....

3 **Forma seis frases con elementos de las tres columnas y escríbelas. Hay varias posibilidades.**

A Nacho	se ha enamorado	su jefe.
Emilio	se lleva muy mal	de un colega de trabajo.
Marga	le caen muy bien	con sus suegros.
A Jorge y a Rodrigo	les cae muy mal	volar en avión.
Nuria	me pone nervioso/-a	de su novio
(A mí)	está celoso/-a	los nuevos vecinos.

4 ¡Me alegro de que puedas!

a Lee las frases. ¿Cuál es el presente de indicativo (yo) y el infinitivo de los verbos en negrita?

	indicativo (Forma de *yo*)	infinitivo
1 No me gusta que mis vecinos **hagan** fiestas a menudo.	hago	hacer
2 ¡Me alegra que **quieras** ayudarme!	....	....
3 A Marta le pone celosa que su novio **conozca** a tantas chicas.	....	....
4 Le preocupa mucho que sus padres no **puedan** venir a visitarle por estar enfermos.	....	....
5 ¡Me encanta que mi madre **se vista** con ropa moderna!	....	....
6 ¡Le fastidia que siempre le **digáis** lo que tiene que hacer!	....	....

b Completa la tabla con el presente de subjuntivo de los verbos irregulares de a.

querer	*poder*	*vestirse*	*decir*	*hacer*	*conocer*
....	....	....	....	....	....
....	....	....	....	....	....
....	....	....	....	....	....
queramos	podamos	nos vistamos	digamos	hagamos	conozcamos
....	....	....	....	....	....
....	....	....	....	....	....
Cambio **e** > **ie**; **o** > **ue**; Las formas irregulares son las mismas que en el presente de indicativo.		Cambio **e** > **i**: El cambio vocálico se produce en **todas** las formas del subjuntivo.	Formas **-go, -zco**: Cuando en en la forma de yo del presente de indicativo hay un cambio consonántico se mantiene también en todas las formas del presente de subjuntivo.		

5 Escribe ocho frases donde cuentas qué te gusta o no te gusta de personas que conoces.

No me importa que	mis vecinos	hacer ruido.
Me molesta bastante que	mi pareja	fumar en mi presencia.
(No) me gusta mucho que	mis amigos	escribirme cuando está(n) de vacaciones.
Me fastidia muchísimo que	mis compañeros	tirar los papeles al suelo.
Me da igual que	....	hablar cuando el profesor está explicando.
Me encanta que	....	....
....	....	....
....	....	....

6 **En el tablero hay escondidos seis verbos con los que se expresan sentimientos. Encuéntralos con el movimiento del caballo en ajedrez.**

mo	e	tar	diar	les
a	en	no	ti	can
can	tar	jar	tar	fast
tar	guan	tar	les	can
a	ti	mo	por	so

a ....

b ....

c ....

d ....

e ....

f ....

7 **Busco habitación.**

44

a **Quieres pasar unos meses en un país de habla hispana y estás buscando una habitación en un piso compartido. Rosa y Mari te ofrecen habitaciones. Escucha lo que dicen. ¿Qué les molesta, no aguantan (= no), les gusta, les encanta (=sí)?**

		Rosa	Mari
1	estar el baño limpio	sí	....
2	ser una casa tranquila	....	....
3	tener animales en casa	....	....
4	comer en la universidad	....	....
5	haber orden en las habitaciones	....	....
6	tener visitas de sus amigos	....	....
7	hacer fiestas en casa	....	....
8	cocinar	....	....
9	haber ruido	....	....

b **Escribe frases con lo que les gusta, no les gusta, les molesta, etc. a Rosa y a Mari.**

A Rosa le gusta que el baño esté siempre limpio.

A Mari le .... *que* ....
....

c **¿Con quién prefieres compartir el piso, con Rosa o con Mari? Escribe un pequeño texto explicando por qué.**

8 **En cada frase hay dos errores. Corrígelos.**

a Mí no gusta que mi mujer olvide mi cumpleaños.

....

b A Pedro fastidia que su colega trabaja mal porque por eso él tiene más trabajo.

....

c A Laura y a Miguel le pone nervioso que la gente fume en su casa.

....

d ¿Ti te preocupa que tu hijo llega tarde a casa?

....

9 ¡Qué vecinos!

a Escribe cómo se sienten los vecinos de la casa.

tirar las colillas por el balcón | mirar tanto a la vecina | regalar rosas | regar las flores | golpear con una escoba el techo | colgar la ropa en el balcón | poner celosa

El vecino del 3° centro está enamorado de la vecina del 3° derecha. ....

b Escribe un diálogo entre dos vecinos/-as.

■ *Pepa, ¿qué haces?*

● *¿Por qué?, ¿qué pasa...?*

■ ....

10 **Relaciona lo que dicen las personas en el blog con su comentario correspondiente.**

	¡Bienvenido a mi blog!	Comentario:
a	El último libro que he leído "Forzados de la carretera" me ha encantado. Os lo recomiendo.	☐ Una asociación no pero sí una chocolatería extraordinaria. *escrito por pili, 23 agos 2009*
b	Estoy preparando la fiesta de fin de año sobre el tema "las mil y una noches", pero no se me ocurre nada. ¿Alguien me puede dar ideas?	☐ ¡Me encanta ver que hay más personas en el mundo como yo! *escrito por josema13, 25 agos 2009*
c	Tengo un problema: creo que soy demasiado caótica. Pierdo todos los paraguas, siempre me dejo las llaves de casa dentro, y luego tengo que llamar a todos los vecinos para que me abran, nunca sé el día en que estamos...	☐ ¡Qué buena idea! Yo estuve el año pasado en una fiesta con este tema. ¿Qué tal si me invitas a un café virtual y te doy miles de ideas? *escrito por lolo, 28 agos 2009*
d	Tengo dos entradas para el próximo partido entre el Barça y el Real Madrid. ¿Le interesa a alguien?	☐ ¿Sí? Pues yo también me lo he leído y no me ha gustado nada. Demasiado superficial. *escrito por princesa, 1 sept 2009*
e	¿Alguien conoce una asociación para adictos al chocolate?	☐ Pues a mí sí que me interesaría. ¿Cuánto cuestan? *escrito por gol5, 5 sept 2009*

11 **Busco pareja.**

a **Escribe las expresiones de cualidades del carácter o estados físicos o anímicos debajo del verbo correspondiente. Algunas expresiones pueden combinarse con más de un verbo.**

romántico/-a | trabajador/a | sincero/-a | preocupado/-a | raro/-a | moderno/-a | de buen/mal humor | (im)puntual | cansado/-a | enamorado/-a | tranquilo/-a | triste | impresionado/-a | aburrido/-a | tolerante | enojado/-a | encantado/-a | contento/-a | maniático/-a | celoso/-a

ser	estar	ponerse
....	....	....
....	....	....
....	....	....
....	....	....
....	....	....
....	....	....

b **Mira las fotos y describe a las personas, ¿cómo crees que es su carácter?**

Alejandro Augusto

Nina

45

c **Escucha las entrevistas y apunta en palabras claves las respuestas a cada tema.**

Carácter		
Relaciones personales		
Amor		
Trabajo		

12 Es una persona muy simpática.

a Lee las descripciones y escribe el adjetivo correspondiente.

1 Una persona que siempre llega a la hora justa... es puntual.
2 Una persona monótona... ....
3 Una persona que siempre canta en la ducha y ve la vida de forma optimista... ....
4 Una persona que sonríe a los demás y cuenta chistes... ....
5 Una persona que tiene muchas costumbres obsesivas... ....
6 Una persona que siempre se comporta de forma extraña... ....

b Ahora escribe una descripción correspondiente a los siguientes adjetivos.

1 .... es sincera.
2 .... está aburrida.
3 .... está contenta.
4 .... está enfadada.

13 Marca la palabra que no corresponde y explica por qué.

¿Por qué no corresponde?

a trabajador – puntual – simpático – aburrido ....
b tolerante – simpático – alegre – inteligente ....
c enojar – molestar – gustar – creer ....
d egoísta – amable – agradable – sociable ....

14 Completa los pronombres que faltan.

a ~ Yo me llevo muy bien con mis vecinos. ¿Y ....?
~ .... también.

b ~ ¿A .... te gusta que te regalen flores?
~ A mí .... encanta.

c ~ ¿A vosotros no .... molesta que los niños de los vecinos jueguen en el patio?
~ No, a .... no.

d ~ ¡Me fastidia que siempre tenga que explicar......... todo dos veces, Jaime!
~ Perdona, pero es que hoy tengo muchos problemas para concentrar........

e ~ ¿A tus padres .... molesta que llegues tarde a casa?
~ No, en absoluto. A .... me dejan total libertad, pero a mi hermana pequeña la controlan más.

15 **¿Infinitivo o subjuntivo? Algunas frases no son correctas. ¿Cuáles son? Escribe la frase correcta debajo.**

	correcto	falso
a Me gusta cantar en la ducha porque no me oye nadie.	☐	☐
....		
b Me gusta que mi mujer cantar en la ducha. Me pone de buen humor.	☐	☐
....		
c Me fastidia que Nacho ser tan egoísta. ¡Piensa solo en sí mismo!	☐	☐
....		
d A Rocío le encanta que sus amigos le regalar cosas prácticas para la casa.	☐	☐
....		
e A Rocío le encanta regalar cosas prácticas para la casa a sus amigos.	☐	☐
....		
f A mi marido le gusta planchar la ropa, ¡y a mí me encanta que lo hacer, naturalmente!	☐	☐
....		
g No me gusta ir solo al cine. Prefiero ir con gente y comentar la película después en un bar.	☐	☐
....		

16 **¿Normal o loco?**

a Lee este texto de un blog y complétalo colocando las palabras en el lugar adecuado.

deprimido | mundo | primavera | merengue | dulces | una cerveza | ópera | patatas | pijama | teléfono | una mariposa

¿Loco o normal?

Soy más inestable que el tiempo en el norte de Europa y más que la política en Oriente Medio. A veces estoy ...., triste, desesperado... No quiero levantarme de la cama y me quedo todo el día en .... No salgo, como solo ...., no hago deporte y estoy horas y horas sentado en el sofá, como un saco de ...., delante de la televisión. Me molesta que mis amigos me llamen por ...., que los vecinos me saluden en la escalera, que mi pareja me pregunte a dónde vamos a cenar... ¡No soporto al mundo y el mundo no me soporta a mí!
Pero de vez en cuando me abro como un libro y amanezco alegre como ...., vuelo entre las flores, canto canciones de amor y abrazo a todo el .... Entonces me siento como un pájaro en ...., vuelo entre las nubes y bailo .... con las palomas. Organizo fiestas sin un motivo especial y soluciono los problemas del mundo mientras bebo .... con mis amigos. Me encanta que mi perro ladre, me gusta que mi vecina cante .... en el baño, que los niños griten en la calle... y hasta tengo ganas de invitar a Penélope Cruz a un café en mi balcón para proponerle trabajar con ella en su próxima película.

escrito por el pablito a las 15:00 horas 3 comentarios

b Escribe un texto describiendo cualidades contradictorias en ti.

17 ¿Tigre o Dragón?

a Lee el artículo y despúes las listas de adjetivos. ¿Qué columna pertenece al yin y al yang? Completa.

La filosofía oriental establece en el mundo dos principios opuestos pero complementarios: *el yin y el yang*. El yin, o "cara oscura de la colina", es el complemento natural del yang, la "cara iluminada de la colina". Según el taoísmo, el yin simboliza lo pasivo y receptivo, el factor femenino. El yang simboliza lo activo y protector, el factor masculino. El equilibrio entre ambos es la condición básica para el funcionamiento armónico de la vida. Sin embargo, este equilibrio nunca llega a alcanzarse, porque el yin y el yang fluctúan constantemente. Cuando uno de los dos elementos predomina, puede dar lugar a peligrosas alteraciones físicas y psicológicas. Todos tenemos los dos elementos representados en nosotros en proporciones diferentes. El principio yin está simbolizado por el Tigre Blanco, y el yang por el Dragón Verde.

....	....
complaciente	dominante
receptivo	penetrante
liberal	protector
disperso	concentrado
místico	material
blando	duro
femenino	masculino
pasivo	activo

b ¿Pertenecen al yin o al yang? Completa las listas con los adjetivos opuestos.

innovador | serio | dinámico | introvertido | conservador | positivo | claro
agresivo | alegre | defensivo | tranquilo | negativo | extrovertido | oscuro

yin	yang
....	....
....	....
....	....
....	....
....	....
....	....
....	....

c Marca en la lista con qué adjetivos te identificas más. ¿Eres más Tigre (yin) o Dragón (yang)?

18 ¡De telenovela!

Yo soy Betty, la fea fue una telenovela colombiana de gran éxito en Latinoamérica. Después, otras cadenas televisivas de todo el mundo produjeron versiones para sus propios países. La versión española se tituló *Yo soy Bea*.

a Imagina cómo son los personajes de la serie. ¿Con qué adjetivos se pueden describir?

Titina: *seria, rica, dura, elegante*

Diego: ....

Bárbara: ....

Marga: ....

Bea: ....

Cayetana: ....

Álvaro: ....

b Elige dos personajes y describe la relación entre ellos.

....

....

....

....

c Visita la página web de la serie y comprueba si tu descripción se parece a la de la original. (http://www.yosoybea.telecinco.es/archivo_personajes_1.htm)

46 **19** a **Escucha y presta atención a la pronunciación de un consonante más *r*. Después completa la regla.**

a prisa	d brisa	g trama	j drama	m gruta	p croqueta
b pronto	e bronce	h trompeta	k drástico	n grande	q cristal
c compra	f cobra	i cuatro	l cuadro	o peligro	r licra

grupos consonánticos con *r*

Para evitar confusiones es importante diferenciar bien al pronunciar los grupos consonánticos formados con la letra *r* como *br – pr, dr – tr* y *gr – cr,* por ejemplo *trama* (Handlung) – *drama,* .... – ...., ... – ....

¡Fíjate!

46 b **Escucha otra vez y repite.**

47 c **Marca la palabra que escuchas.**

a No me gusta la carne con	☐ brasa	☐ grasa	☐ gasa
b Con la .... no he podido peinarme.	☐ prisa	☐ pisa	☐ brisa
c ¿Dónde has puesto el ....?	☐ rasero	☐ trasero	☐ brasero
d ¡Qué gran ....! ¡Me he emocionado muchísimo!	☐ drama	☐ rama	☐ trama

20 a **Lee las frases y completa la regla.**

a Pagó el vestido, el bolso y los zapatos, y salió de la tienda.
b Se cortó el pelo y se compró un vestido nuevo, y ya estaba divina.
c Carlos pidió cerveza, y vino a nuestra mesa.
d María está contenta con su nuevo trabajo de azafata, y eso no le ha gustado a su novio.

la coma

Normalmente el uso de la coma delante de la conjunción *y* sirve para enumerar una serie de elementos, por ejemplo en la frase *Mañana voy a comprar leche, patatas, zumo y mantequilla.* En otras ocasiones la coma expresa un matiz distinto al de la frase anterior que puede ser:
- expresar una **idea contraria**, por ejemplo en la frase .....
- distinguir **dos significados distintos**, por ejemplo en la frase .....
- expresar la **consecuencia**, por ejemplo en la frase .....
- indicar el **orden cronológico**, por ejemplo en la frase .....

¡Fíjate!

48 b **Escucha las frases y marca la explicación más adecuada. Después escribe coma donde sea necesario.**

a Pedro compró pescado y vino de Jerez.
☐ Pedro compró dos productos.
☐ Pedro compró solo un producto.

b María estaba cansada y fue a la consulta.
☐ María fue al médico.
☐ María es médica.

c ¡Luis juega mucho al fútbol y nada más!
☐ Luis practica solamente un deporte, el fútbol.
☐ Luis practica fútbol y natación.

Unidad 3

A

1 Escribe las palabras y expresiones en la casilla correspondiente.

lluvioso | fundación | de 9 a 13 | caluroso | visa | el cambio de euros a pesos | revolución | crecimiento de la población | liberación | agua potable | vacuna | dólares | las tiendas cierran | no beber agua del grifo | independencia | fresco | las temperaturas | agradable | sufrió una gran epidemia | terremoto | húmedo | a las 8 | transporte público | por la noche | para ingresar al país | los bancos abren | comerciales | agua embotellada | filtro solar

historia	clima	horarios	recomendaciones	moneda

2 Informaciones sobre Cuba. Completa las frases con las preposiciones *a, de, en, para, entre, con.* Algunas preposiciones pueden repetirse.

a Para viajar .... Cuba es recomendable seguir las siguientes recomendaciones:
b Las temperaturas oscilan .... los 24° y 30°, los vientos son refrescantes y las aguas cálidas. Los meses más calurosos son .... mayo .... octubre y los más frescos .... noviembre .... abril. Los meses lluviosos van .... mayo .... octubre.
c La electricidad es de 110V y los enchufes tienen 2 patas planas, debido a esto conviene llevar consigo adaptadores .... los aparatos eléctricos.
d Los comercios abren .... las 9:00 y las 10:00 y cierran alrededor de las 18:00 o 19:00 h.
e Es necesario tener el pasaporte al día y una visa o tarjeta de turista, excepto aquellos países que tengan convenio de libre visado. La visa se obtiene .... el consulado cubano .... cada país.
f No es conveniente usar los trenes y autobuses públicos porque los horarios son irregulares. Se recomienda tomar los taxis oficiales, que están .... buen estado, o los "cocotaxis", más originales y divertidos.
g Se recomienda beber solo agua embotellada, usar anteojos .... sol y crema .... filtro solar. Es conveniente llevar un botiquín básico de medicinas y también repelente de insectos.

3 Un viaje a Valparaíso

a **Lee la información para turistas de la Municipalidad de Valparaíso, Chile. Escribe las secciones que faltan encima del párrafo correspondiente.**

Información general

Valparaíso te invita

....

La lengua oficial es el castellano; en hoteles, restaurantes y servicios generales de turismo se habla inglés.

....

Estos trámites se realizan en los pasos fronterizos -en la Región de Valparaíso en el Paso Libertadores; en el aeropuerto internacional Arturo Merino Benítez y en la terminal de Pasajeros de Valparaíso. Los visitantes deben portar un pasaporte válido y vigente, con visa para Chile. Los ciudadanos de Argentina, Brasil, Paraguay y Uruguay, sólo requieren documento de identidad al día.

ADUANA: ....

Pueden entrar al país por aduana sin previa declaración de artículos de viaje - maletas, bolsos de mano y efectos personales - prendas de vestir y artículos de uso personal. También instrumentos de uso exclusivo en el trabajo profesional, hasta 400 unidades de cigarrillos, 50 unidades de puros, 500 gramos de tabaco de pipa y 2,5 litros de bebidas alcohólicas.

....

La moneda chilena es el peso ($).
Hay billetes de $1.000, $2.000, $5.000, $10.000 y $20.000 y monedas: $1, $5, $10, $50, $100 y $500.

El cambio es: **1 DOLAR = $568 (valor aproximado)**
*Se puede retirar moneda nacional en **casas de cambio, bancos** o con tarjetas de crédito en los **cajeros automáticos.**

....

Bancos: de lunes a viernes entre las 9:00 y 14:00.
Casas de Cambio:
de lunes a viernes de 9:00 a 14:00 y de 15:00 a 18:00.

Oficinas: de lunes a viernes de 9:00 a 14:00.
Comercio: de lunes a sábado de 10:00 a 20:00.

CÓDIGOS DE ....

Para llamadas telefónicas desde fuera de Chile hacia Valparaíso anteponer el código del país (56) y el código de la ciudad (32). Para llamadas a teléfonos móviles se marca 56, luego 9 y finalmente el número deseado.

Para llamadas a Valparaíso desde dentro del país se debe anteponer el número de alguna de las empresas proveedoras de larga distancia que hay en Chile, más el código de Valparaíso (32).

....

No hay obligación ni necesidad alguna de vacunas para entrar a Chile.
En el país, en general, y en Valparaíso, en particular, no hay animales venenosos, con la sola excepción de la araña de rincón.

El agua en la ciudad es completamente potable. No obstante, es considerada dura para algunas personas – con alto contenido mineral - por lo que se aconseja a quienes tengan problemas, beber agua envasada.

....

Alojamiento
En hoteles patrimoniales: sobre $50.000 (US$ 80) habitación doble.
En hoteles en general: $ 30.000 (US$ 50) habitación doble.
Hostales: $ 20.000 (US$ 30) habitación doble.
Hospedajes económicos: $ 5.000 a $ 10.000 (US$ 8 a US$ 18) por persona.

Comida
Costo consumo aproximado por entrada, plato de fondo, postre y copa vino.
Restaurantes rango intermedio: $ 10.000 (US$ 18) por persona.
Locales fast food: $ 2.000 (US$ 4) por persona.

Otros Servicios
Cine: $ 3.000 (US$ 5) y miércoles mitad de precio.
Museos: $ 1.000 (US$ 2) por persona (adulto).
Paseo en lancha por la bahía: $ 1.000 lancha colectiva (US$ 2); $10.000 lancha colectiva.
Partidos de fútbol: $ 3.000 (US$ 5) galería en Estadio Regional.

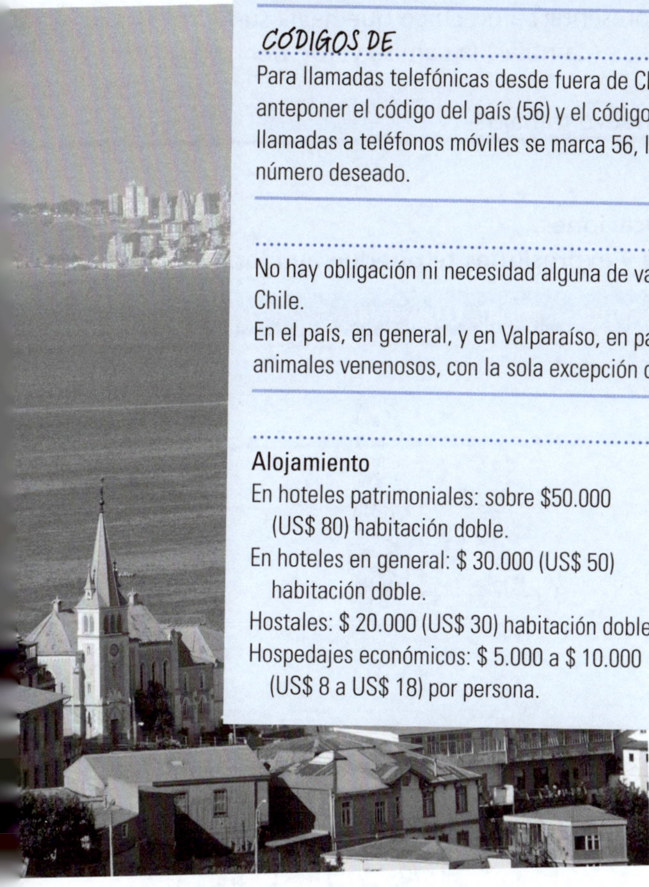

b Vas a hacer un curso de español en Valparaíso y vas a vivir en casa de una familia de la ciudad. Antes del viaje tienes muchas preguntas. Busca las respuestas en el texto de 3a.

1 ¿Qué moneda hay en Chile? ....
2 Quiero llamar por teléfono a la familia para presentarme. ¿Qué códigos necesito? ....
3 ¿Necesito un visado para viajar a Chile? ....
4 Si me resulta difícil expresarme en español, ¿puedo hablar también en inglés? ....
5 ¿Puedo cambiar dinero durante todo el día, si lo necesito? ....
6 ¿Los horarios de las tiendas son como los de mi país? ....
7 ¿Tengo que tomar precauciones con el agua de la ciudad? ....
8 ¿Necesito vacunarme contra la malaria, el tifus, etc. para entrar en Chile? ....

49 **4 Escucha un programa de radio en el que se dan algunas recomendaciones para visitar Argentina. Anota las informaciones más importantes (palabras clave).**

seguridad	clima	otras recomendaciones	moneda
un país bastante seguro	....	....	*posibilidad de pagar con dólares*
....	....	....	....
....	....	....	....
....	....	....	....

5 **¿Quién fue? ¿Quiénes fueron? Completa el pronombre y coloca el verbo en una forma impersonal.**

a Estaba sentada en el sofá y .... (a mí) .... (llamar) por teléfono. Eran mis padres preguntándome por mi hermana.
b Al salir de la discoteca .... (a mí) .... (robar) la cartera y no pude coger un taxi.
c En el hotel .... (a nosotros) .... (dar) la mejor habitación.
d ¡Estaba en la playa y .... (a mí) .... (presentar) a un chico que hacía surf.
e ¡En los grandes almacenes .... (a él) .... (cambiar) la camisa verde por un vestido rojo!
f Oye Marcos, ¿......... (a ti) .... (ofrecer) un nuevo trabajo?

6 **Las vacaciones de Rodrigo**

a **Rodrigo no ha tenido mucha suerte durante sus vacaciones.**
Mira todo lo que le pasó y escríbelo. Estas palabras y expresiones te pueden ayudar.

perder | cobrar demasiado | limpiar | dar de comer | robar | reservar

b **¿Cuáles de estas cosas te han pasado a ti? ¿Cómo y cuándo fue? Escribe un texto contándolo.**

7 **Tus compañeros y amigos te hacen preguntas.**
Dales una respuesta usando el indefinido o el pluscuamperfecto.

a ■ ¿Por qué no tomaste el avión?
● Porque cuando (ir a) .... facturar el equipaje me di cuenta de que (perder) .... el billete.

b ■ ¿Por qué no viniste ayer a trabajar?
● Porque (beber) .... mucho la noche anterior y me dolía mucho la cabeza.

c ■ ¿Por qué llegó tarde el jefe a la reunión?
● Porque (comer) .... algo en mal estado y .... (tener que) ir al médico.

d ■ ¿Por qué no dormiste ayer en tu casa?
● Porque (perder) .... las llaves y (pasar) .... la noche en casa de una amiga.

e ■ ¿Por qué estaba Petra ayer enfadada contigo?
● Porque yo (olvidar) .... felicitarla por su cumpleaños.

8 ¡Qué mala suerte!

a Une las frases con los conectores del centro. Solo puedes usar cada conector una vez.

1 Pedro se quedó dormido...	por eso	no pudimos encontrar un taxi!
2 Había olvidado el billete de tren en casa...	por lo tanto	tuvo que comprar otro en el aeropuerto.
3 Marta tuvo que ir a la policía...	entonces	le habían robado el bolso.
4 Perdonad el retraso: ¡es que primero el avión llegó tarde y...	después	tuvo que pagar 70 euros más.
5 Sebastián tenía siete kilos de sobrepeso en la maleta,...	así que	perdió el avión.
6 ■ ¡Falta una maleta! Creo que no ha llegado. ● !Vaya! Pues...	porque	tenemos que ir a reclamación.

b Marca en 8a los conectores que expresan consecuencia.

9 Los problemas de Frank

a Coloca los verbos en las formas adecuadas del indefinido o pluscuamperfecto. Después numera las frases por orden cronológico.

[1] Al volver de su viaje a Andalucía, Frank no tuvo mucha suerte. Tuvo problemas en el aeropuerto de Málaga: (comprar) .... mucha comida: latas de atún, aceitunas, queso, jamón, serrano... Cuando (ir a) .... facturar el equipaje, la maleta pesaba demasiado.

[ ] Cuando (pasar) .... por el detector de metales, volvió a tener problemas.

[ ] Como (tener) .... tantos problemas (perder) .... su avión (esperar) .... a tomar el siguiente.

[ ] (tener que) .... dejar las latas allí.

[ ] (meter) .... en la mochila cuatro latas de aceitunas y el policía le (decir) .... que no estaba permitido llevar productos enlatados.

[ ] (abrir) .... la maleta de nuevo y meter algunas cosas en su mochila.

b Cuenta la historia de Frank, uniendo las frases con *por eso, así que, entonces, además.*

10 Mis viajes

a Completa en palabras clave los datos de dos viajes que has hecho.

	Viaje 1	Viaje 2
1 ¿Cuándo?	....	....
2 ¿Adónde fuiste?	....	....
3 ¿Dónde estuviste?	....	....
4 ¿Dónde te alojaste?	....	....
5 ¿Cómo era el alojamiento?	....	....
6 Un problema que tuviste en el viaje.	....	....
7 Haz una valoración del viaje.	....	....

b Escribe un breve texto en el que describes con más detalle uno de los viajes. Puedes seguir el mismo orden de las preguntas 1–7.

11 El mundo en una silla de ruedas

a Lee el artículo y anota las palabras españolas que corresponden a las palabras en alemán.

Hindernis: ....
Rollstuhl: ....
gefesselt: ....
veröffentlicht: ....

EL MUNDO EN UNA SILLA DE RUEDAS

Albert Casals no puede andar desde los 5 años, porque se enfermó de leucemia y se quedó atado a una silla de ruedas. Pero para Albert la silla de ruedas no es un obstáculo para realizar su sueño: conocer el mundo. Empezó a viajar a los 14 años y desde entonces hasta ahora ha estado ya en Francia, Alemania, Bélgica, Holanda, Dinamarca, Grecia, Gran Bretaña, Italia, Bosnia, Serbia, Hungría, Tailandia, Malasia, Singapur, Japón, Colombia, Perú... Viaja solo, sin familia, sin amigos... y sin dinero. Solo él, su silla y su mochila. Los amigos los va haciendo por el camino, gracias a su espontánea simpatía. A sus 19 años ha publicado "El mundo sobre ruedas", un libro en el que cuenta las experiencias de sus viajes.

b Relaciona las preguntas de la entrevista a Albert Casals con sus respuestas.

1 ¿Qué es lo que más te gusta de los viajes?
2 ¿Viajas siempre solo?
3 ¿Cómo lo ven tus padres?
4 ¿Y cómo conseguiste viajar solo?
5 ¿No es muy molesto viajar en silla de ruedas?
6 ¿Te ayudaron tus padres?
7 Cuéntame un momento difícil
8 Leyendo tu libro, tengo la sensación de que quieres ir muy deprisa
9 ¿Europa ya no te interesa?
10 ¿Cuál es tu motivación para viajar?

- ☐ Pienso que aquí la vida es muy aburrida. Cuando vas de viaje, nunca sabes qué pasará en las próximas horas. Me gusta esta sensación.
- ☐ Ellos quieren que yo sea feliz, y saben que viajando lo soy. He tenido mucha suerte con ellos.
- ☐ Encuentras gente maravillosa que te ayuda. No me interesa ver monumentos ni ir a comer a restaurantes. Con estar allí me basta.
- ☐ Solo y en autostop. Antes gastaba tres euros al día en comer, ya que duermo en los parques o en la playa. Ahora acabo de regresar de un viaje por América y he conseguido no gastar nada. Salí con 20 euros y regresé con 20 euros seis meses después.
- ☐ Hago magia en la calle o toco música. A la gente le gusta y me regala comida, y a veces me invita a dormir en su casa. Es fácil hacer amigos.
- ☐ Nunca lo he visto así. Ni al principio. Ahora ya la domino y he ido en silla de ruedas hasta por la playa y por el desierto.
- ☐ El libro lo escribí a los 17 años y cuenta los viajes que hice entre los 15 y los 16. Tras escribirlo, me he ido cuatro meses a América y ahora pienso irme seis a África, siempre en autostop. Es mejor viajar ahora. Nunca sabes qué te pasará mañana.
- ☐ Todo se parece mucho. Vas a Londres y es casi como Barcelona. Me interesan más otros continentes.
- ☐ Bien, porque ven que así soy feliz. Sufren en algunos momentos, pero no es tan terrible.
- ☐ Hace poco viajé de Colombia a Panamá en la barca de unos contrabandistas. Fue duro porque hubo una tormenta con grandes olas. Una de ellas me dio un golpe y caí al agua, donde me quedé inconsciente. Me salvaron porque quisieron, pero podía haberme quedado allí.

12 El viajero incansable

50

a Escucha las respuestas de una entrevista con el viajero Arturo Montero. Anota de qué tema habla en cada respuesta.

a .... e ....

b .... f ....

c .... g ....

d .... h ....

50

b Escucha otra vez y escribe las preguntas que no se oyen.

a .... e ....

b .... f ....

c .... g ....

d .... h ....

13 Vacaciones en el Caribe

a Remedios y Casimiro van de vacaciones al Caribe. Escribe cuatro instrucciones que Remedios le hace a su marido para el viaje. Para ello *tienes que* o el imperativo.

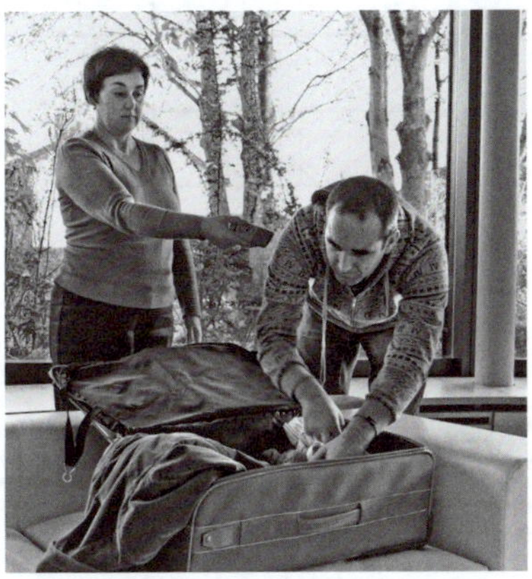

1 ¡Coge el repelente de insectos!
2 ¡Tienes que ir al médico para vacunarte!
3 ....
4 ....
5 ....
6 ....

**b Esta pareja quiere ir también al Caribe.
Escribe ahora las recomendaciones que les hace la empleada de la agencia de viajes.**

1 Les recomiendo que lleven repelente de insectos.
2 Si van a la selva, les aconsejo que se vacunen.
3 ....
4 ....
5 ....
6 ....

14 **¿Cómo se llaman los objetos que se necesitan para ir de camping? Escríbelos en el crucigrama. Las casillas grises esconden el nombre de otro objeto.**

1 Es un producto que sirve para protegerse de los insectos.
2 Con él se puede encender un fuego.
3 Es una cosa que sirve para ver por la noche y funciona con pilas.
4 Protegen los manos contra el frío.
5 Es algo que sirve para dormir protegidos de la lluvia y el viento en la montaña.
6 Es parecido a un cuchillo pero más pequeño y plegable.
7 Es un recipiente que sirve para mantener más tiempo la temperatura de un líquido.
8 Sirve como generador de energía continua.
9 Es un aparato con el que se puede recargar la batería del móvil.
10 Es un producto con el que se limpian las manos.
11 Es un recipiente redondo y llano que sirve para cocinar.

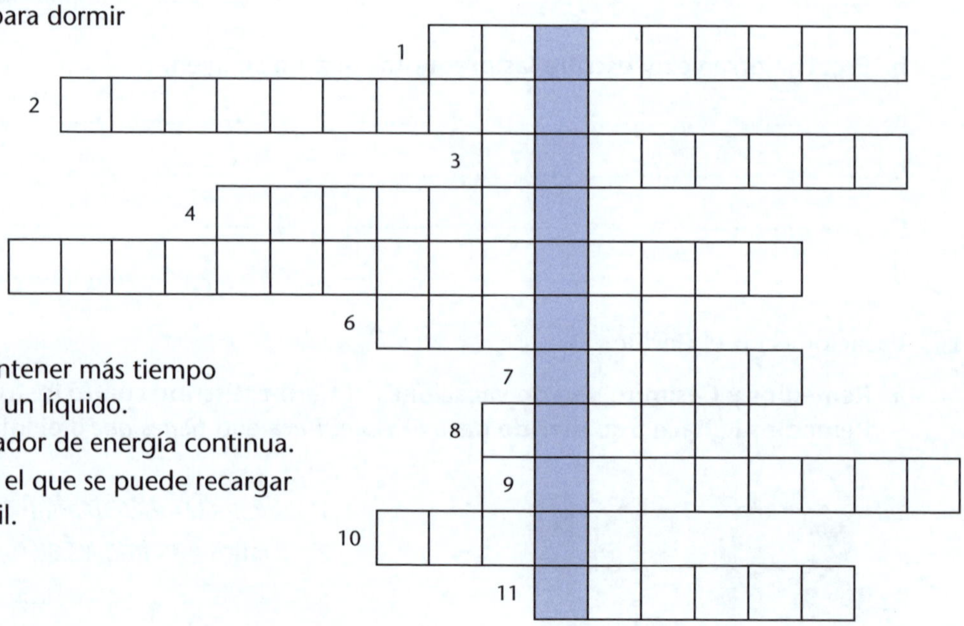

15 **Describe los objetos sin mencionar su nombre.**

a

b
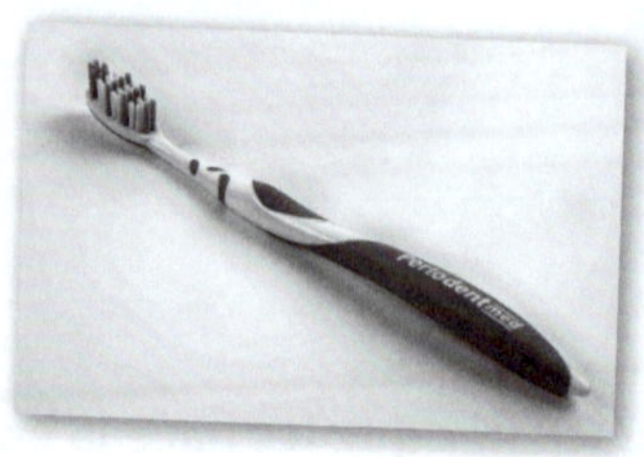

c

d

e

16 **Una amiga tuya quiere visitar la región en la que vives. Lee su correo y contesta. ¿Qué recomendaciones le das?**

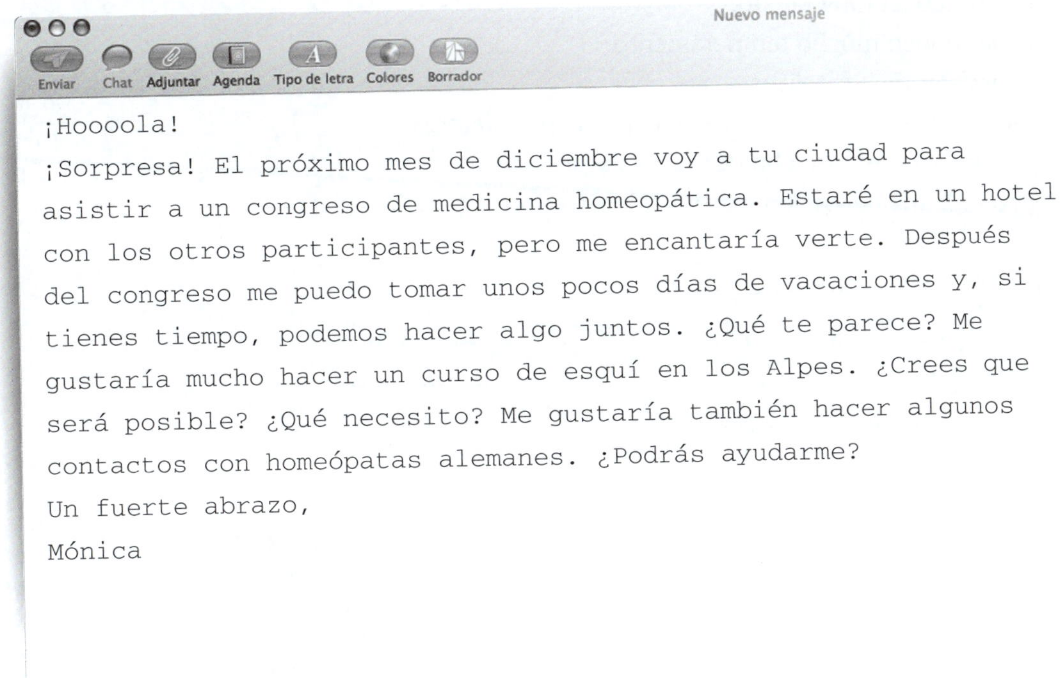

¡Hoooola!

¡Sorpresa! El próximo mes de diciembre voy a tu ciudad para asistir a un congreso de medicina homeopática. Estaré en un hotel con los otros participantes, pero me encantaría verte. Después del congreso me puedo tomar unos pocos días de vacaciones y, si tienes tiempo, podemos hacer algo juntos. ¿Qué te parece? Me gustaría mucho hacer un curso de esquí en los Alpes. ¿Crees que será posible? ¿Qué necesito? Me gustaría también hacer algunos contactos con homeópatas alemanes. ¿Podrás ayudarme?

Un fuerte abrazo,

Mónica

17 **Dos personas no están muy contentas con sus vidas. Escribe cinco recomendaciones. Usa estructuras diferentes.**

Te recomiendo que te tomes unas vacaciones.

Tómate unas vacaciones. ¿Por qué no te tomas unas vacaciones?

Jorge

Amalia

18 ¡Pero eso es solo un cliché!

a ¿Estás de acuerdo con estas opiniones sobre los españoles?

		sí	no
1	Los españoles hablan muy rápido.	☐	☐
2	Los españoles tienen mucho temperamento.	☐	☐
3	Los españoles son muy católicos.	☐	☐
4	Los españoles no le dan mucha importancia a la puntualidad.	☐	☐
5	A los españoles les gusta mucho dormir la siesta.	☐	☐
6	El flamenco es la manifestación más típica del folclore español.	☐	☐

b ¿Sabes algunas más? Completa la lista.

....

....

....

**c Lee los artículos de periódico.
¿A qué opinión de a hacen referencia?
¿La confirman o la cuestionan?**

A

La siesta, una práctica cada vez menos habitual entre los españoles.

Según un estudio, solamente el 16% de la población española practica esta costumbre a diario.

22/01/2009
Madrid. – El mito de la siesta española ya casi no existe, ya que sólo un 16 por ciento de la población de este país practica esta sana costumbre a diario. Un estudio sobre el sueño, realizado entre más de 3.000 españoles mayores de 18 años (...) ha revelado la extinción de este deporte nacional que se mantiene, no obstante, como estereotipo para los turistas.

B

9-7-2006 - PEDRO REBOLLEDO. Según una encuesta del Centro de Investigaciones Sociológicas (CIS) de agosto de 2005, el 79 por ciento de los españoles se declaraba católico, pero casi el 50 por ciento «casi nunca va a misa»; el 17 por ciento acude «varias veces al año» y sólo el 18 por ciento va «todos los domingos y festivos». (...) se observa -en este caso en la encuesta de la Fundación Santa María del año pasado- que sólo el 10 por ciento de los jóvenes es católico practicante, no lo es el 39 por ciento, en tanto que el 21 por ciento se declara ateo y nada menos que el 25 por ciento dice ser indiferente o agnóstico.

C

05/08 – ADELAIDA MORALES. En la era de la globalización y de los negocios internacionales, la puntualidad en los desplazamientos puede suponer la diferencia entre cerrar un trato satisfactoriamente, o perder una oportunidad empresarial. España ha sido tradicionalmente notoria por la impuntualidad de sus aerolíneas, pero los esfuerzos de las compañías han permitido ir mejorando esta situación, hasta el punto de que hoy es una aerolínea española, Clickair, la más puntual de Europa.

D

(...) Para los viajeros románticos franceses e ingleses del siglo XIX y principios del XX, lo más pintoresco de España era Andalucía y esa mirada desde fuera ha sido asumida con el tiempo por los mismos andaluces y por una gran parte del resto de los españoles. De hecho, esa imagen se ha convertido en un mito que sigue condicionando en gran parte la imagen de España en el extranjero.

51 **19 a Escucha las palabras y fíjate en la *s* y la *x*. Después completa la tabla.**

a sencillo	d abstracto	g exacto
b estupendo	e xilófono	h excelente
c extremo	f relax	i taxi

las letras *s* - *x*

El sonido [s] puede escribirse
- con la letra ..... en todas las posiciones.
- con la letra ..... solo en dos posiciones; delante de consonante, por ejemplo ...., ... y al principio de palabra como en ....
- En otras posiciones, entre vocales o al final de la palabra, la letra ..... se pronuncia [ks] como en *exacto* o *relax*.

¡Fíjate!

¿Y en Latinoamérica...?

En algunos nombres de lugares como *México, Oaxaca* o *Texas* la *x* se pronuncia como *ch* en alemán. Estas palabras también se pueden escribir *Méjico, Oajaca* o *Tejas*.

52 **b Escucha las frases y completa la letra que falta (s, x, c, z).**

a ...ésar es un profesor e...traordinario.
b ¿Susana, has puesto las ...ere...as en el ...e...to?
c Luis vive en el ...e...to y sube siempre a pie.
d La pró...ima ve... fíjate en el conte...to.
e Siempre conte...to todos los correos que me envían.

20 Lee las descripciones y ejemplos y relaciona con el signo de puntuación que corresponde.

signos de puntuación

a	Se usan para introducir una enumeración o un discurso directo, así en *Luisa nos dijo entusiasmada: "Pablo quiere que nos casemos".*	☐ el paréntesis
b	Sirven para expresar estados de duda, temor o expectación como en el ejemplo *En el examen tu nota es… sobresaliente.*	☐ las comillas
c	Indican un discurso directo o una cita como en el ejemplo *Luisa nos dijo entusiasmada: "Pablo quiere que nos casemos."* o destacan una palabra extranjera *No me gusta el "hall" del hotel.*	☐ los dos puntos
d	Se usan para indicar que es una pregunta como en el ejemplo *¿Es de Pablo?* o una exclamación como en *¡Cuánto te hemos echado de menos!*	☐ el guión
e	Señala aclaraciones e interrupciones en la frase como en *Mis vecinos (los que viven arriba) son de origen griego.*	☐ los signos de interrogación y de exclamación
f	Indica posibilidad de opción como en *El menú del día puede incluir primer y segundo plato, postre y/o café.* y también se emplea en algunas abreviaturas *c/, km/h.*	☐ los puntos suspensivos
g	Se encuentra en palabras compuestas o en fechas como *En algunas ciudades españolas hay carril-bici.*	☐ la barra

¡Fíjate!

I O T R A V U E L T A

(Test Unidades 1–3)

Marca la opción correcta.

1. ■ Antes no .... tantos recursos en las escuelas, pero ahora .... casi de todo.
   ● Es verdad.
   - [ ] a tenemos … había
   - [ ] b teníamos … hay
   - [ ] c teníamos …. había

2. ■ ¿Cómo pasabas las tardes cuando eras niño?
   ● ....
   - [ ] a Jugando
   - [ ] b Jugué
   - [ ] c Juego

3. ■ Mi colegio era muy pequeño. Nos conocíamos todos muy bien.
   ● .... era muy grande.
   - [ ] a La mía
   - [ ] b Los míos
   - [ ] c El mío

4. ■ El año pasado .... un curso de pintura muy interesante. Desde entonces me encanta pintar.
   ● ¿Sí? Pues a ver si me enseñas alguno de tus cuadros.
   - [ ] a hice
   - [ ] b he hecho
   - [ ] c hacía

5. ■ A mí .... fatal las matemáticas.
   ● Pues yo no tengo problemas.
   - [ ] a sé
   - [ ] b les dan
   - [ ] c se me dan

6. ■ Manuela .... un poco enfadada con Esme.
   ● ¿Por qué?
   - [ ] a es
   - [ ] b está
   - [ ] c se lleva

7. ■ El nuevo profesor .... genial.
   ● Sí, es muy simpático.
   - [ ] a me cae
   - [ ] b me lleva
   - [ ] c me da

8. ■ ¡Qué suerte tienes con tus hijos!
   ● Sí, me encanta que .... tanto.
   - [ ] a habían estudiado
   - [ ] b estudien
   - [ ] c estudiando

9. ■ ¡Qué simpática es Rocío!
   ● Sí, ... siempre de buen humor.
   - [ ] a está
   - [ ] b es
   - [ ] c se hace

10. ■ A mí no me gusta nada .... mi casa.
   ● A mí tampoco.
   - [ ] a que yo limpie
   - [ ] b limpio
   - [ ] c limpiar

11. ■ ¿Qué tiempo hace normalmente en tu país?
   ● El clima ....
   - [ ] a es bastante lluvioso
   - [ ] b está lloviendo
   - [ ] c llueve

12. ■ ¿Qué tal tus vacaciones?
   ● Muy bien, excepto la llegada. Me .... las maletas.
   - [ ] a perdí
   - [ ] b pierden
   - [ ] c perdieron

13. ■ Cuando llegué a tu casa ya te ....
   ● ¡Es que era muy tarde!
   - [ ] a habías ido
   - [ ] b vas
   - [ ] c has ido

14. ■ ¿A dónde has ido? ¡Te he estado esperando casi media hora!
   ● Se me había olvidado que tenía que recoger un paquete en correos, ... me he tenido que ir corriendo.
   - [ ] a para que
   - [ ] b porque
   - [ ] c así que

15. ■ ¿Tú has estado alguna vez en Portugal?
   ● Sí, te recomiendo que .... al Algarve. Las playas son muy bonitas.
   - [ ] a vayas - [ ] b vas - [ ] c ir

(Autoevaluación I)

Esta autoevaluación te ayuda a seguir tus progresos en español según las destrezas *escuchar, leer, hablar* y *escribir.* Utiliza para ello los siguientes símbolos y ponlos en la columna de "Soy capaz":

++ Soy muy capaz. + Soy capaz. ! Me resulta difícil.

Si lo ves necesario puedes volver a hacer las ejercicios de las unidades indicadas del libro o utilizar otros materiales que se encuentran en www.hueber.de/ene

	Soy capaz	Unidad
Escuchar		
Soy capaz de comprender conversaciones informales entre personas, p.ej. sobre las costumbres o viajes en el pasado.		1, 3
Soy capaz de comprender informaciones esenciales en una entrevista formal, p.ej. en la radio.		1
Soy capaz de comprender qué tipo de actividades o cursos en el tiempo libre se nombran en una conversación, por ejemplo, entre amigos.		1
Soy capaz de comprender diálogos sencillos y familiares en una serie de televisión.		2
Soy capaz de relacionar imágenes o fotos con viajes comentados en una conversación.		3
Leer		
Soy capaz de comprender datos específicos sobre educación, p.ej. en un anuncio de un colegio o un reportaje periodístico sobre una escuela.		1
Soy capaz de comprender la ironía o lo cómico en viñetas cómicas fáciles.		1
Soy capaz de comprender la información importante en anuncios, p.ej. anuncios de cursos para el tiempo libre.		1
Soy capaz de comprender información detallada en un correo electrónico informal.		2, 3
Soy capaz de entender información esencial sobre una persona, p.ej. en un blog de Internet.		2
Soy capaz de comprender de qué trata cada sección de una página web sobre recomendaciones para viajes.		3
Soy capaz de comprender anécdotas escritas, p.ej. en un foro en Internet sobre viajes.		3
Hablar		
Participar en conversaciones (interacción)		
Soy capaz de preguntar y contestar preguntas sobre las actividades realizadas en el pasado.		1
Soy capaz de hablar sobre mis habilidades o capacidades, p.ej. para realizar un curso en mi tiempo libre.		1
Soy capaz de mantener una conversación informal sobre los cambios en los estados de ánimo y relaciones entre personas, p.e. cuando la gente se enfada, se enamora, se pone contenta, etc.		2
Soy capaz de realizar una entrevista formal a una persona sobre sus datos de interés.		3
Hablar en contexto		
Soy capaz de comparar aspectos del pasado con los del presente, p.ej. comparar las características de la educación de antes y ahora.		1
Soy capaz de hacer hipótesis sobre la relación entre la gente, p.ej. sobre cómo se llevan unos vecinos.		2
Soy capaz de contar contratiempos ocurridos en un viaje pasado.		3
Escribir		
Soy capaz de escribir la información necesaria para convencer a la gente, p.ej. en un folleto o póster publicitario sobre una escuela ideal.		1
Soy capaz de escribir preguntas concretas para conocer las necesidades de una persona, p.ej. para recomendarle un mejor estilo de vida o proponerle un curso para el tiempo libre.		1
Soy capaz de escribir las respuestas a un cuestionario, p.ej. sobre mi personalidad o para encontrar a gente similar a mí.		2
Soy capaz de escribir en frases complejas recomendaciones, p.ej. para viajar.		3

Unidad 4

A

1 Medio ambiente

a Encuentra en la sopa de letras seis palabras o expresiones relacionadas con el medio ambiente.

H	D	T	C	D	U	D	S	J	O	L	O	P	V	S
H	G	A	S	E	S	T	O	X	I	C	O	S	L	M
C	K	C	N	F	I	X	W	J	K	L	I	D	C	V
K	I	S	X	O	Y	Z	W	B	I	O	L	M	C	X
L	X	T	U	R	E	C	I	C	L	A	R	S	J	E
J	O	O	F	E	F	V	B	U	D	F	H	U	I	9
P	R	F	U	S	O	P	A	Z	V	N	E	E	U	V
A	R	D	B	T	J	E	F	M	M	Y	C	B	W	X
C	O	N	T	A	M	I	N	A	C	I	O	N	U	B
I	H	D	N	C	W	I	I	K	N	P	E	D	Y	N
C	A	M	B	I	O	C	L	I	M	A	T	I	C	O
O	U	S	D	O	L	O	N	C	W	I	L	M	C	W
Z	Q	Q	O	N	P	F	M	Ñ	K	H	U	E	A	A

b Agrupa las palabras de 1a en positivas y negativas para el medio ambiente.

☺	☹
....	....
....	....
....	....
....	....

2 Completa los titulares con una de las palabras.

energía | renovable | extinción | reciclados | medio ambiente | ecológicas | forestales | cambio climático

a **La energía nuclear y el cambio climático protagonizan el Día Mundial del** ....

b ***La energía* .... *triunfa en Navarra***

c CeroCO_2, por un clima estable: únete a la lucha contra el ....

d **El ayuntamiento de Peligros ha reemplazado el tradicional alumbrado navideño por adornos realizados con materiales** ....

e Bolsas de compra .... de todos los colores

f ***La cotorra de Mauricio, un animal único, se salva de la*** ....

g **Ecologistas en Acción asegura que se pueden reducir a la mitad los incendios** ....

h Más de 200 hogares de Madrid compiten para ahorrar ....

3 ¿Ya has escuchado las noticias?

53

a Escucha las noticias y marca si las afirmaciones son verdaderas (v) o falsas (f).

		v	f
1	La primera noticia es sobre la contaminación del Río Uruguay.	☐	☐
2	Hay una fábrica de plásticos cerca del Río Uruguay.	☐	☐
3	Ha habido una manifestación frente a la fábrica.	☐	☐
4	La fábrica consume 60 millones de litros de agua y vierte el 80% contaminado al río.	☐	☐
5	La segunda noticia es sobre la extinción del lince.	☐	☐
6	Los linces han nacido en el norte de España.	☐	☐
7	El lince ibérico está en peligro de extinción debido, entre otros, a accidentes de carretera.	☐	☐

b Corrige las frases falsas.

....

....

....

....

4 Lo que pasará...

a Clasifica los verbos.

haré | compraremos | viviréis | reciclará | sobrevivirán | evitaré | lucharás | pondrán | dirá | pondrás | tendréis | habremos

FUTURO SIMPLE

	regulares	irregulares
yo	....	haré
tú	....	....
él, ella, usted	....	....
nosotros/-as	....	....
vosotros/-as	....	....
ellos/-as, ustedes	....	....

b Elige cinco verbos y escribe frases (sin cambiar la persona).

....

....

....

....

....

5 ¿Voy a hacer o haré?

a ¿Qué predice la adivina y qué planes tiene Daniel? Marca quién dice/piensa qué.

	la adivina	Daniel
1 Conocerás a una persona maravillosa.	☐	☐
2 Voy a pensar qué nombres les pongo.	☐	☐
3 Te casarás a los 34 años.	☐	☐
4 Te comprarás una casa en el pueblo de tus padres.	☐	☐
5 Serás muy feliz.	☐	☐
6 Voy a disfrutar de los próximos años.	☐	☐
7 Voy a pagarle bastante a esta señora.	☐	☐
8 Voy a comprarme ropa elegante.	☐	☐
9 Tendrás 2 hijos.	☐	☐

**b Continúa las predicciones de la adivina y los pensamientos de Daniel.
Decide entre el futuro simple o *ir a* + infinitivo.**

1 La adivina dice: Lamentablemente (tener) .... problemas con la espalda.
Daniel piensa: ¡No puede ser! ¡ (Hacer) .... mucho deporte!

2 Adivina: Pero algo muy bueno es que (trabajar) .... en una empresa multinacional.
Daniel: ¡Qué bien! (Preparar) .... un buen currículo.

3 Adivina: Y por último veo que (hacer) .... una gran fiesta para celebrar algo muy importante.
Daniel: ¡Pues (invitar) .... a todos mis amigos!

6 ¿Por qué crees que Mafalda ve el futuro negro?
Contesta la pregunta escribiendo una frase para cada tema con el futuro simple.

Mafalda © Joaquín S. (Quino) / published by arrangement with Caminito

a el medio ambiente: ....

b la sociedad en general: ....

c la familia y los amigos: ....

d el trabajo: ....

e Mafalda: ....

7 Un mundo

a ¿Qué problemas se representan en el mapa? Nombra cinco problemas relacionados con el medio ambiente.

1 En Asia hay animales en gran peligro de extinción.

2 ....

3 ....

4 ....

5 ....

6 ....

b ¿Eres optimista o pesimista? ¿Cómo crees que evolucionarán los temas de 7a?

desaparecer | aumentar/disminuir | extinguir | mejorar/empeorar | derretirse | quemarse

c ¿Cómo ves tu futuro dentro de diez años?

mi familia | mi trabajo | mis amigos | mis planes

8 ¿Qué pasará si...?

**a ¿Qué dice la Tierra?
Completa las frases con la forma correcta del verbo.**

1 Si los polos (derretirse) se derriten, el nivel del mar (subir) subirá.

2 Si (seguir) .... el cambio climático, (hacer) .... más calor en la tierra.

3 Si el agujero de la capa de ozono (aumentar) ...., (derretirse) .... los polos.

4 Si (producirse) .... más gases tóxicos, (aumentar) .... el agujero de la capa de ozono.

b Continúa la cadena con cinco frases más.

Si cuidamos la tierra, durará más tiempo. Si dura más tiempo, podremos vivir más y mejor. Si vivimos más y mejor, seremos más felices. Si somos más felices, ...

....

....

....

9 ONG

a ¿En cuáles de estas ONG pueden cooperar las personas que dicen las citas de 1 a 6? Escribe el nombre debajo de las citas.

1 "A mí me da pena la gente que no tiene una casa, que vive en la calle."

....

2 "Para mí es muy importante comprender y respetar otras culturas. Estoy segura de que así se evitarán muchas guerras."

....

3 "¡Hay tantos ancianos que viven solos y necesitan ayuda! Las personas mayores necesitan compañía y mucho cariño."

....

4 "Tenemos que respetar el medio ambiente, conservar la variedad de países y mantener la riqueza natural."

....

5 "Tenemos que ayudar a los inmigrantes. Muchos están aquí en condiciones muy malas."

....

6 "Me encantan los animales y sé que estos pueden ayudar a gente con problemas, por ejemplo, a discapacitados."

....

Ecodesarrollo Gaia
Desarrolla actividades socioculturales con ecoinmigrantes, con programas dirigidos a mujeres inmigrantes y refugiados.

AFS Intercultura
Promueve oportunidades de aprendizaje intercultural con más de 60 años de experiencia, con el fin de desarrollar los conocimientos, las habilidades y la comprensión necesaria para crear un mundo más justo y pacífico.

Inter-Acción
Su objetivo principal es ayudar a las familias que se quedan sin hogar y la conservación del medio ambiente. Trabajan también en la cooperación para el desarrollo en países de Iberoamérica.

Territorios Vivos
Territorios Vivos es una organización creada para conservar la diversidad biológica y cultural. El objetivo es la ayuda al desarrollo.

Amigos de los mayores
Luchar contra la soledad, el aislamiento y la falta de cariño y afecto hacia las personas mayores que viven solas a través de la puesta en marcha de diferentes actividades de acompañamiento y del trabajo voluntario de muchas personas.

Fundación Tiovivo
Ayudar a personas discapacitadas a desarrollar su personalidad y mejorar su calidad de vida e integración social. Para ello, se usan animales, como por ejemplo el caballo, como coterapeuta.

b ¿En cuáles de estas ONG te gustaría colaborar? ¿Por qué?

10 Y a ti, ¿qué te parece?
Completa las frases con los verbos en el modo correcto (indicativo o subjuntivo).

a Creo que colaborar en una ONG (estar) .... bastante bien. El problema es que si vas al extranjero, (estar, tú) .... mucho tiempo sin ver a tu familia y amigos.

b No creo que (estar, tú) .... tanto tiempo sin tu familia porque (poder, tú) .... elegir un país cercano y viajar con frecuencia. Además puedes aprender un montón de cosas.

c Sí, es verdad, se aprende un montón. Pero no todo el mundo puede colaborar, todo (depender) .... de la persona. Por ejemplo, mi primo Santiago, no creo que lo (poder, él) .... hacer, y si lo hace, tiene que ser en su misma ciudad.

d Yo creo que (poder, yo) .... viajar al extranjero sin problemas. De hecho, no creo que (vivir, yo) .... toda la vida en esta ciudad. Pero claro, eso lo digo ahora. A lo mejor dentro de cinco años todo cambia, aunque no creo que (cambiar, yo) .... mucho mi opinión. Es importante que (conocer, nosotros) .... otras culturas.

11 Reacciona a las opiniones a–f.

Yo no creo que… (+ subjuntivo) | Yo no pienso que… (+ subjuntivo)
Sí, estoy de acuerdo. | Sí, es verdad.

a Es bueno para el medio ambiente usar mucho papel.

....

b Tenemos que usar más los coches.

....

c Hay que tirar toda la basura en el mismo cubo.

....

d Tenemos que cuidar más la tierra.

....

e El plástico no contamina mucho.

....

f La selva disminuirá de tamaño.

....

12 Productos cotidianos

a Relaciona los productos y envases con las fotos.

bolsa de plástico | tetra brik | papel | botella de cristal | pilas | latas

....

b ¿De qué material hablan los textos? Lee y después completa la tabla.

1

El 14% del contenido de una bolsa de basura se compone de este material. Son en su mayoría envases de un solo uso (botellas, bolsas, bandejas y cajas protectoras de corcho blanco). En los vertederos ocupan mucho espacio y requieren décadas y hasta milenios para degradarse. Si se queman, originan emisiones de CO_2, sustancia que contribuye al cambio climático, además de otros contaminantes atmosféricos muy peligrosos para la salud y el medio ambiente. Se fabrican con petróleo. Por ello, al consumirlos, se agota un recurso no renovable, el petróleo.

2

Están fabricados con finas capas de celulosa, aluminio y plástico. Se utilizan para envasar refrescos, zumos, agua, vinos, salsas, productos lácteos y otros líquidos, ya que conservan bien los alimentos, y su peso y forma facilitan el almacenaje y transporte. Para elaborarlos se requieren materias primas no renovables y consumidoras de energía: el aluminio y el petróleo. Por la dificultad de separar el plástico y el aluminio no se pueden reciclar para producir más.

3

Fabricadas de hierro, zinc, hojalata y, sobre todo, aluminio, se han convertido en un auténtico problema al generalizarse su empleo como envase de un solo uso.
El aluminio se hace con la bauxita, que es un recurso que viene de la selva del Amazonas y que no se puede renovar.

4

Por su dureza y estabilidad se emplea para la conservación de líquidos o sólidos, el menaje del hogar, el aislamiento, etc. No alteran las sustancias que envasa, es resistente a la corrosión y a la oxidación, muy impermeable para los gases. Pero cada vez hay más envases no retornables, a pesar de que estos se pueden utilizar hasta 40 ó 50 veces. Estos envases se pueden reciclar al 100%, pero ese proceso también gasta energía y contamina.

5

Contaminan mucho debido sobre todo al mercurio y otros metales pesados que contienen. Una sola puede contaminar hasta 600.000 litros de agua.

6

Su uso masivo provoca la tala de millones de árboles. Además, se han impulsado las plantaciones de especies de crecimiento rápido como el eucalipto o el pino, en detrimento de los bosques autóctonos, y ha aumentado la contaminación asociada a su fabricación. Pero no hay que olvidar que no todos pueden ser reciclados: el plastificado, adhesivo, encerado o el de fax no son aptos para el reciclaje.

	¿Qué tipo de material o envase es?	¿Dónde se encuentra el material?	¿Qué problemas causa?	¿Se puede reciclar?
1	....	....	....	....
2	....	....	....	....
3	....	....	....	....
4	....	....	....	....
5	....	....	....	....
6	....	....	....	....

13 Tu ciudad verde

54 **a Escucha a Susana y a Lucas y marca de qué materiales reciclables hablan.**

cristal	☐	pilas	☐	latas	☐
brik	☐	papel	☐	plástico	☐

54 **b Escucha otra vez. Marca en qué orden se nombran los objetos de las fotos.**

☐

☐

☐

☐

c ¿Qué contenedores hay cerca de tu casa? ¿Crees que son suficientes? ¿Qué haces tú con los productos usados?

14 ¿Qué piensas tú? ¿Ves el futuro positivo o más bien negativo?

Elige un tema que te interesa y escribe un pequeño texto para un concurso del Ministerio de Medio Ambiente donde das tu opinión.

a La temperatura del planeta
b La producción de los alimentos
c El uso de las nuevas tecnologías
d Las selvas y bosques

15 Lee la carta al director de un periódico y ordena los párrafos.

Cambio climático

☐ Por eso es necesario definir un nuevo sistema económico para reducir el gasto incontrolado de energía y el de materias primas, y qué mejor momento para llevar a cabo el cambio que ahora.

☐ Ahora ha quedado en un segundo nivel por asuntos de importancia mayor. Sin embargo, el problema sigue y, como apuntan diferentes estudios, sus consecuencias van a empezar a notarse dentro de muy pocos años. Y ya no se trata sólo de un problema de fuentes de energía, sino también de recursos: se están agotando, y una vez acabados ya no podemos obtener más, no existen "recursos renovables".

☐ Y esto no lo pueden hacer los Gobiernos, los únicos que podemos efectuar este cambio somos los ciudadanos. ¿A qué esperamos para afrontar este reto?

☐ Hace unos meses, antes de empezar la crisis, este tema era muy importante para los Gobiernos.

Marina Moreno. Guadalajara

4 C

16 Animales en peligro de extinción

a Lee el anuncio y completa la tabla con la información del anuncio.

Sus caparazones son muy apreciados para hacer instrumentos y su carne es un plato exquisito. Por eso su caza y captura es excesiva y están en peligro de extinción.

Apadrina a una tortuga marina,
y le darás la posibilidad de vivir de 150 a 200 años.

Te sentirás orgulloso de formar parte del grupo de personas que ha contribuído a preservar las tortugas y podrás explicar a las generaciones futuras que la tortuga marina no se extinguió gracias a ti.

nombre ....

duración de vida ....

por qué está en extinción ....

solución ....

b Lee los textos sobre otros animales en peligro de extinción y marca qué animales has visto en la realidad. ¿Dónde?

Los animales en peligro de extinción, de la A a la Z

Se encuentra en una grave situación. El principal responsable es la pesca ilegal y desmesurada en Europa.

A de atún rojo ☐

Hoy en día, este animal ha desaparecido de muchas zonas de nuestra península y sólo se le puede ver en algunas reservas naturales.

L de lobo gris ☐

Esta es una de las especies más amenazadas de Latinoamérica, muy perseguida por su piel.

N de nutria gigante ☐

O de orangután ☐

En las dos islas de Indonesia donde habita, la deforestación y los incendios forestales están acabando con su vida.

Solamente mide cinco centímetros. Vive en la selva tropical de Costa Rica.

S de sapo dorado ☐

Están en gran peligro y tres subespecies ya están extintas. Su principal amenaza es la caza.

T de tigre asiático ☐

c ¿Qué animales en peligro de extinción hay en tu país?

....

d Escribe un anuncio para apadrinar uno de estos animales.

b – v – w, palabras extranjeras I

55

17 **a Escucha y subraya las letras que se pronuncian con el sonido [b]. Después completa la regla.**

a bonito	d tuvo	g tubo	j árbol	m vello
b voluntario	e combate	h absoluto	k sándwich	n votar
c kuwaití	f wagneriano	i convento	l avión	o vasto

¿Te acuerdas? → eñe A1: AB, unidad 5 **las letras *b, v, w***

- Las letras ***b*** y ***v*** **se pronuncian igual** y suenan como una *w débil* en alemán. Solo se diferencian en la escritura; por ejemplo, *bello - vello,* ....
- Al principio de palabra y después de *m y n* la pronunciación de ***b*** y ***v*** **es más fuerte**, como una *b* en alemán, por ejemplo *votar,* ....
- En la combinación de letras *ab-, ob-, sub + s*, la pronunciación de **la *b*** es muy relajada; incluso puede ***no pronunciarse***, así, *obstáculo* [ostákulo] o ....
- La letra ***w*** **se pronuncia [u]** generalmente en palabras de origen inglés, como por ejemplo *darwiniano,* .... y como b en nombres propios o derivados procedentes del alemán por ejemplo ....
- En otras palabras la ortografía se ha adaptado al español y se escribe *vagón (wagon), váter (wáter).*

¡Fíjate!

55

b Escucha otra vez y repite.

c Elige la opción más adecuada en cada caso.

a Es .... el cuadro, ¿verdad?	☐ vello	☐ bello
b ¡................, dónde colocas el sillón!	☐ haber	☐ a ver
c ¡................, gracias! No tengo más hambre.	☐ basta	☐ vasta
d .... muchos problemas en su trabajo.	☐ tubo	☐ tuvo

56

18 **Escucha las palabras y completa la regla.**

a jersey	d iceberg	g champú	j escáner
b cruasán	e pimpón	h jóquey	k surf
c confort	f flash	i espagueti	l fútbol

palabras extranjeras

- La **grafía** de las palabras extranjeras en la mayoria de los casos **cambia**, como en *escáner (scanner),* ...., ..., ...
- Algunas palabras extranjeras **mantienen la grafía original** pero se pronuncian según las reglas de la pronunciación española, como por ejemplo, *iceberg,* ....,
.........................., ...

¡Fíjate!

¿Y en Latinoamérica...?

En Latinoamérica, las palabras extranjeras, sobre todo las de origen inglés, se pronuncian como en la lengua de origen, como por ejemplo iceberg [áisberg] frente a [izeber(g)] en España. En este sentido, en España una pronunciación demasiado cuidada de las palabras o nombre propios extranjeros puede considerarse como signo de pedantería.

Unidad 5

A

1 Relaciona las actividades con el tema al que corresponden y escribe uno más para cada tema.

- ☐ tener buenos amigos
- ☐ tener horarios regulares
- ☐ dormir lo suficiente
- ☐ comer mucha fibra
- ☐ tomar al menos dos frutas al día
- ☐ beber mucha agua
- ☐ hacer deporte regularmente
- ☐ comer mucha verdura
- ☐ comer lo necesario, pero no demasiado
- ☐ ver la vida de forma positiva
- ☐ aprovechar el tiempo libre
- ☐ no tomar el ascensor, subir las escaleras
- ☐ tener buenas relaciones con los compañeros de trabajo
- ☐ practicar técnicas de relajación
- ☐ ....
- ☐ ....
- ☐ ....

A
el ejercicio físico

B
la alimentación sana

C
la mente, el espíritu

2 Escribe un texto en el que cuentas qué haces tú para llevar una vida sana.

3 ¿Con qué verbos se combinan los nombres de los deportes? Completa.

tenis | pilates | baloncesto | equitación | ~~natación~~ | balonmano | béisbol | ciclismo | voleibol | paddle | atletismo | ajedrez | rugby | golf | gimnasia | ~~fútbol~~ | aerobic | yoga

Juega a/al...

fútbol, ...
....
....
....
....
....
....
....

Hace...

natación, ...
....
....
....

4 **Crucigrama al revés. Escribe las explicaciones de las palabras horizontales y verticales.**

LÉXICO DEL DEPORTE

		1 C	A	M	2 P	O					
					I						
3 E	S	Q	U	Í	S			4 R			
					T		5 B	A	L	Ó	N
	6 G	O	R	R	A			Q			
	I							U			7 T
	M			8 P	O	R	T	E	R	Í	A
	N							T			B
9 Z	A	P	A	T	I	L	L	A	S		L
	S										E
10 P	I	S	C	I	N	A					R
	O							11 H	O	Y	O

Horizontales

1 *Es el lugar en el que se juega al fútbol. Normalmente tiene césped.*

3 *Los necesitas para esquiar.*

5 ....

6 ....

7 ....

8 ....

9 ....

Verticales

2 ....

4 ....

10 ....

11 ....

57 **5** **Escucha los diálogos. ¿De qué deporte están hablando?**

a .... c ....

b .... d ....

6 **Consejos de la doctora**

a **Mira a las personas. ¿Cuáles crees tú que son los inconvenientes de su trabajo?**

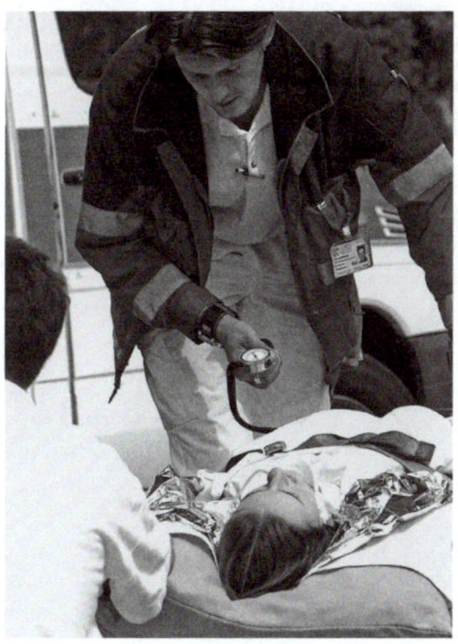

Paco

Lucía

Mario

58 **b** **Escucha las recomendaciones que les da la doctora. ¿A quién corresponde qué recomendación?**

1 .... 2 .... 3 ....

7 **Las habitaciones de Sergio y Sandra te dan muchas informaciones sobre ellos. Escríbelas utilizando el vocabulario de las cajas.**

comer | practicar | ver | gustar | beber | jugar | hacer | escuchar

demasiado/-a/-os/-as
mucho/-a/-os/-as
poco/-a/-os/-as
nada

tenis | fútbol | dulces | cerveza | música | golf | correr | ciclismo | yoga | delle

Sergio

Sergio ve mucho la televisión...............

....

....

....

....

....

Sandra

8 **Mira a las personas y ordena las letras de los conceptos relacionados con los efectos positivos de la actividad física que practican.**

x l i e l i b f i d a d
....

e r l j i a c a ó n
....

1

tranquilidad **m t n e a l**
....

t e s i l c i a d a d
....

capacidad **a c r o s d v a u i c l a r**
....

fortaleza **u s u m c l a r**
....

2

u f e a z r
....

e r p d r e peso
....

9 **Lee este folleto publicitario de un gimnasio y relaciona las ofertas con el tipo de público.**

jubilados | niños | mujeres embarazadas | estudiantes | amas y amos de casa | ejecutivos

Gimnasio EN FORMA

En nuestro gimnasio tenemos una propuesta deportiva para cada socio.
Diseñamos un plan de ejercicio físico adaptado a tu forma de vivir y a tus necesidades.
Nuestro equipo de entrenadores y asesores físicos te aconsejará la actividad física más adecuada a tu manera de vivir.

....	¿Te gusta bailar? Nuestros cursos de Baile *moderno y Capoeira* te ofrecen una forma estimulante y divertida de utilizar la música para ejercitar tu cuerpo. ¡Pregunta por nuestras ofertas para jóvenes!
....	¿Tienes mucho estrés en tu trabajo y poco tiempo? Te proponemos nuestro programa de *Body-Power*, con nuestros modernos aparatos de musculación asistida para fortalecer tu cuerpo eficazmente en el menor tiempo posible. También podrás entrenar tu resistencia en nuestros cursos de *Ciclo Indoor*.
....	Ofrecemos un programa físico, efectivo y a la vez divertido, especialmente preparado para sus hijos por nuestro especialista en motricidad infantil.
....	¿Quieres huir durante unos momentos de las tareas de tu casa, del ruido de los niños, y además hacer algo para tu cuerpo? Te proponemos nuestros cursos de Pilates, que te ayudarán a fortalecer tus músculos, te darán flexibilidad y ayudarán a relajarte.
....	¿Necesitas hacer ejercicio, pero no quieres sobrecargar demasiado tus músculos y articulaciones, entrenando al mismo tiempo el corazón? También tenemos algo para ti: prueba nuestros cursos *Ciclo Indoor, Pilates o Bailes de salón.*
....	¿Quieres prepararte para el momento más bonito de tu vida? Necesitas un entrenamiento que tenga en cuenta el especial estado de tu cuerpo: un curso de *Pilates pre-mamá te preparará para ello.*

10 **Explica a un hispanohablante tres de estos platos típicos. ¿Qué ingredientes llevan?** **B**

- Labskaus
- Käsespätzle
- Wiener Schnitzel
- Bircher Müsli
- Schweinebraten
- Knödel
- Kaiserschmarrn
- Currywurst mit Pommes

El Wiener Schnitzel original es un plato típico de Viena. Es un filete de carne de ternera muy fino que lleva pan rallado y huevo y se fríe en la sartén. En muchos restaurantes se come con patatas fritas y una rodaja de limón...

11 ¿Cómo desayunamos?

a Mira las fotos de los desayunos en diferentes países de habla hispana. Después lee el artículo sin consultar el diccionario. ¿A qué país corresponde cada desayuno?

1 .... 2 .... 3 ....

EL PRIMER BOCADO

El desayuno de los niños en puntos distantes del globo sirve como reflejo de sus diferentes culturas y modos de vida.

Perú. El desayuno diario es una comida rápida y sencilla. Sin embargo, los desayunos del domingo son más consistentes porque reúnen a las familias en la mesa. Se comen tamales, que es una pasta de maíz blanca, rellena de carne de pollo o cerdo y hervida en hojas de plátano o los chicharrones de cerdo, que es carne de cerdo cocida con **guarnición** y salsa **criolla**. La salchicha huachana es un potaje que se come mezclado con huevo y acompañado de pan y el lomo saltado o lomo al jugo servido con pan francés. Pero estos desayunos varían también dependiendo de la región.

España. El rey es la leche con chocolate, aunque los cereales van ganando **terreno**. Lo típico era mojar una magdalena en la leche o una galleta, o hacer tostadas con mermelada y mantequilla. Pero la bollería ha ganado por mayoría. Sin embargo, las prisas están eliminando el desayuno, que cada vez dura menos.

Colombia. En las grandes ciudades, los cereales con leche son cada vez más populares. El fin de semana, sin embargo, es posible volver a los platos más tradicionales. Destacan la arepa o tortilla de maíz calentita **untada** con queso y mantequilla y huevos fritos o **revueltos**. Todo se acompaña con pancakes y pan blando y dulce. La leche, se toma con chocolate o se hace un café con leche o pintaíto. Se beben zumos naturales y frutas. El desayuno no es normalmente una comida abundante, **salvo** para los que trabajan en el campo.

b Lee los diferentes significados de la palabra guarnición que propone el diccionario y marca la traducción correcta en el texto sobre el desayuno en Perú. Fíjate para ello en el contexto.

guarnición, f. 1. Kaserne (Mil.). 2. (Ein)fassung. 3. Beilage (Gastr.). 4. Verzierung. 5. (Kleidungs-)Besatz.

c ¿Qué significan las abreviaturas del diccionario? Haz hipótesis.

f.: .... (Mil.): .... (Gastr.): ....

d Ahora lee las propuestas para las palabras del texto que están en negrita y subraya la traducción correcta.

revuelto Adj. 1. durcheinander. 2. aufgewühlt. 3. *huevo revuelto*: Rührei. 4. (tiempo ...) wechselhaft.

criollo (-a) 1. Adj. kreolisch. 2. Adj. auf kreolischer Art. 3. f. kubanische Gesang- und Tanzform (Am.).

terreno m. 1. Boden. 2. Land - *terreno edificable* Bauland. 3. Gelände. 4. Grundstück. *ganar/perder terreno:* an Boden gewinnen/verlieren; *sobre el ...*: vor Ort. Estar en su propio ... : in seinem/ihrem Element befinden. *Todo ...*: Geländewagen.

untar v. tr. 1. bestreichen. 2. eincremen. 3. schmieren (sobornar).

salvo 1. sicher, Adj. (*estás a salvo*). 2. außer, Prep. 3. ... *que*: es sei denn.

e ¿Qué desayunas tú un día laboral? ¿Y los fines de semana?

12 **¿Qué alimentos comes normalmente? Escribe cinco alimentos en cada nivel de la pirámide alimentaria.**

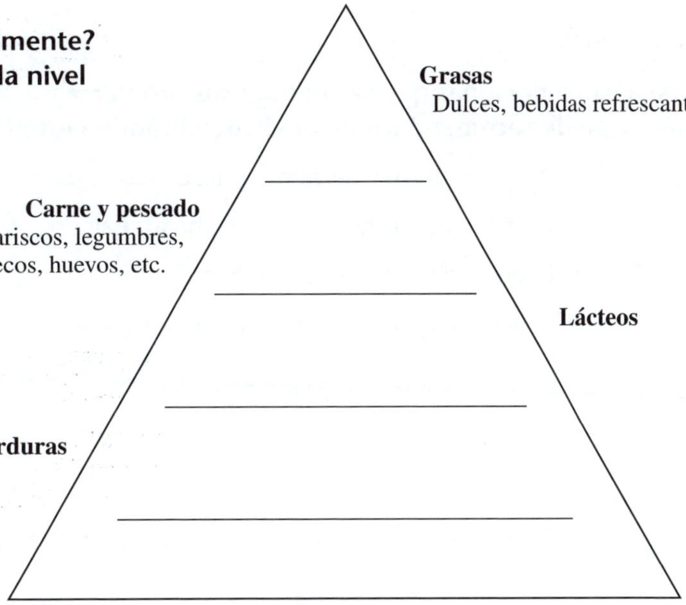

13 **Alimentación sana**

a Relaciona los elementos de las dos columnas. A veces hay varias posibilidades.

pan	de agua
comida	biológico
dieta	integral
hidratos	de carbono
exceso	equilibrada
producto	precocinada
alimentos	alcohólicas
bebidas	en conserva

b Completa las frases con las expresiones anteriores.

1 El exceso en el consumo de .... puede ser perjudicial para la salud del cuerpo y de la mente y puede provocar una grave adicción.

2 En general, los alimentos frescos contienen un número mayor de vitaminas que los ....

3 Aunque los .... tienen un precio mucho más elevado, su consumo ha aumentado considerablemente debido a su mejor calidad.

4 Algunos médicos y dietistas opinan que el .... puede provocar alteraciones en el funcionamiento de los riñones y en la absorción de minerales en el cuerpo.

5 Cuando hacemos mucho deporte, es recomendable tomar ...., ya que aportan energía al cuerpo.

6 Uno de los hábitos más importantes para llevar una vida sana es mantener una ....

7 No es recomendable abusar de la .... Nos ahorra tiempo, pero en general tiene un alto contenido de grasas, conservantes y saborizantes químicos.

8 El .... tiene un elevado contenido en fibra y favorece la digestión.

14 Recomendaciones

59–63

a Escucha a cinco personas que te cuentan sus problemas.
¿A qué grupo de recomendaciones 1–5 corresponden los problemas A–E?

1 ....
- ☐ Deberías dormir siempre la siesta.
- ☐ Te recomiendo que busques una au pair.
- ☐ Te aconsejo que vas al médico.
- ☐ Te aconsejo que comas mucho chocolate.

2 ....
- ☐ ¿Por qué no le invitas a un café?
- ☐ ¡Dile que tienes la rueda del coche pinchada, chica!
- ☐ Deberías hablar con él alguna vez. En el ascensor, por ejemplo...
- ☐ Te aconsejo que haces algo contra tu timidez.

3 ....
- ☐ Deberías concentrarte solo en la relación profesional.
- ☐ Creo que sería bueno hablar con él del tema.
- ☐ Hables con tu jefe y cambies de proyecto.
- ☐ Te aconsejo que cambies de proyecto.

4 ....
- ☐ Yo creo que tengas que hablar primero con Arturo del problema.
- ☐ Es mejor que tengas paciencia: el chico necesita tiempo.
- ☐ Te aconsejo que le lleves algún regalo.
- ☐ Deberías hablar primero con Arturo del problema.

5 ....
- ☐ Te recomiendo que hagas una terapia contra el miedo a volar.
- ☐ Deberías que hacer una terapia contra el miedo a volar.
- ☐ Podrías ayudarles económicamente. Así pueden venir a visitarte más a menudo.
- ☐ ¿Por qué no haces una terapia contra el miedo a volar?

b En cada grupo 1–5 hay una recomendación que NO es correcta gramaticalmente.
Encuéntrala y corrígela.

15 ¿Qué consejos les darías a estas personas? Completa la frase.

a ■ Tengo muchos problemas de comunicación con mi novio. ¡Últimamente discutimos demasiado!...
● Deberías ....

b ■ Mi hijo pasa demasiadas horas delante del ordenador... ¡No sé qué hacer!
● Pues yo te recomiendo que ....

c ■ He ganado un coche nuevo en la lotería pero estoy muy contento con el mío... ¿Qué hago?
● Te aconsejo que ....

d ■ Tengo un jefe que se toma demasiadas confianzas conmigo y a mí eso no me gusta... Es una situación muy difícil. ¿Qué puedo hacer?
● Podrías ....

16 **Lee la entrevista a Ferran Adrià y ordena las preguntas.**

"JUNTO LOS *alimentos*, COMO SI FUERAN ESCENAS DE UNA *película*, HASTA QUE ENCUENTRO LOS *sabores* QUE BUSCO."

Ferran Adrià es una de las grandes figuras de la cocina que hay en el mundo. Su restaurante tiene las tres estrellas de la guía Michelín y además ha recibido numerosos premios a lo largo de su trayectoria profesional. El cocinero catalán basa su cocina en el uso de productos de la zona y de temporada, una técnica profesional sobre las bases culinarias y una investigación para poder mezclar productos con sentido. Hablamos con él para saber más sobre su arte de cocinar.

1 Entrev: *serán / experimentos / cuáles / sus / nuevos*

¿...?
Ferran: Este año destaca una técnica consistente en cocinar sin añadir agua. Es un poco como la comida que hacen para los astronautas.

2 Entrev: Usted dice que la comida hay que saborearla con los cinco sentidos, pero… *podemos / cómo / hacerlo / cuando / comemos / prisas / siempre / con*

¿...?
Ferran: Bueno, está claro que saboreas la comida cuando tienes tiempo y si no, lo único que haces es alimentarte.

3 Entrev: *producto / no / cocina / faltar / qué / puede / la / en*

¿...?
Ferran: La sal.

4 Entrev: *suele / cocinar / qué / casa / en / usted*

¿...?
Ferran: Ya no como en casa, cada vez menos. Pero si no, pues... cocina sencilla. Una cosa es mi vida personal y otra mi vida profesional.

5 Entrev: *de / platos / uno / favoritos / sus*

¿...?
Ferran: Eso depende de lo que a cada uno le apetece en cada momento. Te puedo decir que me gusta mucho un huevo frito, una tortilla, pero si los como cinco días seguidos, pues ya no.

17 **Imagina que trabajas de periodista en una revista. Escribe dentro de la copa de este árbol buenos propósitos para animar a los lectores a llevar una vida sana.**

Vaya
a caminar. Sonríale
a su hijo. Haga su álbum familiar.
Cuente las estrellas. Mime a los que ama.
Llame a sus amigos por teléfono. Dígale a alguien
"te quiero mucho". Haga una lista de cosas que ...

....
....
....
....
....
....
....
....
....
....
....
....
....

Muestre su alegría. Camine.

C

18 **Tu equipo favorito**

a Marca en cada grupo la palabra que no pertenece.

1 equipo - Boca Juniors - jugadores - gol
2 cancha - estadio - partido - campo
3 hincha - rival - aficionado/-a - fanático/-a
4 triunfar - ganar - perder - lograr

b Lee la primera parte del himno del Boca Juniors. Marca con dos colores diferentes: ¿cómo se expresan los sentimientos?, ¿cuál es el lenguaje típico del fútbol?

Boca Juniors; Boca Juniors;
¡Gran campeón del balompié,
que despierta en nuestro pecho
entusiasmo, amor y fe
Tu bandera azul y oro en Europa tremoló
como enseña vencedora
donde quiera que luchó.

Estribillo:
Boca es nuestro grito de amor.
Boca nunca teme luchar,
Boca es entusiasmo y valor,
Boca Juniors... a triunfar.

c ¿Eres hincha de algún equipo? ¿De cuál?
Escribe un comentario en un foro sobre fútbol explicando tu actitud hacia este deporte.

64 **19 a Escucha las palabras y fíjate en la pronunciación de la *g* y la *j*. Después completa la regla.**

a gusto	d jeroglífico	g granja	j reloj	m cojín
b guionista	e juguete	h ignorancia	k pingüino	n algodón
c gigante	f vergüenza	i margen	l jeep	o joya

¿Te acuerdas? → eñe A1: AB, Unidad 2

las letras g – j

La letra *g*
se pronuncia [g]
- **ante las vocales *a, o, u,*** por ejemplo, ..., ..., ...
- **ante las consonantes *r, n*** y ***l*** como ...., ..., ...
- en *gue/gui,* como en ...., ... La *u* **no** se pronuncia.
- en *güe/güi* (*u* con *diéresis*) como por ejemplo, ... La *u* se pronuncia.

se pronuncia [x]
- **ante las vocales *e, i*** como por ejemplo, ..., ...

La letra *j* se pronuncia [x]
- **ante todas las vocales,** por ejemplo, ..., ..., ..., ..., ...;
- **al final de palabra** como por ejemplo ....

Solo en **palabras de origen extranjero** su pronunciación cambia a [y] por ejemplo, *judo* [yudo], *jazz* [yaz], ...

¡Fíjate!

64 **b Escucha otra vez y repite.**

Escucha y repite el trabalenguas.

¡Qué ingenuo es Eugenio!
¡Y qué genio tiene el ingenuo Eugenio!

65 **c Escucha las frases y completa las letras que faltan.**

a Jor......... tiene problemas con la con.........gación de los verbos y el s.........nificado de las palabras.

b María cocina muy bien los ....santes con ....món.

c El ciclista español ha ....nado la contrarel.........

d En la Anti.........dad los romanos hacían ....rras para conquistar otros pueblos.

66 **20 Escucha las palabras y fíjate en su ortografía. Después completa la regla.**

a pirsin	d baloncesto	g fútbol	j gol
b pizza	e comida rápida	h leitmotiv	k manager
c lifting	f escanear	i líder	l kétchup

palabras extranjeras II

Las **palabras de origen extranjero** se han adoptado a la lengua española de distintas formas:
- **se escriben como en la lengua original** pero se pronuncian con las reglas de pronunciación españolas como por ejemplo, *airbag*, ..., ..., ..., ...
- **se adaptan a la pronunciación** y ortografía españolas como por ejemplo, *mitin* (de *meeting*), ..., ..., ..., ...
- **se traducen del original al español** por ejemplo, *perrito caliente* (de *hot dog*), ... (de *fast food*), ... (de *basketball*).
- otras palabras como *zapear, flirtear, chatear* o .... son **una mezcla** de la palabra extranjera y una terminación española.

¡Fíjate!

Unidad 6

A

1 Los medios de información

a Lee los textos. ¿Qué medios de información usan más estas personas? Relaciónalos.

la radio | la televisión | el internet | la prensa escrita

Jordi. Estudia 4º de la ESO en Valencia. Le interesan mucho los deportes, especialmente el fútbol. No le gusta mucho leer, pero a veces lee periódicos deportivos. En casa mira mucho páginas sobre deporte, sobre todo, la página oficial del Valencia C.F.

……………………………………………………………………

Sofía. Es profesora pero actualmente no trabaja porque cuida a sus hijos. Le gusta estar informada y no se pierde las noticias de las tres de la tarde, mientras come en familia. Una vez a la semana se compra la revista Hola.

……………………………………………………………………

Alberto. Es propietario de una tienda de ropa. Su tiempo libre lo pasa conectado a redes sociales en la web donde también se informa de las noticias del día, ya sea por escrito o en podcasts.

……………………………………………………………………

b ¿Y qué medios sueles usar tú? Escribe un pequeño texto como en 1a.

2 Titulares

a Escribe el nombre de cada sección de las noticias.

España | Internacional | Sociedad | Economía | Tecnología | Gente y TV

1 ……………………

EEUU despiede al gran patriarca de los Kennedy

- El Ejercito israelí bombardea y destruye un túnel en el norte de Gaza
- "Pocos islandeses creen que la UE vaya a solucionarlo todo"
- Protestar en Venezuela será delito
- Jimena sube a categoría tres

2 ……………………

Venezela declara la guerra a los videojuegos violentos

- Imparable fuga de audiencia televisiva a Internet
- La memoria de los abuelos sobrevive en la Red
- Más intimidad en Facebook

3 ……………………

"El Partido Popular se opondrá a cualquier subida de impuestos que proponga Zapatero"

- El laberinto alavés y la estabilidad
- Las minorías de izquierda aspiran a ser determinates
- Ganancias que tributan todas al 18%
- Un menor muere de un tiro en la cabeza en una 'guerra de bandas'

4 ……………………

Y el verano terminó con barba

- Premio al histrionismo de Paco León en Puerto Rico
- Nueva York celebra 50 años de música en castellano
- Crimen, poder y la pluma de Dominick Dunne

5 ……………………

'Helicóptero Ben'

- Islandia compensará a británicos y holandeses por la crisis bancaria
- Los precios encadenan seis meses de caídas al bajar un 0,8% en agosto
- La quiebra de Affinity eleva a 84 los bancos caídos en EE UU
- El FMI reparte 175.000 millones entre los bancos centrales

6 ……………………

18 especies invasoras causan daños irreparables al delta del Ebro

- La policia de California pudo salvar a Jaycee en dos ocasiones
- La OMS advierte de que la gripe puede desbordar los hospitales
- El 'Discovery' parte hacia la ISS tras varios aplazamientos

b Elige tres secciones del periódico y escribe titulares de noticias utilizando en cada titular dos de estas palabras.

crisis | precios | causar | advertir | partido | impuestos | morir | declarar | destruir | conflicto | derrotar | bajar

Sección 1: ....

Sección 2: ....

Sección 3: ....

3 Más noticias

a Lee la noticia y contesta las preguntas.

Venezuela declara la guerra a los videojuegos violentos

El partido gobernante promueve una ley para prohibir este tipo de productos y anuncia que habrá multas para aquellos que se dediquen a su venta o alquiler

EUROPA PRESS / ELPAÍS.com - Caracas / Madrid - 28/08/2009

Vota ☆☆☆☆☆ | Resultado ★★★★★ 88 votos Comentarios - 137

El chavismo ha abierto un frente contra un enemigo virtual: los videojuegos violentos. La Asamblea Nacional -el congreso del país sudamericano- ha aprobado en primera discusión un proyecto de ley que prohíbe la venta de videojuegos o juguetes que sean considerados violentos. El objetivo de la ley, presentada por los diputados del partido gobernante, Patria Para Todos (PPT), es reducir la propagación de la violencia entre los más jóvenes.

- La España cañí sobrevive en los videojuegos extranjeros
- Los videojuegos violentos elevan la

El texto fue presentado el 25 de agosto en las sesiones extraordinarias de la Asamblea. Durante su exposición, los diputados del PPT mostraron imágenes de los populares videojuegos *Resident*

¿Qué? ....

¿Quién? ....

¿Cuándo? ....

¿Dónde? ....

¿Por qué? ....

b Elige uno de los titulares de 2b, completa el cuadro y después escribe una breve noticia.

¿Qué? ....

¿Quién? ....

¿Cuándo? ....

¿Dónde? ....

¿Por qué? ....

4 Lee los titulares y escribe la información con tus propias palabras. Puedes inventarte más información.

a *Sentenciado al castigo más severo*
El juez de Alicante manda a la cárcel durante 25 años al hombre que mató a su pareja.

b Caballos y sombreros en Ascot
....
....

c **Batalla por el poder entre ayatolás**
....

d **Acuerdo entre sindicatos y patronal**
....

e **Llamar al terrorismo por su nombre**
....

f Poesía para los que no leen poesía
....

5 ¿Te has enterado?

67

a **¿De qué noticias están hablando las personas? Relaciona los diálogos con las noticias.**

Tori Spelling luce su figura: 'Estoy más delgada de lo que me gustaría'

La actriz, que una vez más ha desmentido que tenga problemas alimenticios, disfruta de unos días de vacaciones con su familia en Hawai.

☐

Guti y Arantxa de Benito, juntos en el debut del futbolista como manager musical

Arantxa: '¿Reconciliación? No tengo que reconciliarme con nadie porque no me he enfadado.'

☐

David y Victoria Beckham: diez años de amor 'sellados en tinta'

El matrimonio ha celebrado su décimo aniversario de boda haciéndose un tatuaje como prueba de su amor.

☐

67

b **Escucha otra vez y marca las frases correctas.**

☐ La revista informa que el tatuaje está en el brazo derecho.
☐ Según la revista, el tatuaje está en hebreo.

☐ La persona ha dicho que no tiene problemas de alimentación.
☐ En la revista se puede leer que está de vacaciones con su nuevo novio.

☐ La persona dice que ha roto con su pareja porque están enfadados desde hace mucho tiempo.
☐ La persona que lee la revista dice que le gustaría ser famosa.

c Invéntate un titular y una breve noticia para estas fotos.

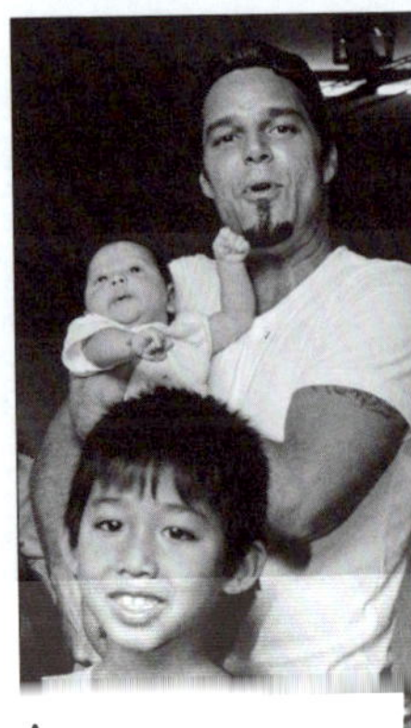
A

B

6 **Mateo no oye bien y tienes que repetirle todo lo que dice la gente. Convierte las frases en estilo indirecto.**

a Luis: "Mañana voy a ir a un concierto de música oriental. Manolo ya ha comprado las entradas".

Dice/ha dicho que mañana va a ir a un concierto de música oriental, que Manolo ya ha comprado las entradas.

b Lorena: "Tenemos que ir a visitar a Juani. Se ha comprado una cocina nueva y tengo muchas ganas de verla".

c Juan: "¡Qué gracioso es Miguelito! Siempre se está riendo. Se parece un montón a su padre".

d Cristina y Lucas: "Este año no nos apetece mucho ir de vacaciones. Preferimos quedarnos en la ciudad y preparar nuestro piso para el futuro. ¡Hay tantas cosas que hacer!"

e Lidia: "¡No quiero empezar el cole! ¡Estoy tan bien aquí en la playa! ¡Qué injusto! Las vacaciones terminan y hay que volver a ir al cole".

B

7 **¿Cómo se llaman los siguientes tipos de programas de televisión?**

8 Mira la programación de televisión y contesta.

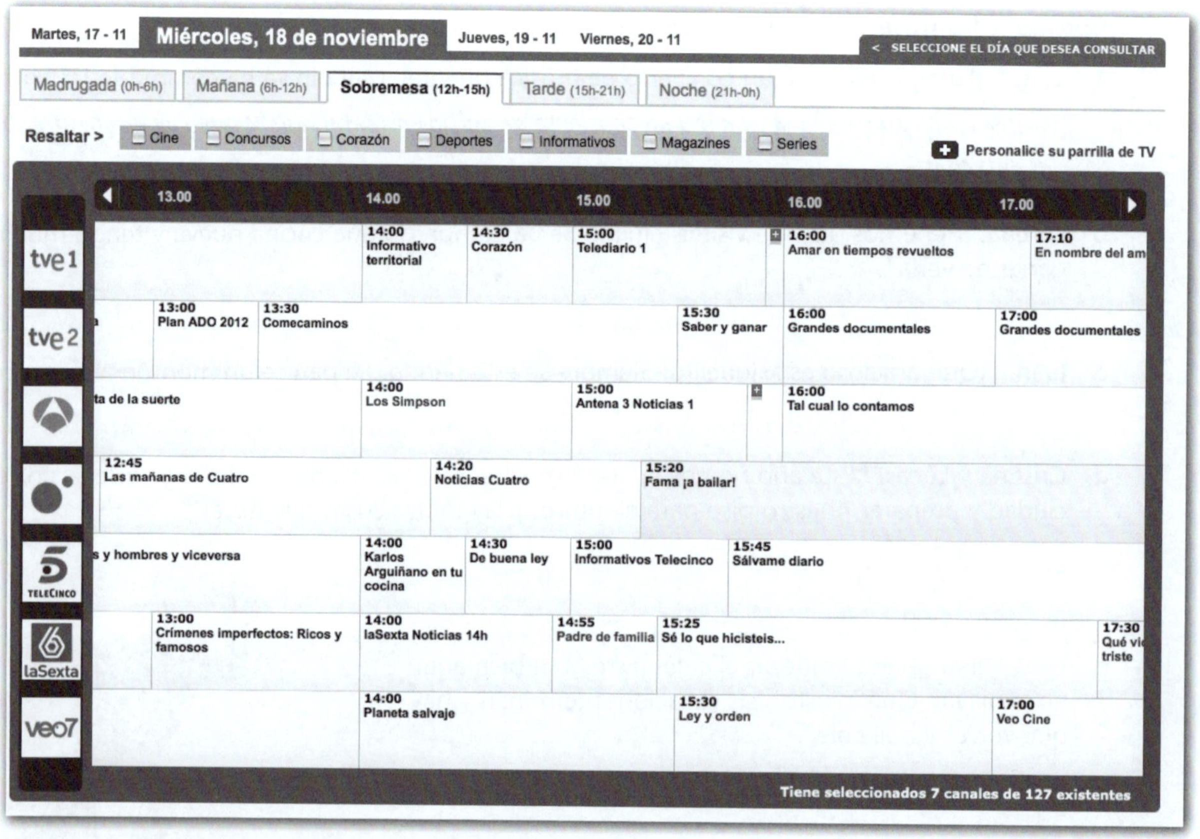

a ¿Qué tipo de programas ponen a las tres de la tarde?

....

b Escribe el nombre de un concurso.

....

c ¿Qué programa te gustaría ver? ¿Por qué?

....

....

9 Describe en el foro tu actitud ante la televisión.

¿Visteis el programa de Jumito ayer por la noche? ¡Qué poca vergüenza! Parece mentira que hoy en día salgan tales imágenes por la tele. ¡Menos mal que ya los niños están durmiendo a esa hora! ¡Menos telebasura y más tele didáctica!

→ ESCRITO POR GUSTI, EL 30/11/2009 A LAS 23:34

Te doy toda la razón. No sé para qué tengo tele en casa. En realidad tengo 4 televisores pero ya no enciendo ninguno…

→ ESCRITO POR ALMOUT, EL 04/12/2009 A LAS 21:31

Leed un buen libro y dejaos de ver la caja tonta. Para lo que ponen en la tele…

→ ESCRITO POR MARATINO, EL 07/12/2009 A LAS 07:28

Pues yo no estoy de acuerdo. A mí me parece que la tele tiene su parte buena. Para ver una buena peli o un documental siempre está bien. El único problema que veo es la publicidad…

→ ESCRITO POR FERRATUS, EL 09/12/2009 A LAS 11:05

10 Argumentos falsos

a Lee las sinopsis de las películas y completa la tabla con la información.

1 

Dos días antes de su boda, Doug y sus tres hermanos viajan a Las Vegas para una despedida de soltero que nunca olvidarán.
Pero, cuando despiertan por la tarde en la habitación de la casa de Doug, no recuerdan nada de la noche anterior, además Doug ha desaparecido.
Sin pistas sobre lo sucedido, el trío debe intentar averiguar si algo salió mal, con la esperanza de encontrar a Doug y volver a Los Angeles a tiempo para la boda.

2 

Es una historia de mujeres presas. Isa es una atracadora incapaz de adaptarse a la vida en libertad. Sus amigas son: Dolores, una gitana rubia que ha matado a su marido; Rosa, una frágil y tierna prostituta; Ajo, una chica enamorada de Pilar que hace todo por su amor; Luisa, una colombiana que no comprende su entorno... Cuando llega Mar, una nueva funcionaria, se crea un grupo de teatro que para las presas significa un aire de libertad.

	Película 1	Película 2
Tipo de película	....	....
Personajes	....	....
Lugar	....	....
¿Qué pasa?	....	....

68–69

b Escucha los diálogos y marca cinco errores en las sinopsis.

c ¿Qué película te gustaría ver a ti? ¿Por qué?

11 Une las frases con un pronombre relativo (que, el/la cual, los/las cuales, donde...).

a He ido a un cine. En el cine el sonido era buenísimo.

....

b Vimos una película ayer. La película se llama *Los Abrazos Rotos*.

....

c La película trata de unos inmigrantes. Los inmigrantes vienen de diferentes países africanos.

....

d En el pueblo suceden cosas extrañas. En el pueblo se encontró a un hombre muerto.

....

e ¿Te apetece venir a ver la película de Amenábar? La película de Amenábar ganó un Oscar.

....

12 Escribe un texto para un blog de internet en el que cuentas el argumento de una película que has visto últimamente y la recomiendas.

13 Así me informo yo

a Lee el texto sobre el uso de los medios de comunicación y completa las tablas de estadística.

USO DE LOS MEDIOS DE COMUNICACIÓN EN COSTA RICA

La primera encuesta sobre el estado de la libertad de expresión en Costa Rica, encargada por el *Observatorio de la Libertad de Expresion* (OLE), da una imagen actual del comportamiento de los costarricenses frente a los medios de comunicación.

En las opiniones de los encuestados, se confirma la posición privilegiada que tiene la televisión sobre los otros medios de comunicación tradicionales, pues mientras el 73% afirma ver televisión todos los días, el 48,6% escucha radio diariamente y el 32,7% lee periódicos cada día.
La televisión fue señalada como el medio mediante el que se informa más, por casi cuatro de cada cinco encuestados. El 11,5% eligió la prensa escrita, el 6,6% la radio y el 2,2% citó otro medio de comunicación.
Sin embargo, para el 54,2% de las personas, las noticias son sensacionalistas, mientras que el restante 44,3% dice que reflejan la realidad; un 62% las considera adecuadas, pero para un 42% son insuficientes.
"Parece que la opinión pública es vagabunda, vivimos en una democracia "teledirigida", pues la gente busca información en la televisión, y sin embargo, tampoco le da mucha credibilidad", comentó Barahona, el director del OLE. Según su criterio está claro que las ventajas de la televisión sobre los otros medios son muchas, pues es un medio que está en casi todos los hogares, la señal es gratuita, pero sobre todo, es la que menos trabajo le cuesta a la persona consumir. "Es el medio que implica menos poder de abstracción, todo me viene empacado y bonito, no tengo que descifrar, tengo la imagen y un narrador que me dice cómo debo interpretar esa imagen, es lo más fácil del mundo", comentó.
Otro aspecto que consideró esta encuesta es la penetración del Internet, y el resultado indica que el 57,3% utiliza este medio; un 46% tiene acceso desde su casa y un porcentaje similar lo hace desde su trabajo, mientras que un 56% utiliza también los cafés Internet.
La mayor parte de los entrevistados (35%) usa la red entre uno y dos días a la semana; mientras que el 26,6% lo hace todos los días. También son mayoría quienes utilizan Internet sólo una hora al día (25%).
Según Barahona el uso de Internet en la población costarricense es más que todo para asuntos de comunicación personal y de entretenimiento, pues solo dos de cada cinco personas usuarias utilizan la red para leer noticias o para consultar enciclopedias; aunque curiosamente el 61% afirma que ha utilizado alguna vez este medio para obtener información sobre las instituciones.

1. Medios de información utilizados diariamente

....	73%
Radio	....
....	32,7%

2. Medio de información más utilizado

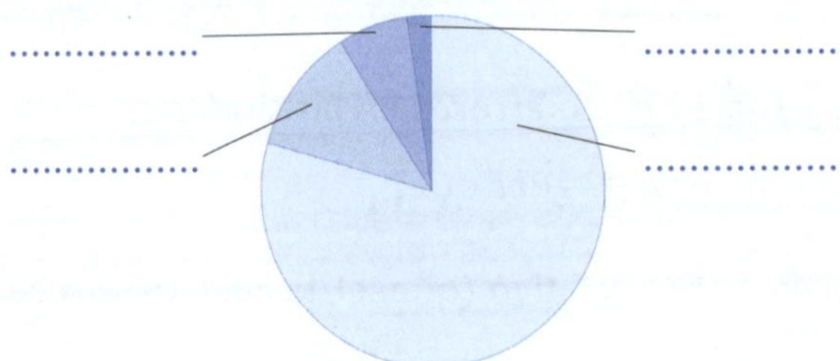

3. Utilización de Internet: días a la semana

7	..............%.
3 a 6	29,0%
....	35%
Frecuencia menor	9%

b Lee de nuevo y completa.

El medio de comunicación más usado en Costa Rica es .... porque .... Según la encuesta, el Internet se usa desde ...., el trabajo y .... El 26,6% de los entrevistados usa el Internet ...., sobre todo para asuntos de comunicación personal y ....

c ¿Qué medios de comunicación sueles usar? Completa.

El medio de comunicación que más uso .... No uso mucho .... porque .... Uso la televisión (¿con qué frecuencia?, ¿por qué?) ....

Uso Internet (¿dónde?, ¿con qué frecuencia?, ¿para qué?) ....

70 **14 a Escucha las palabras. Después completa la regla.**

a yerno	d buey	g desayuno
b anteayer	e yogur	h Uruguay
c yate	f Yucatán	i soy

¿Te acuerdas? → eñe A1: AB, Unidad 5 → eñe A2: AB, Unidad 8 **la letra *y***

La letra *y* se pronuncia
- **al principio de palabra o entre vocales** como la *j* en alemán como por ejemplo, ..., ..., ... o ....
- **al final de palabra** se pronuncia [i] por ejemplo, ..., ... o ....

El sonido [j] se escribe
- ***í* al final de palabra** si lleva acento por ejemplo *huí* frente a ¡huy!
- ***y* si no lleva acento.** Esto tiene consecuencias en la conjugación de algunos verbos como *leer, oír, caer o huir,* por ejemplo en las formas *leyó, oyendo, cayeron, huyendo,...*

¡Fíjate!

70 **b Escucha otra vez y repite.**

71 **c Escucha las frases y marca la palabra que oyes.**

a	☐ hoy	☐ oí	d	☐ reí	☐ rey
b	☐ ahí	☐ hay	e	☐ hoy	☐ oí
c	☐ ley	☐ leí	f	☐ reí	☐ rey

72 **15 a Escucha las palabras y fíjate en la pronunciación de las vocales iguales en contacto. Después completa la regla.**

a zoología	d leen	g contraatacar
b antihigiénico	e prehelénico	h cree
c alcoholismo	f paseemos	

¿Te acuerdas? → eñe 2: AB, Unidad 7 **vocales iguales en contacto**

- Durante la conversación rápida, en palabras que tienen dos vocales iguales en contacto, las dos vocales iguales **se pronuncian como una sola vocal,** por ejemplo, ..., ..., ... o ....
  Esto también puede pasar entre palabras distintas: <u>*He he*</u>*cho* los ejercicios.
- Se pronuncian como dos vocales cuando se trata de **terminaciones de verbos** como por ejemplo ...., ... o ....

¡Fíjate!

b Marca dónde coinciden dos vocales iguales. ¿Cómo se pronuncian? Lee las frases en voz alta.

a Juan lee un libro sobre nihilismo neerlandés.

b La coordinadora ha reescrito el informe.

c Luisa lee las instrucciones del microondas.

d No creo que Pedro desee ir al zoo por su cumpleaños.

e El portaaviones cooperó en acciones de salvamento.

II OTRA VUELTA

(Test Unidades 4–6)

Marca la opción correcta.

1. ■ Si no buscamos fuentes de energía renovables, los recursos se ....
● Tienes razón.
☐ a agotaron
☐ b agotarán
☐ c agotaban

2. ■ ¿Qué vas a hacer mañana por la tarde?
● ....en casa porque tengo cosas que hacer.
☐ a Voy a quedarme
☐ b Me quedé
☐ c Quédese

3. ■ ¿Qué crees que pasará con el calentamiento global?
● No sé, pero .... que hacer algo para evitarlo.
☐ a tendríamos
☐ b teneremos
☐ c tendremos

4. ■ ¿Qué piensas del efecto invernadero?
● Me parece que .... No lo veo tan grave.
☐ a estén exagerando
☐ b están exagerando
☐ c exagerarán

5. ■ Pues yo no creo que ....
● Sí, es verdad. Ya estamos sufriendo las consecuencias.
☐ a exageren
☐ b exageran
☐ c exagerarán

6. ■ ¿Que le parecen los acuerdos de Kioto?
● Creo que es justo que cada país .... sus emisiones de gases según la cantidad que producen.
☐ a reduzco
☐ b reduce
☐ c reduzca

7. ■ Creo que estoy engordando un poco.
● Sí, tal vez .... hacer alguna dieta.
☐ a deberías
☐ b tuviste
☐ c por qué

8. ■ ¡Este niño no come nada más que chocolate!
● Es mejor que no lo........................
☐ a compres
☐ b compras
☐ c comprarás

9. ■ ¿Deberíamos comer de todo?
● Sí, ... que la alimentación sea equilibrada.
☐ a sea importante
☐ b es bueno
☐ c ser malo

10. ■ ¿Quieres algo de postre?
● Sí, quiero probar la tarta. Tal vez .... buena.
☐ a ser
☐ b estuve
☐ c esté

11. ■ ¿Qué ha dicho el ministro futuro canciller?
● Que .... los impuestos.
☐ a voy a reducir
☐ b va a reducir
☐ c ir a reducir

12. ■ ¿Qué han dicho en las noticias?
● El abogado .... que van a llevar el caso a juicio.
☐ a ha declarado
☐ b ha soñado
☐ c ha preguntado

13. ■ Oye, ¿te .... de que van a bajar los precios de los transportes?
● ¿Sí? ¡Ya era hora!
☐ a has escuchado
☐ b has oído
☐ c has enterado

14. ■ ¿Qué te ha parecido?
● Es una película .... te hace pensar.
☐ a que
☐ b porque
☐ c así que

15. ■ ¿De qué trata?
● Es la historia de un pueblo .... nunca pasa nada.
☐ a que
☐ b en la que ☐ c en el que

(Autoevaluación II)

Esta autoevaluación te ayuda a seguir tus progresos en español según las destrezas *escuchar, leer, hablar* y *escribir*. Utiliza para ello los siguientes símbolos y ponlos en la columna de "Soy capaz":

++ Soy muy capaz. + Soy capaz. ! Me resulta difícil.

Si lo ves necesario puedes volver a hacer las ejercicios de las unidades indicadas del libro o utilizar otros materiales que se encuentran en www.hueber.de/ene

	Soy capaz	Unidad
Escuchar		
Soy capaz de entender la información esencial de una encuesta, p.ej. sobre las medidas para conservar el medio ambiente.		4
Soy capaz de entender lo esencial de lo que dicen los participantes en un debate, p.ej. en un debate sobre un problema medioambiental.		4
Soy capaz de comprender los puntos principales de las noticias de la radio o de un programa de televisión.		4, 5, 6
Soy capaz de comprender diálogos sencillos y familiares, p.ej. conversaciones sobre los deportes que se practican o sobre el horario de un gimnasio.		5
Soy capaz de captar lo esencial de una conversación que se desarrolle en mi presencia sobre la televisión.		6
Leer		
Soy capaz de comprender la información más relevante en anuncios, cuestionarios y prospectos con información relacionada con la vida cotidiana.		4, 5, 6
Soy capaz de encontrar tras una lectura rápida, información específica en las noticias de un periódico, p.ej. quién ha hecho qué, por qué, dónde y cuándo.		4, 6
Soy capaz de entender la información más relevante en una carta de queja al director de un periódico o en una reseña sobre una película.		4, 6
Soy capaz de comprender un foro en el que se expresan opiniones personales sobre cuestiones de actualidad.		5
Soy capaz de distinguir los diferentes puntos de vista de una misma noticia.		6
Hablar		
Participar en conversaciones (interacción)		
Soy capaz de iniciar, mantener y terminar una conversación informal sobre temas de actualidad, p.ej. el medio ambiente, los deportes, las noticias.		4, 5, 6
Soy capaz de expresar mi opinión sobre temas de actualidad y manifestar acuerdo o desacuerdo, p.ej. en un debate.		4, 6
Soy capaz de expresar y pedir puntos de vista en una discusión informal.		5, 6
Soy capaz de contar brevemente el argumento de una película y recomendarla en una conversación informal.		6
Hablar en contexto		
Soy capaz de expresar mis sentimientos sobre temas actuales y de defender mis opiniones.		4
Soy capaz de hacer sugerencias y dar consejos.		5
Soy capaz de relatar la trama de una película y de expresar mi opinión.		6
Escribir		
Soy capaz de escribir textos sencillos sobre temas de mi interés y de expresar puntos de vista personales.		4, 6
Soy capaz de escribir un programa de actividades deportivas o comidas recomendables para amigos o compañeros.		5
Soy capaz de escribir noticias breves para el periódico de la clase relatando acontecimientos.		6
Soy capaz de escribir una breve sinopsis sobre una película y de convencer a los lectores para que la vean.		6

Diese Grammatikübersicht enthält die Themen, die in **eñe B1.1** behandelt werden.

Inhalt

1 Das Verb

1.1 Das Perfekt: Der Kontrast *Indefinido* – Perfekt U1

ZU FORMEN UND GEBRAUCH DES PERFEKT SIEHE eñe A2, S. 220 – 221

- Das Perfekt wird verwendet, wenn der Sprecher die vergangene Handlung als noch aktuell betrachtet oder als in die Gegenwart reichend erlebt. Hat sich die vergangene Handlung in einem für den Sprecher abgeschlossenen Zeitraum ereignet, wird das *Indefinido* verwendet.

  El año pasado hice un curso de sevillanas. Y este verano **he hecho** un taller de flamenco.
  Letztes Jahr habe ich einen Sevillanas-Kurs belegt, diesen Sommer habe ich einen Flamenco-Workshop gemacht.

⚠ Wenn der Sprecher die Aktualität oder Unmittelbarkeit eines Ereignisses besonders betonen möchte, z.B. wenn der Sprecher eine besondere Neuigkeit berichten möchte, kann er sich jedoch durch die Wahl des Perfekts über die oben genannte Regel hinweg setzen.

¿Sabes que la semana pasada **han abierto** un bar nuevo en tu calle?
Weißt du, dass letzte Woche eine neue Bar in deiner Straße geöffnet hat?

1.2 Das *Indefinido* — El curso **fue** muy divertido. U1

ZU FORMEN UND GEBRAUCH DES *INDEFINIDO* SIEHE eñe A2, S. 221 – 223

- Das *Indefinido* wird auch verwendet, wenn der Sprecher ein vergangenes Ereignis oder eine vergangene Handlung bewerten möchte.

  Mis años de escuela **fueron** muy positivos. **Tuve** unos profesores muy buenos y tolerantes, en general. *Die Jahre meiner Schulzeit waren sehr gut. Ich hatte im Allgemeinen ganz gute und tolerante Lehrer.*

1.3 Das *Imperfecto* — En el recreo **solíamos** jugar mucho. U1

ZU FORMEN UND GEBRAUCH DES *IMPERFECTO* SIEHE eñe A2, S. 223 – 224

Das *Imperfecto* wird verwendet

- wenn der Sprecher Situationen oder Umstände in der Vergangenheit beschreiben möchte.
  Los maestros nos **dejaban** trabajar en grupos. *Die Lehrer ließen uns in Gruppen arbeiten.*
- wenn vergangene Handlungen vom Sprecher als gewohnte oder regelmäßig wiederholte Handlungen dargestellt werden.
  Solíamos ir andando a la escuela. *Wir sind zu Fuß zur Schule gegangen.*

1.4 Das Plusquamperfekt — Cuando llegó al restaurante, ella ya **se había ido**. U3

1.4.1 Die Formen

- Das Plusquamperfekt wird gebildet mit einer Form des Hilfsverbs *haber* im Imperfekt und dem Partizip Perfekt des Hauptverbs. Das Partizip Perfekt steht unmittelbar nach der Form von *haber* und ist unveränderlich.
- Zur Bildung des Partizips, siehe eñe A2, S. 220.

	Imperfekt *haber*	Partizip
yo	había	
tú	habías	estudi**ado**
él, ella, usted	había	com**ido**
nosotros/-as	habíamos	sal**ido**
vosotros/-as	habíais	
ellos/-as, ustedes	habían	

1.4.2 Der Gebrauch

Mit dem Plusquamperfekt wird – ähnlich wie im Deutschen – ausgedrückt, dass eine Handlung oder ein Ereignis (im Plusquamperfekt) bereits vor einer anderen Handlung oder einem anderen Ereignis der Vergangenheit geschehen ist.

Llegué tarde a la cita, y Mari Carmen ya **se había ido**. *Ich bin zu spät zur Verabredung gekommen, und Mari Carmen war schon gegangen (Sie war schon gegangen, bevor ich kam).*
Cuando quise ayudarle ya **había terminado** su trabajo.
Er hatte seine Arbeit schon beendet, als ich ihm helfen wollte.

1.5 Das Futur I *(El futuro simple)*

Pronto **desaparecerán** los glaciares. **U4**

1.5.1 Die Formen

- regelmäßig

Die Endungen für das Futur I sind für die drei Verbklassen gleich: -é, -as, -a, -emos, -éis, -án. Sie werden an den Infinitiv angehängt.

	-ar bajar	-er perder	-ir subir
yo	bajar**é**	perder**é**	subir**é**
tú	bajar**ás**	perder**ás**	subir**ás**
él, ella, usted	bajar**á**	perder**á**	subir**á**
nosotros/-as	bajar**emos**	perder**emos**	subir**emos**
vosotros/-as	bajar**éis**	perder**éis**	subir**éis**
ellos/-as, ustedes	bajar**án**	perder**án**	subir**án**

- unregelmäßig
Einige Verben haben im Futur I eine unregelmäßige Stammform.
Die Endungen sind dieselben wie bei den regelmäßigen Formen.

	decir	hacer	poder	poner	querer	saber
yo	**dir**é	**har**é	**podr**é	**pondr**é	**querr**é	**sabr**é
tú	**dir**ás	**har**ás	**podr**ás	**pondr**ás	**querr**ás	**sabr**ás
él, ella, usted	**dir**á	**har**á	**podr**á	**pondr**á	**querr**á	**sabr**á
nosotros/-as	**dir**emos	**har**emos	**podr**emos	**pondr**emos	**querr**emos	**sabr**emos
vosotros/-as	**dir**éis	**har**éis	**podr**éis	**pondr**éis	**querr**éis	**sabr**éis
ellos/-as, ustedes	**dir**án	**har**án	**podr**án	**pondr**án	**querr**án	**sabr**án

Ebenso: salir → yo saldré, tener → yo tendré, venir → yo vendré.

- Dieselben Unregelmäßigkeiten treten bei zusammengesetzten Verben auf, z.B. bei detener → yo detendré, predecir → yo prediré, proponer → yo propondré.
- Die Futurform von **hay** lautet **habrá**.

1.5.2 Der Gebrauch

Das Futur I wird verwendet,

- um über Ereignisse und Handlungen zu sprechen, die in der Zukunft stattfinden und keinen unmittelbaren Bezug zur Gegenwart haben.
Si seguimos así, el hielo de los polos **se derretirá**.
Wenn wir so weitermachen, wird das Eis an den Polen schmelzen.
- um Vermutungen anzustellen.
Jordi no ha venido a trabajar... ¿no **estará** enfermo?
Jordi ist heute nicht zur Arbeit gekommen ... Er wird doch nicht krank sein?

1.5.3 Der Kontrast Futur I – *ir* + *a* + Infinitiv

Futur I	*ir* + *a* + Infinitiv
Der Sprecher verwendet diese Zeit, wenn er sich auf Ereignisse und Handlungen in der Zukunft bezieht oder etwas vermutet. El próximo verano **iré** a México. *Nächsten Sommer werde ich nach Mexiko fahren.* → Der Sprecher informiert lediglich über ein zukünftiges Geschehen.	Der Sprecher wählt diese Zeit, wenn er das Kommende als etwas Unmittelbares darstellen möchte oder als eine zeitnahe Absicht oder festen Plan. El próximo verano **voy a ir** a México. *Nächsten Sommer werde ich nach Mexiko fahren.* → Der Sprecher informiert darüber, dass er eine für ihn zeitnahe Reise geplant hat und er sie sicher ausführen wird, z. B. weil er die Reise schon gebucht hat.

1.6 Das Konditional I *(El condicional simple)*

Deberías hacer una viaje por el mundo. **U5**

1.6.1 Die Formen

◆ regelmäßig

Wie beim Futur I sind die Endungen des Konditional I für alle Verbklassen gleich: **-ía, -ías, -ía, -íamos, -íais, -ían.** Sie werden an den Infinitiv des Verbs angehängt.

	-ar bajar	-er perder	-ir subir
yo	bajar**ía**	perder**ía**	subir**ía**
tú	bajar**ías**	perder**ías**	subir**ías**
él, ella, usted	bajar**ía**	perder**ía**	subir**ía**
nosotros/-as	bajar**íamos**	perder**íamos**	subir**íamos**
vosotros/-as	bajar**íais**	perder**íais**	subir**íais**
ellos/-as, ustedes	bajar**ían**	perder**ían**	subir**ían**

◆ unregelmäßig
Einige Verben (vgl. Futur I) haben eine unregelmäßige Stammform im Konditional I.
Die Endungen sind dieselben wie bei den regelmäßigen Formen.

	decir	hacer	poder	poner	querer	saber
yo	**dir**ía	**har**ía	**podr**ía	**pondr**ía	**querr**ía	**sabr**ía
tú	**dir**ías	**har**ías	**podr**ías	**pondr**ías	**querr**ías	**sabr**ías
él, ella, usted	**dir**ía	**har**ía	**podr**ía	**pondr**ía	**querr**ía	**sabr**ía
nosotros/-as	**dir**íamos	**har**íamos	**podr**íamos	**pondr**íamos	**querr**íamos	**sabr**íamos
vosotros/-as	**dir**íais	**har**íais	**podr**íais	**pondr**íais	**querr**íais	**sabr**íais
ellos/-as, ustedes	**dir**ían	**har**ían	**podr**ían	**pondr**ían	**querr**ían	**sabr**ían

Ebenso: salir → yo **saldr**ía, tener → yo **tendr**ía, venir → yo **vendr**ía.

◆ Die Form des Konditional I von **hay** lautet **habría**.

1.6.2 Der Gebrauch

Das Konditional I wird verwendet

◆ um eine Empfehlung zu geben oder einen Vorschlag zu machen.
Oye, Manuela está enfadada. **Deberías** hablar con ella.
Hör mal, Manuela ist sauer. Du solltest mit ihr reden.

◆ um höfliche Bitten zu formulieren.
¿**Sería** posible pasar por aquí? *Wäre es möglich, hier durchzugehen?*
¿**Podríamos** ver el cuarto? *Könnten wir bitte das Zimmer sehen?*

- um Wünsche zu äußern.
  ¡Con un millón de euros me **compraría** un Ferrari rojo y una finca en Ibiza!
  Mit einer Million Euro würde ich mir einen roten Ferrari und eine Finca in Ibiza kaufen!
- um Hypothesen aufzustellen.
  Si el hielo polar se derrite, **aumentaría** el nivel del mar.
  Wenn das Polareis schmilzt, wird wohl der Meeresspiegel steigen.

1.7 Der *Subjuntivo*

A Carlos le gusta que sus amigos lo **visiten** espontáneamente. **U2**

1.7.1 Die Formen des *Subjuntivo* Präsens

- regelmäßig
- Bei der Bildung des Präsens des *Subjuntivo* werden an den Verbstamm der regelmäßigen Verben die *Subjuntivo*-Endungen angehängt.
- Bei diesen ist der für die Verbklasse typische Vokal geändert: bei den Verben auf -ar steht ein e, bei den Verben auf -ir und -er steht ein a.
- Die Endungen für die Verben auf -er und -ir sind identisch.

	-ar hablar	-er leer	-ir prohibir
yo	habl**e**	le**a**	prohib**a**
tú	habl**es**	le**as**	prohib**as**
él, ella, usted	habl**e**	le**a**	prohib**a**
nosotros/-as	habl**emos**	le**amos**	prohib**amos**
vosotros/-as	habl**éis**	le**áis**	prohib**áis**
ellos/-as, ustedes	habl**en**	le**an**	prohib**an**

⚠ Die Stammformen des *Subjuntivo* im Präsens werden in der Regel vom Indikativ Präsens (1. Person) abgeleitet. Dies gilt auch für viele unregelmäßige Verben:

- unregelmäßig: Verben auf **-ar** und **-er** mit Wechsel des Stammvokals

		o → ue probar	e → ie querer
Indikativ Präsens, 1. Person Sing.	yo	pruebo	quiero
Verben auf -ar und -ir die im Indikativ einen Stammvokalwechsel haben, behalten diesen für dieselben Formen im *Subjuntivo* bei.	yo tú él, ella, usted nosotros/-as vosotros/-as ellos/-as, ustedes	pruebe pruebes pruebe probemos probéis prueben	quiera quieras quiera queramos queráis quieran

- unregelmäßig: Verben auf **-ir** mit Wechsel des Stammvokals

		o → ue dormir	morir	e → ie vestir	sentir
Indikativ Präsens, 1. Person Sing.	yo	duermo	muero	visto	siento
Verben die im Indikativ einen Stammvokalwechsel haben, behalten diesen für alle Formen (auch 1. und 2. Person Plural) im *Subjuntivo* bei.	yo tú él, ella, usted nosotros/-as vosotros/-as ellos/-as, ustedes	duerma duermas duerma durmamos durmáis duerman	muera mueras muera muramos muráis mueran	vista vistas vista vistamos vistáis vistan	sienta sientas sienta sintamos sintáis sientan

- unregelmäßig: 1. Person Singular

		conducir	conocer	decir	hacer
Indikativ Präsens, 1. Person Sing.	yo	conduzco	conozco	diga	diga
Bei Verben, bei denen die 1. Person Singular des Indikativ Präsens unregelmäßig ist, werden alle Formen des *Subjuntivo* Präsens von dieser Form abgeleitet.	yo tú él, ella, usted nosotros/-as vosotros/-as ellos/-as, ustedes	conduzca conduzcas conduzca conduzcamos conduzcáis conduzcan	conozca conozcas conozca conozcamos conozcáis conozcan	diga digas diga digamos digáis digan	haga hagas haga hagamos hagáis hagan

Ebenso:

Infinitiv		**Indikativ Präsens**		***Subjuntivo* Präsens**
poner	→	yo pongo	→	yo ponga
salir	→	yo salgo	→	yo salga
tener	→	yo tengo	→	yo tenga
venir	→	yo vengo	→	yo venga

- unregelmäßige Verben

	ser	ver	ir	estar
yo	sea	vea	**vaya**	esté
tú	seas	veas	**vayas**	estés
él, ella, usted	sea	vea	**vaya**	esté
nosotros/-as	seamos	veamos	**vayamos**	estemos
vosotros/-as	seáis	veáis	**vayáis**	estéis
ellos/-as, ustedes	sean	vean	**vayan**	estén

- Der *Subjuntivo* von **hay** lautet **haya**.

1.7.2 Gebrauch des *Subjuntivo*

Me gusta que mis amigos me **visiten**. **U2–U5**

- Der *Subjuntivo* kann in seiner Verwendung nicht mit dem deutschen Konjunktiv gleichgesetzt werden, daher wird im folgenden der Begriff *Subjuntivo* verwendet.
- Der *Subjuntivo* wird hauptsächlich in Nebensätzen verwendet. Ausschlaggebend dafür ist, was der Sprecher im Hauptsatz ausdrücken will. Der nachfolgende Nebensatz wird in der Regel mit der Konjunktion **que** (*dass*) eingeführt.

Hauptsatz	**Nebensatz**
Marta no quiere	que su novio **vaya** a trabajar a otra ciudad.
Marta möchte nicht,	*dass ihr Freund zum Arbeiten in eine andere Stadt geht.*

- In der Regel wird Indikativ vom Sprecher verwendet, wenn der Sprecher das behaupten will, was er gerade sagt, die Aussage ist also seine Feststellung bzw. seine Annahme. Dies gilt natürlich auch, wenn andere Behauptungen machen.

Me gusta la clase de español. *Mir **gefällt** der Spanischkurs.*
→ Der Sprecher behauptet die Aussage, dass ihm der Spanischkurs gefällt.

- Wenn der Sprecher etwas ausdrücken möchte, was für ihn keine Feststellung ist, sondern z. B. ein Wunsch oder eine Vermutung, etc. ist, setzt er das Verb in den *Subjuntivo*.

Me gusta que me **regalen** flores. *Es gefällt mir, dass man mir Blumen schenkt.*
→ Der Sprecher behauptet, dass es ihm gefällt (me gusta → Indikativ), aber er behauptet nicht, dass ihm Blumen geschenkt werden (daher me regalen → *Subjuntivo*).

⚠ Die Verwendung des *Subjuntivo* findet keine direkte Entsprechung im Deutschen. Dieser besondere Perspektive des Sprechers (Behauptung – „nicht-Behauptung") wird im Deutschen mit anderen sprachlichen Mitteln wiedergegeben. Es ist daher empfehlenswert, den Gebrauch des *Subjuntivo* mit besonderer Sorgfalt zu studieren.

- In folgenden Kontexten wird der *Subjuntivo* verwendet:

1.7.2.1 Nach Ausdruck der Gefühlsäußerung

U2

- Wenn der Sprecher mit seiner Äußerung im Hauptsatz ein Gefühl (Freude, Ärger, Bedauern, Gefallen, Missfallen Hoffen, Erstaunen ...) ausdrückt, steht im Nebensatz der *Subjuntivo*.

¡Es fantástico que Juan te **invite** a salir! *Es ist toll, dass dich Juan zum Ausgehen einlädt!*
No me gusta nada que Pedro **sea** tan autoritario. *Es gefällt mir gar nicht, dass Pedro so autoritär ist.*
Me molesta que mi vecino **fume** en el balcón. *Es stört mich, dass mein Nachbar auf dem Balkon raucht.*

- Weitere Verben und Ausdrücke im Hauptsatz, die im Nebensatz den *Subjuntivo* auslösen, sind: *soportar, preocuparse, alegrarse, sorprender, enfadarse, temer, es estupendo que, es triste que, ...*

1.7.2.2 Nach Ausdruck eines Ratschlags, einer Empfehlung oder einer Anweisung

U3

- Wenn der Sprecher mit seiner Äußerung im Hauptsatz etwas verändern oder beeinflussen möchte, wie z.B. durch Ratschläge, Empfehlungen oder Anweisungen, steht im Nebensatz der *Subjuntivo*.

Quiero que me **digas** la verdad. *Ich will, dass Du mir die Wahrheit sagst.*
En Tierra del Fuego hace mucho frío. Te aconsejo que **lleves** ropa de abrigo.
In Tierra del Fuego ist es sehr kalt. Ich empfehle Dir, warme Kleidung mitzunehmen.
Es necesario que **tengáis** vuestro equipaje de mano cerca.
Es ist notwendig, dass ihr euer Handgepäck bei euch habt.

- Weitere Verben und Ausdrücke im Hauptsatz, die im Nebensatz den *Subjuntivo* auslösen, sind: *recomendar, prohibir, es mejor que, es conveniente que, es importante que, es necesario que...*

1.7.2.3 Nach Ausdruck einer Wertung

U4

- Im Hauptsatz wird vom Sprecher eine Absicht geäußert, in deren Folge er einen Sachverhalt bewertet oder einen wertenden Kommentar abgibt.

Me parece imposible que Marta **encuentre** a su gato.
Es erscheint mir umöglich, dass Marta ihre Katze wieder findet.
Es asombroso que Laura **tenga** tanta facilidad para aprender idiomas.
Es ist erstaunlich, dass Laura so leicht Fremdsprachen lernen kann.
¡No es justo que **paguemos** tantos impuestos!
Es ist nicht gerecht, dass wir so viele Steuern zahlen!

- Weitere Verben und Ausdrücke im Hauptsatz, die im Nebensatz den Subjuntivo auslösen, sind: *Es estupendo que, me parece bien/mal /... que, es normal que,..., no es lógico que,...*

1.7.2.4 Nach Ausdruck des Infragestellens und des Verneinens U4

- Wenn der Sprecher mit seiner Äußerung im Hauptsatz etwas in Frage stellen, etwas bezweifeln oder etwas verneinen möchte, steht im Nebensatz der *Subjuntivo*.

Puede ser que **tengas** razón. *Es kann sein, dass Du recht hast.*
Es muy tarde. Dudo que Pachi **llegue** todavía a tiempo al examen.
Es ist sehr spät. Ich bezweifle, dass Pachi noch rechzeitig zur Prüfung kommt.
No es que el chico **sea** tonto, es que necesita un poco más de tiempo para entenderlo.
Der Junge ist nicht dumm, er braucht nur etwas länger um es zu verstehen.

- Weitere Verben und Ausdrücke im Hauptsatz, die im Nebensatz den *Subjuntivo* auslösen, sind: *es posible que, no decir que, no es verdad que, no pensar que, no parecer que…*

⚠ Auch bei geringem Zweifel oder großer Wahrscheinlichkeit steht das Verb des Nebensatzes in der Regel im *Subjuntivo*.

Es bastante seguro que Mónica **venga** a tu fiesta de cumpleaños.
Es ist ziemlich sicher, dass Mónica zu deiner Geburtstagsfeier komme.

⚠ Wenn im Hauptsatz jedoch die Absicht besteht, Behauptungen einzuführen, die geglaubt oder bestätigt werden, steht das Verb des Nebensatzes im Indikativ. Dies gilt auch für die Ausdrücke: *creo que, imagino que* und *me parece que*, da sie im Spanischem in der Regel verwendet werden, um auf eine freundliche Weise eigene Meinungen einzuführen.

Es verdad que el clima **está** cambiando. *Es ist wahr, dass das Klima sich verändert.* (→ Bestätigung)
Creo que/Me parece que los jóvenes de hoy en día **tienen** más libertades.
Ich denke, dass die Jugend heutzutage mehr Freiheiten hat.
→ Der Sprecher äußert eine Meinung, die für ihn so feststeht. Daher verwendet er Indikativ.

Aber:

No creo que/No me parece que los jóvenes de hoy en día **tengan** más libertades.
Ich glaube nicht, dass die jungen Leute heute mehr Freiheiten haben.
→ Der Sprecher stellt die folgende Aussage in Frage, daher verwendet er *Subjuntivo*.

1.7.2.5 nach Ausdrücken der Vermutung — **Tal vez haga** mal tiempo mañana. U5

- In einem Hauptsatz, in dem mit den Adverbien **tal vez** oder **quizá(s)** eine Vermutung ausgedrückt wird, steht das Verb im *Subjuntivo*.
  Este pan me da alergia. **Tal vez/Quizá(s) contenga** nueces.
  Ich reagiere allergisch auf dieses Brot. Vielleicht sind Nüsse drin.

⚠ ***Quizá*** oder ***quizás***? Beide Formen sind gleichbedeutend und können beliebig eingesetzt werden.

1.7.3 Infinitiv oder *Subjuntivo?*

⚠ Wenn das Subjekt des Hauptsatzes und des Nebensatzes identisch ist, steht in der Regel das Verb des Nebensatzes im Infinitiv, so wie auch im Deutschen. Die Konjunktion *que* fällt dann weg.

Me encanta **regalar** flores a mis amigos.
Ich liebe es, meinen Freunden Blumen zu schenken.
→ Ich liebe es und ich schenke die Blumen.

Aber:

Me encanta que mis amigos me **regalen** flores.
Ich liebe es, wenn meine Freunde mir Blumen schenken.
→ Ich liebe es, aber meine Freunde schenken die Blumen.

1.8 Das Gerundio

Aprendo mucho español **viendo** la televisión. **U1**

1.8.1 Die Formen

ZUR VERLAUFSFORM ESTAR + GERUNDIO SIEHE eñe A2, S. 229

- regelmäßig

Verben auf *-ar*	Verben auf *-er* und *-ir*	
bailar → bail**ando**	comer→ com**iendo**	escribir → escrib**iendo**

- unregelmäßig

Infinitiv	Gerundio	Infinitiv	Gerundio	Infinitiv	Gerundio
morir	m**u**riendo	oír	oyendo	venir	viniendo
dormir	d**u**rmiendo	ir	yendo	pedir	pidiendo
poder	p**u**diendo	traer	trayendo	decir	diciendo
		leer	leyendo	servir	sirviendo
		caer	cayendo	mentir	mintiendo
		creer	creyendo		

1.8.2 Das *Gerundio* als Adverb

- Das *Gerundio* wird oft wie ein Adverb verwendet. Dann gibt es Informationen über das Wie bzw. über die Art und Weise, wie die Handlung des Hauptverbs ausgeführt wird.

Hicieron todo el camino **andando**. *Sie sind den ganzen Weg zu Fuß gegangen.*
→ Wie sind sie gegangen? Zu Fuß.
Aprendí mucho francés **escuchando** las canciones de Edith Piaf.
Ich habe viel Französisch gelernt, indem ich die Lieder von Edith Piaf gehört habe.

1.9 Der Gebrauch von *ser* und *estar*

Manuel **es** un hombre muy alegre. / Manuel **está** hoy muy alegre. **U2**

ZUM GEBRAUCH VON *SER* UND *ESTAR* SIEHE AUCH eñe A2, S. 227

Zur Beschreibung von Personen verwendet man
- *ser*, wenn eine dauerhafte Eigenschaft angegeben wird.
  Ana **es** muy simpática. *Ana ist sehr sympathisch.*

- *estar*, wenn ein vorübergehender Zustand oder eine veränderliche Eigenschaft beschrieben wird.
  Ana **está** muy cansada. *Ana ist sehr müde.*

1.10 Unpersönliche Formen

Ayer me **robaron** el bolso. **U3**

Um Unpersönlichkeit auszudrücken
- verwendet man **se** verbunden mit dem Verb in der 3. Person (siehe dazu eñe A2, S. 218).
  Se busca secretaria. *Sekretärin gesucht.*

- setzt man das Hauptverb in die **3. Person Plural** (*ellos, ellas*), ohne dabei den Urheber der Handlung zu nennen.

En el aeropuerto me **perdieron** la maleta. *Im Flughafen haben sie* (= unbestimmter Urheber) *meinen Koffer verloren. Im Flughafen kam mein Koffer abhanden.*
En el barrio **han puesto** carriles bici por todas partes. *Im Stadtviertel haben sie überall Radwege angelegt. Im ganzen Stadtviertel wurden Fahrradwege angelegt.*

2 Der Satz

2.1 Der Relativsatz

Tengo un profesor **que lo explica todo muy bien.** **U6**

- Relativsätze sind Nebensätze, die einen Begriff genauer definieren oder beschreiben.
  He visto un bolso (= Bezugswort) **que costaba más de mil euros** (= Relativsatz).
  Ich habe eine Tasche gesehen, die über 1000 Euro gekostet hat.

- Das Relativpronomen **que** leitet den Relativsatz ein. Es ist unveränderlich.
  He visto una película **que** me ha gustado mucho.
  Ich habe einen Film gesehen, der mir sehr gefallen hat.

- Wenn sich der Relativsatz auf eine Person bezieht, kann das Relativpronomen **que** auch durch **el/la cual, los/las cuales** ersetzt werden. In der Regel kommt dies eher im geschriebenen Spanisch vor.
  Vino una señora a buscarle, **la cual** llevaba un vestido muy elegante.
  Es kam eine Dame um ihn abzuholen, die ein sehr elegantes Kleid trug.

- Relativsätze können auch mit einer Präposition eingeführt werden. Dann steht vor dem Relativpronomen **que** ein Artikel, der in Geschlecht und Zahl mit dem Bezugswort übereinstimmt: **Präposition + el/la/los/las + que.**
  Vimos una película **en la que** actuaba mi actor favorito.
  Ich habe einen Film gesehen, in dem mein Lieblingsschauspieler mitgespielt hat.
  El artículo **al que** me refería estaba en la versión impresa del periódico.
  Der Artikel, auf den ich mich bezogen habe, stand in der gedruckten Ausgabe der Zeitung.

⚠ Die Sequenz **en + el/la/los/las que** kann auch durch **donde** ersetzt werden.
Es una revista **en la que** hay muchas fotos de famosos. = Es una revista **donde** hay muchas fotos de famosos. *Es ist eine Zeitschrift, in der es sehr viele Fotos von Prominenten gibt.*

2.2 Die Konnektoren

Konnektoren sind Wörter, die die Funktion haben, Sätze miteinander zu verbinden und sie in einen logischen Zusammenhang zu stellen.

Folgerung	**por (lo) tanto**	*deshalb* *daher*	Ya he hecho mis deberes de español, **por (lo) tanto** puedo ahora ir contigo al cine. *Ich habe meine Spanisch-Hausaufgaben schon gemacht, deshalb kann ich jetzt ins Kino gehen.*
	así que	*also*	Marta estaba cansadísima, **así que** se quedó en casa. *Marta war sehr müde, also blieb sie zu Hause.*
Bedingung	**si**	*wenn, falls*	**Si** mañana hace buen tiempo iré al trabajo en bici. *Falls morgen schönes Wetter ist, werde ich mit dem Fahrrad zur Arbeit fahren.*

WEITERE KONNEKTOREN SIEHE eñe A2, S. 234

2.3 Die indirekte Rede *(El estilo indirecto)*

Francisco me ha dicho que **es** muy feliz. **U5**

Wenn die Aussagen oder Fragen anderer Personen wiedergegeben werden, spricht man von indirekter Rede.

- Die Aussage wird mit einem Satz eingeleitet, der ein Verb des Sagens enthält wie z.B. *decir, informar, explicar,* ... Der darauf folgende Nebensatz enthält die eigentliche Aussage, die mit **que** eingeleitet wird.

Mónica: "Hoy no tengo tiempo".
Mónica: "Heute habe ich keine Zeit".

Mónica **dice que** hoy no **tiene** tiempo.
Mónica sagt, dass sie heute keine Zeit hat.

- Wird eine Frage in der indirekten Rede wiedergegeben, steht nach dem Einleitungssatz **si** oder das entsprechende Fragewort.

Manolo: ¿Viene Mónica también? — Manolo pregunta **si** Mónica viene también.
Manolo: Kommt Mónica? — *Manolo fragt, ob Mónica auch kommt.*
Manolo: ¿Cuándo viene Mónica? — Manolo pregunta **cuándo** viene Mónica.
Manolo: Wann kommt Mónica? — *Manolo fragt, wann Mónica kommt.*

- Wenn das Verb, das die Redewiedergabe einführt, im Präsens oder Perfekt steht, bleibt die Zeit des Verbs des Nebensatzes unverändert.

"No tengo tiempo para ayudarte". — **Dice que** no tiene tiempo para ayudarte.
"Ich habe keine Zeit, dir zu helfen." — *Er sagt, er hat keine Zeit, dir zu helfen.*
Ha dicho que no tiene tiempo para ayudarte.
Er hat gesagt, er hat keine Zeit, dir zu helfen.

- Bei der Umformung von der direkten in die indirekte Rede kann es folgende Veränderungen geben:

- bei den Subjekten
Pablo: "**Yo** tengo una solución." — Pablo dice que **él** tiene una solución.
Pablo: "Ich habe eine Lösung." — *Pablo sagt, er habe eine Lösung.*

- bei der Verbform
Paula: "**Tengo** una idea muy buena." — Paula dice que **tiene** una idea muy buena.
Paula: "Ich habe eine gute Idee." — *Paula sagt, sie habe eine gute Idee.*

- bei Demonstrativ- und Possessivpronomen
Paco: "Esta es **mi** propuesta." — Paco ha dicho que era es **su** propuesta.
Paco: "Das ist mein Vorschlag." — *Paco hat gesagt, dass das sein Vorschlag sei.*

- bei Orts- und Zeitangaben
Pilar: "**Mañana** se entrega **aquí** el premio." — Pilar ha dicho que **al día siguiente** se entrega **allí** el premio 2010.
*Pilar: „**Morgen** wird **hier** der Preis überreicht."* — *Pilar hat gesagt, dass **dort am nächsten Tag** der Preis überreicht werde.*

Regelmäßige Verben

Infinitiv		Präsens	*Indefinido*	*Imperfecto*	Futur	Konditional	Präsens des *Subjuntivo*	Imperativ	Partizip *Gerundio*
-ar	yo	hablo	hablé	hablaba	hablaré	hablaría	hable		
hablar	tú	hablas	hablaste	hablabas	hablarás	hablarías	hables	habla	hablado
sprechen	él/ella, usted	habla	habló	hablaba	hablará	hablaría	hable	hable	
	nosotros/-as	hablamos	hablamos	hablábamos	hablaremos	hablaríamos	hablemos		*hablando*
	vosotros/-as	habláis	hablasteis	hablabais	hablaréis	hablaríais	habléis	hablad	
	ellos/-as, ustedes	hablan	hablaron	hablaban	hablarán	hablarían	hablen	hablen	
-er	yo	como	comí	comía	comeré	comería	coma		
comer	tú	comes	comiste	comías	comerás	comerías	comas	come	comido
essen	él/ella, usted	come	comió	comía	comerá	comería	coma	coma	
	nosotros/-as	comemos	comimos	comíamos	comeremos	comeríamos	comamos		*comiendo*
	vosotros/-as	coméis	comisteis	comíais	comeréis	comeríais	comáis	comed	
	ellos/-as, ustedes	comen	comieron	comían	comerán	comerían	coman	coman	
-ir	yo	vivo	viví	vivía	viviré	viviría	viva		
vivir	tú	vives	viviste	vivías	vivirás	vivirías	vivas	vive	vivido
leben	él/ella, usted	vive	vivió	vivía	vivirá	viviría	viva	viva	
	nosotros/-as	vivimos	vivimos	vivíamos	viviremos	viviríamos	vivamos		*viviendo*
	vosotros/-as	vivís	vivisteis	vivíais	viviréis	viviríais	viváis	vivid	
	ellos/-as, ustedes	viven	vivieron	vivían	vivirán	vivirían	vivan	vivan	

Unregelmäßige Verben

Infinitiv		Präsens	*Indefinido*	*Imperfecto*	Futur	Konditional	Präsens des *Subjuntivo*	Imperativ	Partizip *Gerundio*
1	yo	ando	**anduve**	andaba	andaré	andaría	**ande**		
andar	tú	andas	**anduviste**	andabas	andarás	andarías	**andes**	anda	andado
gehen	él/ella, usted	anda	**anduvo**	andaba	andará	andaría	**ande**	ande	
	nosotros/-as	andamos	**anduvimos**	andábamos	andaremos	andaríamos	**andemos**		*andando*
	vosotros/-as	andáis	**anduvisteis**	andabais	andaréis	andaríais	**andéis**	andad	
	ellos/-as, ustedes	andan	**anduvieron**	andaban	andarán	andarían	**anden**	anden	
2	yo	**caigo**	caí	caía	caerá	caería	**caiga**		
caer	tú	caes	caíste	caías	caerás	caerías	**caigas**	cae	caído
(hin)fallen	él/ella, usted	cae	**cayó**	caía	caerá	caería	**caiga**	**caiga**	
	nosotros/-as	caemos	caímos	caíamos	caeremos	caeríamos	**caigamos**		***cayendo***
	vosotros/-as	caéis	caísteis	caíais	caeréis	caeríais	**caigáis**	caed	
	ellos/-as, ustedes	caen	**cayeron**	caían	caerán	caerían	**caigan**	**caigan**	

Infinitiv		Präsens	*Indefinido*	*Imperfecto*	Futur	Konditional	Präsens des *Subjuntivo*	Imperativ	Partizip *Gerundio*
3	yo	**conduzco**	**conduje**	conducía	conduciré	conduciría	**conduzca**		
conducir	tú	conduces	**condujiste**	conducías	conducirás	conducirías	**conduzcas**	conduce	conducido
(zc)	él/ella, usted	conduce	**condujo**	conducía	conducirá	conduciría	**conduzca**	**conduzca**	
fahren	nosotros/-as	conducimos	**condujimos**	conducíamos	conduciremos	conduciríamos	**conduzcamos**		*conduciendo*
	vosotros/-as	conducís	**condujisteis**	conducíais	conduciréis	conduciríais	**conduzcáis**	conducid	
	ellos/-as, ustedes	conducen	**condujeron**	conducían	conducirán	conducirían	**conduzcan**	**conduzcan**	
4	yo	**conozco**	conocí	conocía	conoceré	conocería	**conozca**		
conocer	tú	conoces	conociste	conocías	conocerás	conocerías	**conozcas**	conoce	conocido
(zc)	él/ella, usted	conoce	conoció	conocía	conocerá	conocería	**conozca**	**conozca**	
kennen	nosotros/-as	conocemos	conocimos	conocíamos	conoceremos	conoceríamos	**conozcamos**		*conociendo*
	vosotros/-as	conocéis	conocisteis	conocíais	conoceréis	conoceríais	**conozcáis**	conoced	
	ellos/-as, ustedes	conocen	conocieron	conocían	conocerán	conocerían	**conozcan**	**conozcan**	
5	yo	**construyo**	construí	construía	construiré	construiría	**construya**		
construir	tú	**construyes**	construíste	construías	construirás	construirías	**construyas**	**construye**	construido
(y)	él/ella, usted	**construye**	**construyó**	construía	construirá	construiría	**construya**	**construya**	
bauen	nosotros/-as	construímos	construímos	construíamos	construiremos	construiríamos	**construyamos**		***construyendo***
	vosotros/-as	construís	construisteis	construíais	construiréis	construiríais	**construyáis**	construid	
	ellos/-as, ustedes	**construyen**	**construyeron**	construían	construirán	construirían	**construyan**	**construyan**	
6	yo	**cuento**	conté	contaba	contaré	contaría	**cuente**		
contar	tú	**cuentas**	contaste	contabas	contarás	contarías	**cuentes**	**cuenta**	contado
(o → ue)	él/ella, usted	**cuenta**	contó	contaba	contará	contaría	**cuente**	**cuente**	
erzählen	nosotros/-as	contamos	contamos	contábamos	contaremos	contaríamos	contemos		*contando*
	vosotros/-as	contáis	contasteis	contabais	contaréis	contaríais	contéis	contad	
	ellos/-as, ustedes	**cuentan**	contaron	contaban	contarán	contarían	**cuenten**	**cuenten**	
7	yo	**continúo**	continué	continuaba	continuaré	continuaría	**continúe**		
continuar	tú	**continúas**	continuaste	continuabas	continuarás	continuarías	**continúes**	**continúa**	continuado
(u → ú)	él/ella, usted	**continúa**	continuó	continuaba	continuará	continuaría	**continúe**	**continúe**	
fortsetzen	nosotros/-as	continuamos	continuamos	ontinuábamos	continuaremos	continuaríamos	continuemos		*continuando*
	vosotros/-as	continuáis	continuasteis	continuabais	continuaréis	continuaríais	continuéis	continuad	
	ellos/-as, ustedes	**continúan**	continuaron	continuaban	continuarán	continuarían	**continúen**	**continúen**	
8	yo	creo	creí	creía	creeré	creería	crea		
creer	tú	crees	creiste	creías	creerás	creerías	creas	cree	creído
glauben	él/ella, usted	cree	**creyó**	creía	creerá	creería	crea	crea	
	nosotros/-as	creemos	creímos	creíamos	creeremos	creeríamos	creamos		***creyendo***
	vosotros/-as	creéis	creísteis	creíais	creeréis	creeríais	creáis	creed	
	ellos/-as, ustedes	creen	**creyeron**	creían	creerán	creerían	crean	crean	
9	yo	**doy**	**di**	daba	daré	daría	**dé**		
dar	tú	das	**diste**	dabas	darás	darías	**des**	da	dado
geben	él/ella, usted	da	**dio**	daba	dará	daría	**dé**	**dé**	
	nosotros/-as	damos	**dimos**	dábamos	daremos	daríamos	demos		*dando*
	vosotros/-as	dais	**disteis**	dabais	daréis	daríais	deis	dad	
	ellos/-as, ustedes	dan	**dieron**	daban	darán	darían	den	den	

Infinitiv		Präsens	*Indefinido*	*Imperfecto*	Futur	Konditional	Präsens des *Subjuntivo*	Imperativ	Partizip *Gerundio*
10	yo	**digo**	**dije**	decía	**diré**	**diría**	**diga**		
decir	tú	**dices**	**dijiste**	decías	**dirás**	**dirías**	**digas**	**di**	**dicho**
sagen	él/ella, usted	**dice**	**dijo**	decía	**dirá**	**diría**	**diga**	**diga**	
	nosotros/-as	decimos	**dijimos**	decíamos	**diremos**	**diríamos**	**digamos**		***diciendo***
	vosotros/-as	decís	**dijisteis**	decíais	**diréis**	**diríais**	**digáis**	decid	
	ellos/-as, ustedes	**dicen**	**dijeron**	decían	**dirán**	**dirían**	**digan**	**digan**	
11	yo	**duermo**	dormí	dormía	dormiré	dormiría	**duerma**		
dormir	tú	**duermes**	dormiste	dormías	dormirás	dormirías	**duermas**	**duerme**	dormido
(o → ue)	él/ella, usted	**duerme**	**durmió**	dormía	dormirá	dormiría	**duerma**	**duerma**	
schlafen	nosotros/-as	dormimos	dormimos	dormíamos	dormiremos	dormiríamos	**durmamos**		***durmiendo***
	vosotros/-as	dormís	dormisteis	dormíais	dormiréis	dormiríais	**durmáis**	dormid	
	ellos/-as, ustedes	**duermen**	**durmieron**	dormían	dormirán	dormirían	**duerman**	**duerman**	
12	yo	**entiendo**	entendí	entendía	entenderé	entendería	**entienda**		
entender	tú	**entiendes**	entendiste	entendías	entenderás	entenderías	**entiendas**	**entiende**	entendido
(e → ie)	él/ella, usted	**entiende**	entendió	entendía	entenderá	entendería	**entienda**	**entienda**	
verstehen	nosotros/-as	entendemos	entendimos	entendíamos	entenderemos	entenderíamos	entendamos		*entendiendo*
	vosotros/-as	entendéis	entendisteis	entendíais	entenderéis	entenderíais	entendáis	entended	
	ellos/-as, ustedes	**entienden**	entendieron	entendían	entenderán	entenderían	**entiendan**	**entiendan**	
13	yo	**estoy**	**estuve**	estaba	estaré	estaría	**esté**		
estar	tú	**estás**	**estuviste**	estabas	estarás	estarías	**estés**	**está**	estado
sein	él/ella, usted	**está**	**estuvo**	estaba	estará	estaría	**esté**	**esté**	
	nosotros/-as	estamos	**estuvimos**	estábamos	estaremos	estaríamos	**estemos**		*estando*
	vosotros/-as	estáis	**estuvisteis**	estabais	estaréis	estaríais	**estéis**	estad	
	ellos/-as, ustedes	**están**	**estuvieron**	estaban	estarán	estarían	**estén**	**estén**	
14	yo	**he**	**hubo**	había	**habré**	**habría**	**haya**		
haber	tú	**has**	**hubiste**	habías	**habrás**	**habrías**	**hayas**	*nicht gebräuchlich*	habido
haben / sein	él/ella, usted	**ha / hay**	**hubo**	había	**habrá**	**habría**	**haya**		
(Hilfsverb)	nosotros/-as	**hemos**	**hubimos**	habíamos	**habremos**	**habríamos**	**hayamos**		*habiendo*
	vosotros/-as	habéis	**hubisteis**	habíais	**habréis**	**habríais**	**hayáis**		
	ellos/-as, ustedes	**han**	**hubieron**	habían	**habrán**	**habrían**	**hayan**		
15	yo	**hago**	**hice**	hacía	**haré**	**haría**	**haga**		
hacer	tú	haces	**hiciste**	hacías	**harás**	**harías**	**hagas**	**haz**	**hecho**
machen	él/ella, usted	hace	**hizo**	hacía	**hará**	**haría**	**haga**	**haga**	
	nosotros/-as	hacemos	**hicimos**	hacíamos	**haremos**	**haríamos**	**hagamos**		*haciendo*
	vosotros/-as	hacéis	**hicisteis**	hacíais	**haréis**	**haríais**	**hagáis**	haced	
	ellos/-as, ustedes	hacen	**hicieron**	hacían	**harán**	**harían**	**hagan**	**hagan**	
16	yo	**incluyo**	incluí	incluía	incluiré	incluiría	**incluya**		
incluir	tú	**incluyes**	incluiste	incluías	incluirás	incluirías	**incluyas**	**incluye**	incluído
einschließen	él/ella, usted	**incluye**	**incluyó**	incluía	incluirá	incluiría	**incluya**	**incluya**	
	nosotros/-as	incluimos	incluimos	incluíamos	incluiremos	incluiríamos	**incluyamos**		***incluyendo***
	vosotros/-as	incluís	incluisteis	incluíais	incluiréis	incluiríais	**incluyáis**	incluid	
	ellos/-as, ustedes	**incluyen**	**incluyeron**	incluían	incluirán	incluirían	**incluyan**	**incluyan**	

Infinitiv		Präsens	*Indefinido*	*Imperfecto*	Futur	Konditional	Präsens des *Subjuntivo*	Imperativ	Partizip *Gerundio*
7	yo	**voy**	**fui**	**iba**	iré	iría	**vaya**		
ir	tú	**vas**	**fuiste**	**ibas**	irás	irías	**vayas**	**ve**	ido
gehen,	él/ella, usted	**va**	**fue**	**iba**	irá	iría	**vaya**	**vaya**	
fahren	nosotros/-as	**vamos**	**fuimos**	**íbamos**	iremos	iríamos	**vayamos**		***yendo***
	vosotros/-as	**vais**	**fuisteis**	**ibais**	iréis	iríais	**vayáis**	id	
	ellos/-as, ustedes	**van**	**fueron**	**iban**	irán	irían	**vayan**	**vayan**	
18	yo	**juego**	jugué	jugaba	jugaré	jugaría	**juegue**		
jugar	tú	**juegas**	jugaste	jugabas	jugarás	jugrías	**juegues**	**juega**	jugado
(u → ue)	él/ella, usted	**juega**	jugó	jugaba	jugará	jugaría	**juegue**	**juegue**	
spielen	nosotros/-as	jugamos	jugamos	jugábamos	jugaremos	jugaríamos	juguemos		*jugando*
	vosotros/-as	jugáis	jugasteis	jugabais	jugaréis	jugaríais	juguéis	jugad	
	ellos/-as, ustedes	**juegan**	jugaron	jugaban	jugarán	jugarían	**jueguen**	**jueguen**	
19	yo	**oigo**	oí	oía	oiré	oiría	**oiga**		
oír	tú	**oyes**	oíste	oías	oirás	oirías	**oigas**	**oye**	oído
hören	él/ella, usted	**oye**	**oyó**	oía	oirá	oiría	**oiga**	**oiga**	
	nosotros/-as	oímos	oímos	oíamos	oiremos	oiríamos	**oigamos**		***oyendo***
	vosotros/-as	oís	oísteis	oíais	oiréis	oiríais	**oigáis**	oíd	
	ellos/-as, ustedes	**oyen**	**oyeron**	oían	oirán	oirían	**oigan**	**oigan**	
20	yo	**huelo**	olí	olía	oleré	olería	**huela**		
oler	tú	**hueles**	oliste	olías	olerás	olerías	**huelas**	**huele**	olido
riechen	él/ella, usted	**huele**	olió	olía	olerá	olería	**huela**	**huela**	
	nosotros/-as	olemos	olimos	olíamos	oleremos	oleríamos	olamos		*oliendo*
	vosotros/-as	oléis	olisteis	olíais	oleréis	oleríais	oláis	oled	
	ellos/-as, ustedes	**huelen**	olieron	olían	olerán	olerían	**huelan**	**huelan**	
21	yo	**pido**	pedí	pedía	pediré	pediría	**pida**		
pedir	tú	**pides**	pediste	pedías	pedirás	pedirías	**pidas**	**pide**	pedido
(e → i)	él/ella, usted	**pide**	**pidió**	pedía	pedirá	pediría	**pida**	**pida**	
bitten	nosotros/-as	pedimos	pedimos	pedíamos	pediremos	pediríamos	**pidamos**		*pidiendo*
	vosotros/-as	pedís	pedisteis	pedíais	pediréis	pediríais	**pidáis**	pedid	
	ellos/-as, ustedes	**piden**	**pidieron**	pedían	pedirán	pedirían	**pidan**	**pidan**	
22	yo	**pienso**	pensé	pensaba	pensaré	pensaría	**piense**		
pensar	tú	**piensas**	pensaste	pensabas	pensarás	pensarías	**pienses**	**piensa**	pensado
(e → ie)	él/ella, usted	**piensa**	pensó	pensaba	pensará	pensaría	**piense**	**piense**	
denken	nosotros/-as	pensamos	pensamos	pensábamos	pensaremos	pensaríamos	pensemos		*pensando*
	vosotros/-as	pensáis	pensasteis	pensabais	pensaréis	pensaríais	penséis	pensad	
	ellos/-as, ustedes	**piensan**	pensaron	pensaban	pensarán	pensarían	**piensen**	**piensen**	
23	yo	**puedo**	**pude**	podías	**podré**	**podría**	**pueda**		
poder	tú	**puedes**	**pudiste**	podía	**podrás**	**podrías**	**puedas**	*nicht gebräuchlich*	podido
können	él/ella, usted	**puede**	**pudo**	podía	**podrá**	**podría**	**pueda**		
	nosotros/-as	**podemos**	**pudimos**	podíamos	**podremos**	**podríamos**	podamos		***pudiendo***
	vosotros/-as	**podéis**	**pudisteis**	podías	**podréis**	**podríais**	podáis		
	ellos/-as, ustedes	**pueden**	**pudieron**	podían	**podrán**	**podrían**	**puedan**		

Infinitiv		Präsens	*Indefinido*	*Imperfecto*	Futur	Konditional	Präsens des *Subjuntivo*	Imperativ	Partizip *Gerundio*
24	yo	**pongo**	**puse**	ponía	**pondré**	**pondría**	**ponga**		
poner	tú	pones	**pusiste**	ponías	**pondrás**	**pondrías**	**pongas**	pon	**puesto**
legen, setzen,	él/ella, usted	pone	**puso**	ponía	**pondrá**	**pondría**	**ponga**	**ponga**	
stellen	nosotros/-as	ponemos	**pusimos**	poníamos	**pondremos**	**pondríamos**	**pongamos**		*poniendo*
	vosotros/-as	ponéis	**pusisteis**	poníais	**pondréis**	**pondríais**	**pongáis**	poned	
	ellos/-as, ustedes	ponen	**pusieron**	ponían	**pondrán**	**pondrían**	**pongan**	**pongan**	
25	yo	**prefiero**	preferí	prefería	preferiré	preferiría	**prefiera**		
preferir	tú	**prefieres**	preferiste	preferías	preferirás	preferirías	**prefieras**	**prefiere**	preferido
(e → ie)	él/ella, usted	**prefiere**	**prefirió**	prefería	preferirá	preferiría	**prefiera**	**prefiera**	
bevorzugen	nosotros/-as	preferimos	preferimos	preferíamos	preferiremos	preferiríamos	**prefiramos**		***prefiriendo***
	vosotros/-as	preferís	preferisteis	preferíais	preferiréis	preferiríais	**prefiráis**	preferid	
	ellos/-as, ustedes	**prefieren**	**prefirieron**	preferían	preferirán	preferirían	**prefieran**	**prefieran**	
26	yo	**quiero**	**quise**	quería	**querré**	**querría**	**quiera**		
querer	tú	**quieres**	**quisiste**	querías	**querrás**	**querrías**	**quieras**	*nicht gebräuchlich*	querido
wollen,	él/ella, usted	**quiere**	**quiso**	quería	**querrá**	**querría**	**quiera**		
mögen	nosotros/-as	queremos	**quisimos**	queríamos	**querremos**	**querríamos**	queramos		*queriendo*
	vosotros/-as	queréis	**quisisteis**	queríais	**querréis**	**querríais**	queráis		
	ellos/-as, ustedes	**quieren**	**quisieron**	querían	**querrán**	**querrían**	**quieran**		
27	yo	**sé**	**supe**	sabía	**sabré**	**sabría**	**sepa**		
saber	tú	sabes	**supiste**	sabías	**sabrás**	**sabrías**	**sepas**	sabe	sabido
wissen	él/ella, usted	sabe	**supo**	sabía	**sabrá**	**sabría**	**sepa**	**sepa**	
	nosotros/-as	sabemos	**supimos**	sabíamos	**sabremos**	**sabríamos**	**sepamos**		*sabiendo*
	vosotros/-as	sabéis	**supisteis**	sabías	**sabréis**	**sabríais**	**sepáis**	sabed	
	ellos/-as, ustedes	saben	**supieron**	sabían	**sabrán**	**sabrían**	**sepan**	**sepan**	
28	yo	**salgo**	salí	salía	**saldré**	**saldría**	**salga**		
salir	tú	sales	saliste	salías	**saldrás**	**saldrías**	**salgas**	**sal**	salido
weggehen,	él/ella, usted	sale	salió	salía	**saldrá**	**saldría**	**salga**	**salga**	
ausgehen	nosotros/-as	salimos	salimos	salíamos	**saldremos**	**saldríamos**	**salgamos**		*saliendo*
	vosotros/-as	salís	salisteis	salíais	**saldréis**	**saldríais**	**salgáis**	salid	
	ellos/-as, ustedes	salen	salieron	salían	**saldrán**	**saldrían**	**salgan**	**salgan**	
29	yo	**soy**	**fui**	**era**	seré	sería	**sea**		
ser	tú	**eres**	**fuiste**	**eras**	serás	serías	**seas**	**sé**	sido
sein	él/ella, usted	**es**	**fue**	**era**	será	sería	**sea**	**sea**	
	nosotros/-as	**somos**	**fuimos**	**éramos**	seremos	seríamos	**seamos**		*siendo*
	vosotros/-as	**sois**	**fuisteis**	**erais**	seréis	seríais	**seáis**	sed	
	ellos/-as, ustedes	**son**	**fueron**	**eran**	serán	serían	**sean**	**sean**	

Infinitiv		Präsens	*Indefinido*	*Imperfecto*	Futur	Konditional	Präsens des *Subjuntivo*	Imperativ	Partizip *Gerundio*
30	yo	**tengo**	**tuve**	tenía	**tendré**	**tendría**	**tenga**		
tener	tú	**tienes**	**tuviste**	tenías	**tendrás**	**tendrías**	**tengas**	**ten**	tenido
haben	él/ella, usted	**tiene**	**tuvo**	tenía	**tendrá**	**tendría**	**tenga**	**tenga**	
	nosotros/-as	tenemos	**tuvimos**	teníamos	**tendremos**	**tendríamos**	**tengamos**		*teniendo*
	vosotros/-as	tenéis	**tuvisteis**	teníais	**tendréis**	**tendríais**	**tengáis**	tened	
	ellos/-as, ustedes	**tienen**	**tuvieron**	tenían	**tendrán**	**tendrían**	**tengan**	**tengan**	
31	yo	**traigo**	**traje**	traía	traeré	traería	**traiga**		
traer	tú	traes	**trajiste**	traías	traerás	traerías	**traigas**	trae	traído
(hierher)	él/ella, usted	trae	**trajo**	traía	traerá	traería	**traiga**	**traiga**	
bringen	nosotros/-as	traemos	**trajimos**	traíamos	traeremos	traeríamos	**traigamos**		***trayendo***
	vosotros/-as	traéis	**trajisteis**	traíais	traeréis	traeríais	**traigáis**	traed	
	ellos/-as, ustedes	traen	**trajeron**	traían	traerán	traerían	**traigan**	**traigan**	
32	yo	**vengo**	**vine**	venía	**vendré**	**vendría**	**venga**		
venir	tú	**vienes**	**viniste**	venías	**vendrás**	**vendrías**	**vengas**	**ven**	venido
(hierher)	él/ella, usted	**viene**	**vino**	venía	**vendrá**	**vendría**	**venga**	**venga**	
kommen	nosotros/-as	venimos	**vinimos**	veníamos	**vendremos**	**vendríamos**	**vengamos**	venid	***viniendo***
	vosotros/-as	venís	**vinisteis**	veníais	**vendréis**	**vendríais**	**vengáis**	**vengan**	
	ellos/-as, ustedes	**vienen**	**vinieron**	venían	**vendrán**	**vendrían**	**vengan**		
33	yo	**veo**	**vi**	**veía**	veré	vería	**vea**		
ver	tú	ves	**viste**	**veías**	verás	verías	**veas**	ve	**visto**
sehen	él/ella, usted	ve	**vio**	**veía**	verá	vería	**vea**	**vea**	
	nosotros/-as	vemos	**vimos**	**veíamos**	veremos	veríamos	**veamos**		*viendo*
	vosotros/-as	veis	**visteis**	**veíais**	veréis	veríais	**veáis**	ved	
	ellos/-as, ustedes	ven	**vieron**	**veían**	verán	verían	**vean**	**vean**	
34	yo	**vuelvo**	volví	volvía	volveré	volvería	**vuelva**		
volver	tú	**vuelves**	volviste	volvías	volverás	volverías	**vuelvas**	**vuelve**	**vuelto**
(o → ue)	él/ella, usted	**vuelve**	volvió	volvía	volverá	volvería	**vuelva**	**vuelva**	
zurückkehren	nosotros/-as	volvemos	volvimos	volvíamos	volveremos	volveríamos	volvamos		*volviendo*
	vosotros/-as	volvéis	volvisteis	volvíais	volveréis	volveríais	volváis	volved	
	ellos/-as, ustedes	**vuelven**	volvieron	volvían	volverán	volverían	**vuelvan**	**vuelvan**	

- Durch *(o → ue)* wird der Wechsel des Stammvokals angezeigt.
- Die Ziffern verweisen auf das entsprechende Konjugationsmodell der Verbtabelle ab S. 149.
- Unregelmäßige Verben, die neu in B1.1 sind, sind in blauer Farbe aufgeführt.
- Nicht aufgeführt sind Verben mit rein orthografischen Veränderungen, wie z. B. comunicar → *indef.* yo comuniqué, modernizar → *indef.* yo modernicé, pagar → *indef.* yo pagué

abrir (*part.* abierto)
acordarse (*o → ue*, 6)
acostarse (*o → ue*, 6)
actuar (*u → ú*, 7)
adquirir (*i → ie*)
advertir (*e → ie*, 25)
almorzar (*o → ue*, 6)
andar 1
anteponer (24)
aparecer (zc, 4)
apetecer (zc, 4)
apostar (*o → ue*, 6)
aprobar (*o → ue*, 6)
atender (*e → ie*, 12)
atraer (2)
caer 2
calentar (*e → ie*, 22)
cerrar (*e → ie*, 22)
cocer (*o → ue*, 20)
colgar (*o → ue*, 6)
comenzar (*e → ie*, 22)
competir (*e → i*, 21)
comprobar (*o → ue*, 6)
concebir (*e → i*, 21)
concertar (*e → ie*, 22)
conducir 3
confesar (*e → ie*, 22)
conocer 4
conseguir (*e → i*, 21)
construir 5
contar 6
contener (30)
continuar 7
contribuir (*y*, 5)
convenir (32)
convertir (*e → ie*, 25)
corregir (*e → i*, 21)
costar (*o → ue*, 6)
crecer (zc, 4)
creer 8
cubrir (*part.* cubierto)
dar 9
decir 10
defender (*e → ie*, 12)
demostrar (*o → u*, 6)
derretir (*e → i*, 21)
desaparecer (zc, 4)
describir (*part.* descrito)
escribir (*part.* escrito)
descubrir (*part.* descubierto)
desmentir (*e → ie*, 25)
despedir (*e → i*, 21)
despertarse (*e → ie*, 22)
destruir (*y*, 5)
detener (30)
devolver (34)
diluir (*y*, 5)
disminuir (*y*, 5)
disponer (24)
distribuir (*y*, 5)
divertirse (*e → ie*, 25)
doler (*o → ue*, 20)
dormir 11
elegir (*e → i*, 21)
empezar (*e → ie*, 22)
encontrar (*o → ue*, 6)
endurecer (zc, 4)
entender 12
entorpecer (zc, 4)
envolver (*o → ue*, 34)
escribir (*part.* escrito)
establecer (zc, 4)
estar 13
favorecer (zc, 4)
fluctuar (*u → ú*, 7)
haber 14
hacer 15
huir (*y*, 5)
impedir (*e → i*, 21)
imponer (24)
incluir 16
introducir (zc, 3)
ir 17
jugar 18
leer (2)
llover (*o → ue*, 20)
mantener (30)
morir (*o → ue*, 11)
mostrar (*o → ue*, 6)
mover (*o → ue*, 20)
nacer (zc, 4)
nevar (*e → ie*, 22)
ofrecer (zc, 4)
oír 19
oler 20
parecer (zc, 4)
pedir 21
pensar 22
perder (*e → ie*, 12)
pertenecer (zc, 4)
perseguir (*e → i*, 21)
poder 23
poner 24
predecir (10)
preferir 25
probar (*o → ue*, 6)
producir (zc, 3)
prohibir (*i → í*)
promover (*o → ue*, 20)
proponer (24)
provenir (32)
querer 26
recomendar (*e → ie*, 22)
reconocer (zc, 4)
recordar (*o → ue*, 6)
reducir (zc, 3)
reír (*e → i*, 21)
resolver (*o → ue*, 34)
reunir (*u → ú*)
revolver (*o → ue*, 34)
rogar (*o → ue*, 6)
romper (*part.* roto)
saber 27
salir 28
seguir (*e → i*, 21)
sentarse (*e → ie*, 22)
sentir (*e → ie*, 25)
ser 29
servir (*e → i*, 21)
situar (*u → ú*, 7)
sonar (*o → ue*, 6)
soñar (*o → ue*, 6)
sonreír (*e → i*, 21)
suponer (24)
sustituir (*y*, 5)
tener 30
traducir (zc, 3)
traer 31
valer (28)
venir 32
ver 33
vestirse (*e → i*, 21)
verter (*e → ie*, 12)
volver 34

Begriff	spanisch	deutsch	Beispiel
Adjektiv	adjetivo	Eigenschaftswort	Die **alte** Stadt.
Adverb	adverbio	Umstandswort	**Heute** gehe ich ins Kino.
Akkusativ	acusativo	4. Fall (Wenfall)	Daniel kauft **den Wagen**.
Akkusativobjekt	objeto directo	direktes Objekt	Ich rufe den Arzt an.
Artikel	artículo	Geschlechtswort	**Der** Fußball ist neu.
Dativ	dativo	3. Fall (Wemfall)	Wir schenken **Michael** ein Fahrrad.
Dativobjekt	objeto indirecto	indirektes Objekt	Er kauft **seiner Frau** Blumen.
Demonstrativ-pronomen	pronombre demostrativo	hinweisendes Fürwort	Ich kaufe **diesen**.
Demonstrativ-begleiter	determinante demostrativo	hinweisender Begleiter	Ich nehme **dieses** Sofa.
feminin	femenino	weiblich	Sie ist **eine gute Lehrerin**.
Futur	futuro	Zukunft	María **wird kommen**.
Gerundium	gerundio	Verlaufsform	Er **schläft gerade**.
Imperativ	imperativo	Befehlsform	**Gib** mir bitte Schokolade.
Imperfecto	imperfecto	Präteritum (Vergangenheitsform)	Meine Mutter **spielte** gerne Klavier.
Indefinido	indefinido	Historische Vergangenheit	Pablo Picasso **starb** 1973.
Indefinitbegleiter	determinante indefinido	unbestimmter Begleiter	Bringst du mir bitte **irgendeine** Zeitschrift?
Indefinitpronomen	pronombre indefinido	unbestimmtes Fürwort	Ich finde **keine**.
Indirekte Rede	estilo indirecto	ndirekte Rede	Paul sagt, **er komme** um 20 Uhr.
Infinitiv	infinitivo	Grundform des Verbs	Er kann nicht **sprechen**.
Komparativ	comparativo	Vergleichs- und 1. Steigerungsform	Carola ist **älter** als Julia.
Konditional	condicional	Bedingungsform	**Du könntest** dir eine Woche Urlaub nehmen.
Konjugation	conjugación	Beugung des Verbs	Ich geh**e**, du geh**st**, ...
Konnektor	conector	Verbindungswort	Max ging spazieren, weil schönes Wetter war.
Konsonant	consonante	Mitlaut	**b**, **c**, **d**, **f**, usw.
maskulin	masculino	männlich	Herr Naumann ist **ein reicher Mann**.
Modalverb	verbo modal	Verb, das die Bedeutung eines Vollverbs modifiziert	**Kannst** du englisch sprechen?

Begriff	spanisch	deutsch	Beispiel
Negation	negación	Verneinung	Wir gehen morgen **nicht** in die Arbeit.
Nominativ	nominativo	1. Fall (Werfall)	Peter ist **Arzt.**
Objekt	objeto	Ergänzung des Verbs	Markus liest die **Zeitung**.
direktes Objektpronomen	pronombre de objeto directo	Fürwort als Ergänzung des Verbs im 4. Fall	Ich sehe **ihn**.
indirektes Objektpronomen	pronombre de objeto indirecto	Fürwort als Ergänzung des Verbs im 3. Fall	Gefällt **dir** meine neue Bluse?
Ordinalzahl	número ordinal	Ordnungszahl	**erster, zweiter** usw.
Perfekt	pretérito perfecto	Vergangenheit	**gegessen**, **gekauft** usw.
Personalpronomen	pronombre personal	persönliches Fürwort	**Er** fragt **sie** um Rat.
Plural	plural	Mehrzahl	**Häuser, Röcke**
Plusquamperfekt	pluscuamperfecto	vollendete Vergangenheit	Nachdem **sie** die Prüfung **abgelegt hatten**, wurde das Wetter gut.
Possessivbegleiter	determinante posesivo	besitzanzeigender Begleiter	**Meine** Eltern heißen José und Silke.
Possessivpronomen	pronombre posesivo	besitzanzeigendes Fürwort	Das Fahrrad? Das ist **meines!**
Prädikat	predicado	Satzaussage	Der Bus **fährt** zum Bahnhof.
Präposition	preposición	Verhältniswort	Sie steht **an** der Haltestelle.
Präsens	presente	Gegenwart	Ich **fahre** heute nach Murcia.
Pronomen	pronombre	Fürwort	Du gibst **es ihr**.
reflexives Verb	verbo reflexivo	rückbezügliches Tätigkeitswort	Karin **freute sich** sehr über die Blumen.
Reflexivpronomen	pronombre reflexivo	rückbezügliches Fürwort	Wir freuen **uns**.
Subjektpronomen	pronombre de sujeto	Fürwort als Satzgegenstand	**Er** schwimmt.
Subjuntivo	subjuntivo	–	*Me alegro que te **guste**.*
Substantiv	sustantivo	Hauptwort	**Name, Stadt**
Superlativ	superlativo	2. Steigerungsform	**Der höchste** Berg Spaniens ist der Teide.
Verb	verbo	Tätigkeitswort	**schreiben, besuchen**
verbale Umschreibung	perífrasis verbal	Umschreibung mit einem Zeitwort	Die Kinder **spielen gerade** im Sand.
Vokal	vocal	Selbstlaut	**a, e, i** usw.

Wortliste nach Lektionen

- Die Wörter sind in der Reihenfolge ihres Vorkommens mit deutscher Bedeutung im jeweiligen Kontext aufgeführt.
- Wörter die ausschließlich auf der CD vorkommen, sind nicht aufgenommen.

Verwendete Abkürzungen
Adv = Adverb *Pl* = Plural *ugs* = umgangssprachlich

Unidad 1

Nunca es tarde para aprender

	cooperativo/-a	kooperativ, in der Gruppe
	el/la escolar	Schüler/in
	la desventaja	Nachteil
	contrastar	vergleichen
	diseñar	erstellen
	la habilidad	Fertigkeit

A

1a	la letra	Buchstabe, *hier:* Schrift
	el aula	Klassenzimmer
	en voz alta	laut
	reflexionar	nachdenken, überlegen
	el comportamiento	Benehmen, Verhalten
	echar	hinauswerfen
1b	bilingüe	zweisprachig
	favorecer	unterstützen
	el pensamiento	Gedanke
	reflexivo/-a	nachdenklich
	la conciencia	Bewusstsein
	la apertura	Öffnung
	la vocación	Berufung
	la curiosidad	Neugier
	ejercer	ausüben
	comunitario/-a	gemeinschaftlich
	la lámina	Bild, Folie
	sagrado/-a	heilig
	el crucifijo	Kruzifix
	el chiquillo	Kind
	entonar	anstimmen
	el calígrafo	Kalligraph, "Schönschreiber"
	tener cuidado	aufpassen
	la prisa	Eile
	el piojo	Laus
	rapar	stutzen, abrasieren
	la palma de la mano	Handfläche
	ponerse de rodillas	sich hinknien
1d	la colonia	Kölnischwasser
	intenso/-a	stark
	imponer	auferlegen
2a	la instalación	Einrichtung
	coser	nähen
	hacer punto	stricken
	autoritario/-a	autoritär
	apreciar	schätzen
	la asignatura	Fach

B

5b	montar	eröffnen
	el entretenimiento	Unterhaltung
5c	manifestar	äußern
6a	los dibujos animados *(Pl)*	Comic
	el suspense	Spannung
6c	el crecimiento	Wachstum
	la globoflexia	Luftballonkunst
	el origen	Ursprung
	la evolución	Entwicklung
	la constelación	Sternbild
	el telescopio	Teleskop
	la autoestima	Selbstbewusstsein
	combatir	bekämpfen
	la ansiedad	Angst, Beklemmung
	la timidez	Schüchternheit
	impartir	anbieten
	apuntarse	sich anmelden
	la espada	Schwert
	la oportunidad	Gelegenheit
6d	la facilidad	Begabung
	darse bien	leichtfallen
	darse mal	schwerfallen
	el genio	Genie
	negado/-a	ungeeignet
	el trabajo manual	Handarbeit
6g	asignar	zuteilen
7a	la costura	Nähen

Entre culturas

a	educativo/-a	Bildungs-
	la enseñanza	Bildung, Unterricht
	obligatorio/-a	Pflicht-
	la educación primaria	Grundschule
	la educación secundaria	weiterführende Schule (Realschule, Gymnasium)
	abarcar	umfassen
	la educación preescolar	Vorschulerziehung
	el examen de acceso	Aufnahmeprüfung

	la carrera universitaria	Studienfach
	el/la licenciado/-a	Akademiker/in
	el grado	Schulklasse
b	el sistema de enseñanza	Bildungssystem

AB

2b	estricto/-a	streng
	el castigo	Strafe
3a	unitario/-a	Einheits-
	atender	sich kümmern
	el alumnado	Schülerschaft
	distante	entfernt
	graduado/-a	Stufen-
	el papel	Rolle
	el sostenimiento	Unterhalt
	alabar	loben
	hambriento/-a	hungrig
	la consigna	Weisung
	la fila	Reihe
	rezar	beten
	el Padrenuestro	Vaterunser
	el catecismo	Katechismus
	sancionar	bestrafen
	el reglazo	*Schlag mit dem Lineal*
	el cachete	Klaps
	penar	bestrafen
13	el espía	Spion
16	tratar	umgehen
18a	compulsivamente *(Adv)*	pausenlos
18b	intuir	(er)ahnen
	las damas *(Pl)*	Damespiel
	la confección	Konfektion
	procesar	bearbeiten
	el tacto	Feingefühl
	inquieto/-a	unruhig
	travieso/-a	frech
	mediar	sich einsetzen
	particular	eigenartig
	excéntrico/-a	extravagant
19a	la optimación	Optimierung
	la autodefensa	Selbstverteidigung
	el parapente	Paragliding
	el mantenimiento	Pflege
22	primordial	vorrangig
	el mural	Wandbild
	acudir	gehen
	el birrete	Barett
	el fleco	Franse
	la muceta	Robe
	la capa	Umhang
24	la ira	Wut
	la decepción	Enttäuschung

Unidad 2

¡Adelante! Entra en mi vida

	la aversión	Abneigung
	la preocupación	Sorge
	el estado de ánimo	Gefühlszustand

A

1a	avecinarse	sich niederlassen
	el portero	Portier, Hausmeister
	la cárcel	Gefängnis
	el jardinero	Gärtner
	la comunidad	Hausgemeinschaft
	defender *(e → ie)*	verteidigen
	enamorado/-a	verliebt
	enfadado/-a	wütend, verärgert
	inocente	unschuldig, naiv
	apreciar	wertschätzen, gernhaben
	alocado/-a	verrückt
	celoso/-a	eifersüchtig
	sinvergüenza	unverschämt
	la residencia	Wohnheim
	la actitud	Einstellung
	adolescente	jugendlich
	fastidiar	stören
	la convivencia	Zusammenwohnen
	común	gewöhnlich
	rebelde	rebellisch
	caer bien	gut gefallen
1b	caer mal	nicht gefallen
1e	ponerse	werden
2b	tirado/-a	liegend
	la bolsa de basura	Müllbeutel
	el contenedor	Container
2c	costar *(o → ue)*	schwerfallen
	conseguir	finden
	el/la vigilante	Wächter/-in
	chistoso/-a	lustig
	chismoso/-a	klatschhaft, klatschsüchtig
	aguantar	leiden
	chévere *(ugs)*	gut, toll
	la envidia	Neid

B

4a	el avatar	Avatar, *virtuelles Alter Ego*
	audaz	wagemutig
	llenar	erfüllen
	inquieto/-a	rastlos, unermüdlich
	el albañil	Maurer
	el/la guerrero/-a	Krieger/-in
	salvaje	wild

	generoso/-a	großherzig
5a	la manía	Marotte
	maniático/-a	seltsam, wahnsinnig
	el garabato	Gekritzel
	liado/-a	beschäftigt
	vago/-a	faul
	impresionar	beeindrucken
	el silencio	Stille
	aprovechar	nutzen
	la reivindicación	Forderung
5b	inherente	innewohnend, verbunden mit

Entre culturas

a	la programación	Programmgestaltung
	distinguir	unterscheiden
	emitir	(aus)senden
	el episodio	Episode
	la joya	Schmuck
	el chantaje	Erpressung
	confesar *(e → ie)*	zugeben
	el gavilán	Sperber
	el asesinato	Mord
	enloquecerse	verrückt werden
	la ilusión	Wunsch
	la casualidad	Zufall
b	el rescate	Rettung
	la innovación	Neuerung
	narrativo/-a	narrativ, erzählend
	la alfabetización	Alphabetisierung
	la planeación	Planung
	el pasaje	Passage, *hier*: Zeitphase
	la represión	Unterdrückung
	el género	Gattung
	la venganza	Rache
c	exagerado/-a	übertrieben
	reciente	neu

AB

5	la presencia	Anwesenheit
9a	golpear	schlagen
	la escoba	Besen
10	el paraguas	Regenschirm
	adicto/-a	süchtig
12a	obsesivo/-a	Zwangs-
16a	el pijama	Schlafanzug
	inestable	instabil
	desesperado/-a	verzweifelt
	el saco	Sack
16b	contradictorio/-a	widersprüchlich
17a	la colina	Hügel
	fluctuar	schwanken
	complaciente	aufmerksam
	disperso/-a	zerstreut
	penetrante	aufdringlich
17b	innovador	innovativ
	defensivo/-a	Verteidigungs-
19a	la trama	Handlung
	la gruta	Höhle
	la brisa	Brise
19c	el rasero	Abstreifer *(für ein Maß)*
	la rama	Ast
	la gasa	Gaze

Unidad 3

Viajar para contarlo

	el pingüino	Pinguin
	el lobo marino	Seehund
	el submarinismo	Tauchen
	recorrer	bereisen
	la punta	Spitze

A

1a	el ingreso	Eintritt
	oscilar	schwanken, *hier*: liegen
	cálido/-a	warm
	lluvioso/-a	regnerisch
	el enchufe	Stecker
	convenir *(e → ie)*	angebracht sein
	llevar consigo	mitnehmen
	el convenio	Vereinbarung
	el visado	Visum
	convertible	konvertibel
	equivaler	entsprechen
	embotellado/-a	in Flaschen abgefüllt
	el botiquín	Verbandskasten
	el repelente de insectos	Insektenschutzmittel
1b	el grifo	Wasserhahn
	recargar	aufladen
	templado/-a	mild
2	el incidente	Vorfall
2a	el contratiempo	Zwischenfall
	estropearse	kaputtgehen
	la diarrea	Durchfall
	el vómito	Erbrechen
	el mareo	Übelkeit
	pincharse	einen Platten haben
	perderse	sich verlaufen
	timar	betrügen
2c	marearse	schwindlig werden
	el/la cuate *(ugs)*	Freund/in
	previsto	vorausgesehen
	escalar	klettern
	vacunarse	sich impfen lassen
	la rabia	Tollwut

2d	arreglar	reparieren
2e	doblar	zusammenfalten
2f	por lo tanto	also
	así que	so
2g	ocurrir	geschehen

B

4c	la sonrisa	Lächeln
	la notaría	Notariat
	el presupuesto	Budget
	tope	Höchst-
	la tienda de campaña	Zelt
	abandonado/-a	unbewohnt
	la solidaridad	Solidarität
	previsible	absehbar
5a	entusiasmado/-a	begeistert
	tener en cuenta	bedenken
	la sartén	Pfanne
	titanio	Titan
	el encendedor	Feuerzeug
	la cerilla	Streichholz
	impermeable	wasserfest
6a	la cosmovisión	Weltanschauung
	el chakra	Energiezentrum
	el sacerdote	Priester
7a	el lugareño	Dorfbewohner
	imprescindible	unentbehrlich

Entre culturas

a	el estereotipo	Stereotyp
	el canopy	Kanu
	el nado	Schwimmen
	el testimonio	Beweis
	el ceviche	*Gericht mit rohem Fisch*
	la feria	Fest
	las Fallas	*Volksfest in Valencia am 19. März*
	la Tomatina de Buñol	*Volksfest in Valencia am 31. August*
	la faceta	Facette, Seite
	puesto que	da

AB

1	la vacuna	Impfung
2	los anteojos *(Pl)*	Brille
3	el trámite	Dienstweg, Formalität
	la aduana	Zoll
	la declaración	Erklärung
	anteponer	voranstellen, *hier:* wählen
	el código	Vorwahl
	la proveedora	Anbieter
	la lancha	Boot
2b	la precaución	Vorsichtsmaßnahme
7	facturar	einchecken
	el sobrepeso	Übergewicht
	la reclamación	Beschwerde
10a	la valoración	Bewertung
11	la silla de ruedas	Rollstuhl
12	incansable	unermüdlich
14	plegable	klappbar
	llano/-a	flach
18a	la manifestación	Äußerung
18c	el desplazamiento	Fortbewegung
	notorio/-a	allgemein bekannt
20	la expectación	Erwartung
	el paréntesis	Klammer
	las comillas *(Pl)*	Anführungszeichen
	la exclamación	Ausrufezeichen
	la barra	Schrägstrich

Otra vuelta I
Literatura

	el sentido	Sinn
	el sentimiento	Gefühl
2	el cartero	Briefträger
	aparte de	abgesehen von
	la jaula	Käfig
	el pájaro	Vogel
	el chocho *(ugs)*	Alter Mann, Trottel
	la grabadora	Aufnahmegerät
	el fantasma	Geist
	grabar	aufnehmen
	repicar	läuten
	la soga	Seil
	colgar *(o → ue)*	hängen
	el campanario	Glockenturm
	la roca	Fels
	la reventazón	Bersten
	la ola	Welle
	la gaviota	Möwe
	revolver (*o → ue*)	durcheinander-bringen
	la nieve	Schnee
	el molino	Mühle
	trepar	klettern
	la túnica	Tunika
	el labio	Lippe
	arder	brennen
	el poeta	Dichter
3	el sabor	Geschmack

De viaje por Norte y Centroamérica

	la cruz	*hier*: Rückseite
	la cara	*hier*: Kopf

Son mis amigos

2	quedarse de piedra	versteinert sein

Unidad 4

Verde que te quiero verde

a	tóxico/-a	giftig, toxisch
	la deforestación	Abholzung
b	la concienciación	Sensibilisierung
	ONG	Nichtregierungs-organisation
	predecir	voraussagen, vorhersagen
	la queja	Beschwerde

A

1a	el lince	Luchs
	alarmante	alarmierend
	la emisión	Ausstoß
	la alarma	Alarm
	la inundación	Überschwemmung
	afectado/-a	betroffen
	la marea	Flut
1b	la localidad	Gemeinde
	la agresión	Angriff
	a pesar de	obwohl
	la destrucción	Zerstörung
	la cabra	Ziege
1d	la asamblea	Versammlung
	preocupar	Sorgen machen
	la ganancia	Gewinn
	dar igual	egal sein
	la huelga	Streik
	detener	zurückhalten, stoppen
	potable	trinkbar
	el residuo	Abfall
2	la tensión	Spannung
	la previsión	Vorhersage
2b	el pico	Spitze
	cubrir	(zu)decken
	el impacto	Wirkung
	revelar	sich erweisen
	el páramo	Hochebene
	el organismo	Institution
	a cambio	für
	el incremento	Steigerung
	la cumbre	Gipfel
	significativo/-a	bedeutsam
	prever	vorhersagen, voraussehen
2c	la predicción	Vorhersage, Prognose
2d	derretirse	schmelzen
	inundarse	überschwemmen
2e	el invernadero	Treibhaus
	demográfico/-a	Bevölkerungs-
	la extinción	Aussterben
	el calentamiento	Erwärmung
	el agujero	Loch

B

4a	la fundación	Stiftung
	descalzo/-a	barfuss
	los derechos humanos *(Pl)*	Menschenrechte
4b	el/la cooperante	Helfer/in
	tras	nach
	el centro de salud	Gesundheitszentrum
	abandonar	verlassen
	el inconveniente	Schwierigkeit
	la sequía	Dürre
	el destino	Bestimmungsort
	continuamente *(Adv)*	ständig
	la emergencia	Not
	la señal	Kennzeichen
	la sede	(Haupt)sitz
5a	la bombilla	Glühbirne
	el consumo	Verbrauch
	el pañal	Windel
	contaminante	umweltverschmutzend
	reutilizable	wiederverwertbar
	desenchufar	(Stecker) herausziehen
5c	el desecho	Abfall
	la marisma	Küstenland
	el paseo marítimo	Uferpromenade
	el surtidor	Zapfsäule
6a	prevenir	vermeiden
	el buzón	Briefkasten
	adquirir *(i → ie)*	erlangen
	el/la residente	Anwohner/in
	aparcar	parken
	solicitar	beantragen
	la tarjeta	Karte, Genehmigung
	en vez de	anstatt von
	exigir	verlangen
	justo/-a	gerecht
	la creación	Schaffung
7a	el abono	Kunstdünger
	prejubilar	in den Vorruhestand gehen

Entre culturas

a	la tortuga marina	Meeresschildkröte
b	la ballena	Wal
	entorpecer	stören
	la labor	Arbeit
	el refugio	Zuflucht
	cetáceo/-a	zu den Meeres-säugetieren gehörend
	la comisión	Kommission
	el fondo	Institution
	avistar	sichten
	la ballena jorobada	Buckelwal

	el santuario	Zufluchtsstätte
	indiscriminado/-a	grausam
	la extensión	Umfang, Fläche
	el estrecho	Meerenge
	el pico	Schnabel
	el tigre	Tiger
	felino/-a	Katzen-
c	la marcha	Demonstration

AB

2	renovable	regenerierbar
	reciclado/-a	recycled
	triunfar	siegen
	el alumbrado	Beleuchtung
	el adorno	Schmuck
	reducir	verringern
	competir	konkurrieren
3a	verter *(e → ie)*	eingießen
7b	disminuir	zurückgehen, verringern
9a	dar pena	Leid tun
	discapacitado/-a	behindert
	el refugiado	Flüchtling
	promover *(o → ue)*	herausfordern
	poner en marcha	starten, in Gang setzen
	el acompañamiento	Begleitung
	el/la coterapeuta	Therapeut/in
11	el cubo	Eimer
12b	el corcho	Kork
	el vertedero	Müllgrube
	degradarse	zersetzen, zerlegen
	contribuir	beitragen
	agotar	aufbrauchen
	la celulosa	Zellulose
	el almacenaje	Einlagerung
	la materia prima	Rohstoff
	la hojalata	Blech
	generarse	erzeugen
	la dureza	Härte
	el menaje	Hausrat
	el aislamiento	Isolation
	envasar	einfüllen
	la oxidación	Verrosten
	la tala	Fällen
	impulsar	vorantreiben
	la plantación	Pflanzung
	el detrimento	Schaden
	adhesivo/-a	Klebe-
	encerar	wachsen
	apto/-a	geeignet
15	incontrolado/-a	unkontrolliert
	el reto	Herausforderung
16a	el caparazón	Panzer
	la captura	Fang
16b	desmesurado/-a	exzessiv
	perseguir	verfolgen
	el sapo	Frosch
17a	el vello	Körperhaare
	vasto/-a	weit
17c	el tubo	Rohr
18a	el pimpón	Tischtennis

Unidad 5

¡Hoy me siento bien!

	la mente	Verstand
	la sugerencia	Vorschlag
	la alimentación	Nahrung
	la creencia	Glaube

A

1a	la raqueta	Schläger
	la pelota	kleiner Ball
	el balón	Ball
	la gorra	Mütze
	el palo	Stock
	el tablero	Tischplatte
	el aro	Gymnastikreifen
	el esquí	Ski
	la pista	Piste
	el campo	Sportplatz
	la gimnasia	Gymnastik
	la portería	Tor
	el hoyo	Loch
	la red	Netz
	el ciclismo	Radsport
	el atletismo	Leichtathletik
	el balonmano	Handball
	la equitación	Reitsport
2a	tumbarse	sich hinlegen
	inevitable	unvermeidbar
	la educación física	Sport
	la tortura	Tortur, Quälerei
	la excusa	Ausrede
	tentar	locken, verführen
	la pastelería	Konditorei
	salir de marcha	ausgehen
	placentero/-a	angenehm
	físico/-a	körperlich
	descargar	ausladen
	la adrenalina	Adrenalin
	animar	in Schwung kommen
	constante	konstant
	nulo/-a	nichtig
2b	pacífico/-a	friedlich
	aventurero/-a	aberteuerlustig
	competitivo/-a	konkurrenzorientiert

3a	el arte marcial	Kampfsportarten
	fortalecer	aufbauen
	el glúteo	Gesäßmuskel
	el abdomen	Bauch, Unterleib
	estático/-a	statisch
	pulmonar	Lungen-
	el compás	Takt, Tempo
	el músculo	Muskel
	endurecer	(ver-)härten, befestigen
	tonificar	kräftigen
	proporcionar	bewirken, schaffen
	potenciar	steigern, verbessern
	el estiramiento	Strecken
4a	el/la ejecutivo/-a	Manager/in
	embarazada	schwanger

B

5a	la hortaliza	Gemüse
	deshidratado/-a	getrocknet
	la levadura	Hefe
	el jengibre	Ingwer
	el acidulante	Säuerungsmittel
	el colorante	Farbstoff
	el almidón	Stärkemehl
	modificar	bearbeiten
	el tocino	Speck
	el trifosfato	Triphosphat
	antioxidante	Antioxidationsmittel
	el nitrito	Nitrit
	sódico/-a	Natrium-
	el conservador	Konservierungsstoff
	la almendra	Mandel
	la yema de huevo	Eigelb
	confitado/-a	gezuckert, kandiert
5d	precocinado/-a	vorgekocht (Fertiggericht)
6a	provocar	verursachen
	la alteración	Störung
	perjudicar	schaden
	equilibrado/-a	ausgeglichen
	la proteína	Protein
6b	el exceso	Übermaß
	el riñón	Niere
	el equilibrio	Gleichgewicht
	el sodio	Natrium
	el potasio	Kalium
	diluir	auflösen
	dar lugar a	verursachen
	el calambre	Muskelkrampf
	el cansancio	Müdigkeit
	la agilidad	Wendigkeit
	la legumbre	Hülsenfrucht
	en conserva	konserviert
	troceado/-a	in Stücke zerteilt
	el depósito	Depot
	por arte de magia	wie durch Hexerei
	perjudicial	schädlich
6c	biológico/-a	biologisch
6d	echar	*hier*: dazugeben
	la tensión	Druck
7a	la calabaza	Kürbis
	amargo/-a	bitter
	el bacalao	Kabeljau
	crudo/-a	roh
	el haba	Saubohne
	el granizado	*Erfrischungsgetränk mit zerstoßenem Eis*
	la trufa	Trüffel
	el apio	Sellerie
	la albahaca	Basilikum
	el sorbete	Sorbet
	el lomo	Lende
	el conejo	Kaninchen
	el caracol	Schnecke
8c	la hierba	Kraut

Entre culturas

	la pasión	Leidenschaft
a	el himno	Hymne
	el hincha	Fan
	el partido	Spiel
	el balompié	Fußball
	el entusiasmo	Begeisterung
	la fe	Glaube
c	el xeneize	*Fan der argentinischen Fußballmannschaft "El Boca Juniors"*
	dejar plantado/-a	warten lassen, versetzen
	con tal de	nur
	la cancha	Fußballplatz, Stadion
	clave	entscheidend, wichtig
	postergar	verschieben
	hacerse	vortäuschen
	si bien	obwohl
	adversario/-a	Gegner-
	envolver *(o → ue)*	einpacken
	La Bombonera	*Fußballstadium im Stadtteil La Boca von Buenos Aires*
	el aliento	Kraft
	provenir *(e → ie)*	stammen
	la hinchada	Fangemeinde
	el apodo	Spitzname
	la barra	Fanblock
	asombroso/-a	erstaunlich
	la transmisión	Übertragung

	el valor	Wert
	callejero/-a	Strassen-
	la prensa	Presse
	narrar	erzählen
	veterano/-a	erfahren
	la charla	Gespräch
	el azar	Zufall, Glück
	apostar *(o → ue)*	wetten

AB

1	la fibra	Ballaststoff
	la relajación	Erholung
9	el entrenador	Trainer
	estimulante	anregend
	la articulación	Gelenk
10	la rodaja	Scheibe
11a	el reflejo	Spiegelung
	el chicharrón	*geröstete Schweinehaut*
	el potaje	Gemüsesuppe
	mojar	nass machen
	la bollería	Feinbäckerei
13b	abusar	missbrauchen, ausnutzen
	el saborizante	Geschmacksverstärker
	la digestión	Verdauung
16	saborear	schmecken
17	mimar	verwöhnen
19a	la vergüenza	Scham
	la granja	Bauernhof
	el cojín	Kissen

Unidad 6

¡Cuéntame lo que pasó!

	el argumento	Handlung

A

1a	habilitar	befähigen
	el carril	Spur
	hacer uso	benutzen
	culminar	beenden
	la ampliación	Verbreitung
	derrotar	besiegen
	imponerse	gewinnen
	contundente	überzeugend
	considerar	gelten
	el bien	Gut
	excepcional	einmalig
	emplazar	platzieren
	la meseta	Hochebene
	árido/-a	trocken
	verdeante	Grün-
	sostener	behaupten
	dar a conocer	bekannt geben
	el ministro de Hacienda	Finanzminister
	el ministro de Minas	Minister für Bergbau
	sacudir	erschüttern
	el seísmo	Erdbeben
	la magnitud	Höhe, Größe
	el departamento	Gebiet
	nipón/a	japanisch
	justificarse	rechtfertigen
	denunciar	anzeigen
1d	dimitir	zurücktreten
2a	la evasión	Flucht
	acusar	anklagen, beschuldigen
	a mano armada	bewaffnet
	el tráfico	Handel
2c	la rueda de prensa	Pressekonferenz
	el portavoz	Sprecher
	la duquesa	Herzogin
	el perdón	Verzeihung
2d	el acceso	Zugang
	el disfraz	Verkleidung
	atracar	überfallen
	atar cabos	unter Dach und Fach bringen
	el atraco	Überfall
	el seguro	Versicherung
3a	la sobreabundancia	Überfülle, Überfluss
	el ciudadano	Bürger
	la plataforma	Forum

B

5a	la tregua	Waffenstillstand
	la brigada	Brigade
	aunar	verbinden
	la tertulia	Gesprächskreis
	el informativo	Nachrichten(sendung)
	el seguimiento	Übertragung
	relevante	wichtig
	el don de palabra	Wortgewandtheit, Beredtsamkeit
5c	presidir	den Vorsitz haben
	prestar atención	Aufmerksamkeit schenken
6c	el delegado	Vertreter, Abgesandter
	anunciar	bekannt geben
	bonachón/-a	leichtgläubig
	sordo/-a	taub
	ilusionar	hoffen
	someter	unterwerfen
	auxiliar	Hilfs-
	el tópico	Klischee
	magistral	meisterhaft
	habitual	gewöhnlich
	ingenioso/-a	geschickt
	estupendo/-a	großartig

	onírico/-a	Traum-
	engrandecer	vergrößern
	la interpretación	Darstellung
	la ficha técnica	Nachspann
6f	el nombre propio	Eigenname
	hundirse	untergehen
	el anillo	Ring
	el padrino	Pate
	el espacio	Weltraum
	la nave espacial	Raumschiff
	el tiburón	Hai
	el/la extraterrestre	Außerirdische/r
	entretenido/-a	unterhaltsam
	el peliculón *(ugs)*	sehr guter Film
	el rollo *(ugs)*	langweiliger Film

Entre culturas

b	la sinopsis	Zusammenfassung
	el corto	Kurzfilm
	extenuado/-a	erschöpft
	derramar	vergießen
	la bandada	Schwarm
	alzar vuelo	sich aufschwingen
	la colmena	Bienenstock
	el juego de la copa	*Spiel, um Geister zu rufen (Gläserrücken)*
	el espiritismo	Spiritismus
	habitar	wohnen
	el pacto	Pakt
	el botín	Beute
	enfrentar	sich auseinandersetzen
	el demonio	Dämon
	dar voz	jmd. sich äußern lassen
	la víctima	Opfer
	la existencia	Existenz
	el coral	Koralle
	la concha	Muschel
	el término	Begriff
	el subtítulo	Untertitel
	el largometraje	Spielfilm

AB

2b	advertir *(e → ie)*	warnen
4	sentenciar	verurteilen
5a	desmentir *(e → ie)*	leugnen
10a	la pista	Spur
	la atracadora	Straßenräuberin
13a	encargar	in Auftrag geben
	la credibilidad	Glaubwürdigkeit
	descifrar	entziffern
	la penetración	Durchdringung
14a	el yerno	Schwiegersohn

Otra Vuelta II
Literatura

	la imortalidad	Unsterblichkeit
1	infinito/-a	unendlich
	el canto	Sang
	el panal	Wabe
	la eternidad	Ewigkeit
	el rosal	Rosenstock
2	labrar	errichten
	la dulzura	Süße
	mudo/-a	stumm
	la frente	Stirn
	delicado/-a	zart, fein
	la feminidad	Weiblichkeit
	la crónica	Chronik
3	recitar	aufsagen, rezitieren

De viaje por Sudamérica

	el altiplano	Hochebene
	la Gran Colombia	*historisches Staatsgebilde, 1821 von Simón Bolívar gegründet*
	la cueca	*Nationaltanz von Chile und Bolivien*
	el bailarín	Tänzer

Canción

	el estuche	Kästchen, Etui
1	la apariencia	Aussehen, Anschein
	aprisionado/-a	eingesperrt
	el envase	Behälter
	guardar	bewahren
2	el mandamiento	Gebot
	escultural	bildschön
	desencadenar	auslösen
	el silbido	Pfiff
	el piropo	Kompliment
3	aterrizar	landen
	deslumbrar	blenden
	el mensajero	Bote
	alado/-a	geflügelt
	superficial	oberflächlich
	confundir	verwirren
	aguzar	munter machen, aufrütteln
4	el indicio	Anzeichen
	la rareza	Seltenheit

- Die Wörter sind in alphabetischer Reihenfolge aufgeführt.
- Nach der deutschen Bedeutung ist die Stelle des ersten Vorkommens angegeben. Folgende Abkürzungen wurden dafür verwendet.

e	= *Einstiegsseite*	3 **AB** 3a	= Unidad 3, Arbeitsbuchteil, Übung 3a
1 3a	= Unidad1, Aktivität 3a	**ov I** *jg*	= otra vuelta I, Spiel
2 *ec* b	= Unidad 2, entre culturas, Aktivität b	♫	= Lied

A

a cambio – für **4** 2b
a mano armada – bewaffnet **6** 2a
a pesar de – obwohl **4** 1b
abandonado/-a – unbewohnt **3** 4c
abandonar – verlassen **4** 4b
abarcar – umfassen **1** *ec* a
abdomen *m* – Bauch, Unterleib **5** 3a
abono *m* – Kunstdünger **4** 7a
abusar – missbrauchen, ausnutzen **5 AB** 13b
acceso *m* – Zugang **6** 2d
acidulante *m* – Säuerungsmittel **5** 5a
acompañamiento *m* – Begleitung **4 AB** 9a
actitud *f* – Einstellung **2** 1a
acudir – gehen **1 AB** 22
acusar – anklagen, beschuldigen **6** 2a
adhesivo/-a – Klebe- **4 AB** 12b
adicto/-a – süchtig **2 AB** 10
adolescente – jugendlich **2** 1a
adorno *m* – Schmuck **4 AB** 2
adquirir – erlangen **4** 6a
adrenalina *f* – Adrenalin **5** 2a
aduana *f* – Zoll **3 AB** 3
adversario/-a – Gegner- **5** *ec* c
advertir – warnen **6 AB** 2b
afectado/-a – betroffen **4** 1a
agilidad *f* – Wendigkeit **5** 6b
agotar – aufbrauchen **4 AB** 12b
agresión *f* – Angriff **4** 1b
aguantar – leiden **2** 2b **2** 2c
agujero *m* – Loch **4** 2e
aguzar – munter machen, aufrütteln **ov II** 3 ♫
aislamiento *m* – Isolation **4 AB** 12b
alabar – loben **1 AB** 3a
alado/-a – geflügelt **ov II** 3 ♫
alarma *f* – Alarm **4** 1a
alarmante – alarmierend **4** 1a
albahaca *f* – Basilikum **5** 7a
albañil *m* – Maurer **2** 4a
alfabetización *f* – Alphabetisierung **2** *ec* b
aliento *m* – Kraft **5** *ec* c
alimentación *f* – Nahrung **5** *e*
almacenaje *m* – Einlagerung **4 AB** 12b
almendra *f* – Mandel **5** 5a
almidón *m* – Stärkemehl **5** 5a
alocado/-a – verrückt **2** 1a
alteración *f* – Störung **5** 6a
altiplano *m* – Hochebene **ov II** *jg*
alumbrado *m* – Beleuchtung **4 AB** 2
alumnado *m* – Schülerschaft **1 AB** 3a
alzar vuelo – sich aufschwingen **6** *ec* b
amargo/-a – bitter **5** 7a
ampliación *f* – Verbreitung **6** 1a
anillo *m* – Ring **6** 6f
animar – in Schwung kommen **5** 2a
ansiedad *f* – Angst **1** 1b
anteojos *(m, Pl)* – Brille **3 AB** 2
anteponer – voranstellen, wählen **3 AB** 3
antioxidante – Antioxidationsmittel **5** 5a
anunciar – bekannt geben **6** 6c
aparcar – parken **4** 6a
apariencia *f* – Aussehen, Anschein **ov II** 1 ♫
aparte de – abgesehen von **ov I** 2
apertura *f* – Öffnung **1** 1b
apio *m* – Sellerie **5** 7a
apodo *m* – Spitzname **5** *ec* c
apostar – wetten **5** *ec* c
apreciar – schätzen **1** 1b
apreciar – wertschätzen, gern haben **2** 1a
aprisionado/-a – eingesperrt **ov II** 1 ♫
aprovechar – nutzen **2** 5a
apto/-a – geeignet **4 AB** 12b
apuntarse – sich anmelden **1** 1b
arder – brennen **ov I** 2
argumento *m* – Handlung **6** *e*
árido/-a – trocken **6** 1a
aro *m* – Gymnastikreifen **5** 1a
arreglar – reparieren **3** 2c
arte marcial *m* – Kampfsportart **5** 3a
articulación *f* – Gelenk **5 AB** 9
asamblea *f* – Versammlung **4** 1d
asesinato *m* – Mord **2** *ec* a
así que – so **3** 2f
asignar – zuteilen **1** 1b
asignatura *f* – Fach **1** 1b
asombroso/-a – erstaunlich **5** *ec* c
atar cabos – unter Dach und Fach bringen **6** 2d
atender – sich kümmern **1 AB** 3a
aterrizar – landen **ov II** 3 ♫
atletismo *m* – Leichtathletik **5** 1a
atracador/a *m/f* – Straßenräuber/in **6 AB** 10a
atracar – überfallen **6** 2d
atraco *m* – Überfall **6** 2d
audaz – wagemutig **2** 4a
aula *m* – Klassenzimmer **1** 1a
aunar – verbinden **6** 5a
autodefensa *f* – Selbstverteidigung **1 AB** 19a
autoestima *f* – Selbstbewusstsein **1** 1b
autoritario/-a – autoritär **1** 1b
auxiliar – Hilfs- **6** 6c
avatar *m* – Avatar, *virtuelles Alter Ego* **2** 4a
avecinarse – sich niederlassen **2** 1a
aventurero/-a – abenteuerlustig **5** 2b
aversión *f* – Abneigung **2** *e*
avistar – sichten **4** *ec* b
azar *m* – Zufall, Glück **5** *ec* c

B

bacalao *m* – Kabeljau **5** 7a
bailarín *m* – Tänzer **ov II** *jg*
ballena *f* – Wal **4** *ec* b
ballena jorobada *f* – Buckelwal **4** *ec* b
balompié *m* – Fußball **5** *ec* a
balón *m* – Ball **5** 1a
balonmano *m* – Handball **5** 1a
bandada *f* – Schwarm **6** *ec* b
barra *f* – Schrägstrich **3 AB** 20, Fanblock **5** *ec* c
bien *m* – Gut **6** 1a
bilingüe – zweisprachig **1** 1b
biológico/-a – biologisch **5** 6c
birrete *m* – Barett **1 AB** 22
bollería *f* – Feinbäckerei **5 AB** 11a
bolsa de basura *f* – Müllbeutel **2** 2b
bombilla *f* – Glühbirne **4** 5a

bonachón/-a – leichtgläubig **6** 6c
botín *m* – Beute **6** *ec* b
botiquín *m* – Verbandskasten **3** 1a
brigada *f* – Brigade **6** 5a
brisa *f* – Brise **2 AB** 19a
buzón *m* – Briefkasten **4** 6a

C

cabra *f* – Ziege **4** 1b
cachete *m* – Klaps **1 AB** 3a
caer bien – gut gefallen **2** 1a
caer mal – nicht gefallen **2** 1b
calabaza *f* – Kürbis **5** 7a
calambre *m* – Muskelkrampf **5** 6b
calentamiento *m* – Erwärmung **4** 2e
cálido/-a – warm **3** 1a
calígrafo *m* – Kalligraph, "Schönschreiber" **1** 1b
callejero/-a – Strassen- **5** *ec* c
campanario *m* – Glockenturm **ov I** 2
campo *m* – Sportplatz **5** 1a
cancha *f* – Fußballplatz, Stadion **5** *ec* c
canopy *m* – Kanu **3** *ec* a
cansancio *m* – Müdigkeit **5** 6b
canto *m* – Gesang **ov II** 1
capa *f* – Umhang **1 AB** 22
caparazón *m* – Panzer **4 AB** 16a
captura *f* – Fang **4 AB** 16a
caracol *m* – Schnecke **5** 7a
cárcel *f* – Gefängnis **2** 1a
carrera universitaria *f* – Studienfach **1** *ec* a
carril *m* – Spur **6** 1a
cartero *m* – Briefträger **ov I** 2
castigo *m* – Strafe **1 AB** 2b
casualidad *f* – Zufall **2** *ec* a
catecismo *m* – Katechismus **1 AB** 3a
celoso/-a – eifersüchtig **2** 1a
celulosa *f* – Zellulose **4 AB** 12b
centro de salud *m* – Gesundheitszentrum **4** 4b
cerilla *f* – Streichholz **3** 5a
cetáceo/-a – *zu den Meeressäugetieren gehörend* **4** *ec* b
ceviche *m* – *Gericht mit rohem Fisch* **3** *ec* a
chakra *m* – Energiezentrum **3** 6a
chantaje *m* – Erpressung **2** *ec* a
charla *f* – Gespräch **5** *ec* c
chévere – gut, toll **2** 2c
chicharrón *m* – *geröstete Schweinehaut* **5 AB** 11a
chiquillo *m* – Kind **1** 1b
chismoso/-a – klatschhaft, klatschsüchtig **2** 2c
chistoso/-a – lustig **2** 2c
chocho *m* – Alter Mann, Trottel **ov I** 2
ciclismo *m* – Radsport **5** 1a
ciudadano *m* – Bürger **6** 3a
clave – entscheidend, wichtig **5** *ec* c
código *m* – Vorwahl **3 AB** 3
cojín *m* – Kissen **5 AB** 19a
colgar – hängen **ov I** 2
colina *f* – Hügel **2 AB** 17a
colmena *f* – Bienenstock **6** *ec* b
colonia *f* – Kölnischwasser **1** 1b
colorante *m* – Farbstoff **5** 5a
combatir – bekämpfen **1** 1b
comillas *f* – Anführungszeichen **3 AB** 20
comisión *f* – Kommission **4** *ec* b
compás *m* – Takt, Tempo **5** 3a
competir – konkurrieren **4 AB** 2
competitivo/-a – konkurrenzorientiert **5** 2b
complaciente – aufmerksam **2 AB** 17a
comportamiento *m* – Benehmen, Verhalten **1** 1a
compulsivamente – pausenlos **1 AB** 18a
común – gewöhnlich **2** 1a
comunidad *f* – Hausgemeinschaft **2** 1a
comunitario/-a – gemeinschaftlich **1** 1b
con tal de – nur **5** *ec* c
concha *f* – Muschel **6** *ec* b
conciencia *f* – Bewusstsein **1** 1b
concienciación *f* – Sensibilisierung **4** *e*
conejo *m* – Kaninchen **5** 7a
confección *f* – Konfektion **1 AB** 18b
confesar – zugeben **2** *ec* a
confitado/-a – gezuckert, kandiert **5** 5a
confundir – verwirren **ov II** 3 ♫
conseguir – finden **2** 2c
conservador *m* – Konservierungsstoff **5** 5a
considerar – gelten **6** 1a
consigna *f* – Weisung **1 AB** 3a
constante – konstant **5** 2a
constelación *f* – Sternbild **1** 1b
consumo *m* – Verbrauch **4** 5a
contaminante – umweltverschmutzend **4** 5a
contenedor *m* – Container **2** 2b
continuamente – ständig **4** 4b
contradictorio/-a – widersprüchlich **2 AB** 16b
contrastar – vergleichen **1** *e*
contratiempo *m* – Zwischenfall **3** 2a
contribuir – beitragen **4 AB** 12b
contundente – überzeugend **6** 1a
convenio *m* – Vereinbarung **3** 1a
convenir – angebracht sein **3** 1a
convertible – konvertibel **3** 1a
convivencia *f* – Zusammenwohnen **2** 1a
cooperante *m/f* – Helfer/in **4** 4b
cooperativo/-a – kooperativ, in der Gruppe **1** *e*
coral *m* – Koralle **6** *ec* b
corcho *m* – Kork **4 AB** 12b
corto *m* – Kurzfilm **6** *ec* b
coser – nähen **1** 1b
cosmovisión *f* – Weltanschauung **3** 6a
costar – schwer fallen **2** 2c
costura *f* – Nähen **1** 1b
coterapeuta *m/f* – Therapeut/in **4 AB** 9a
creación *f* – Schaffung **4** 6a
crecimiento *m* – Wachstum **1** 1b
credibilidad *f* – Glaubwürdigkeit **6 AB** 13a
creencia *f* – Glaube **5** *e*
crónica *f* – Chronik **ov II** 2
crucifijo *m* – Kruzifix **1** 1b
crudo/-a – roh **5** 7a
cuate *m/f* – Freund/in **3** 2c
cubo *m* – Eimer **4 AB** 11
cubrir – (zu)decken **4** 2b
culminar – beenden **6** 1a
cumbre *f* – Gipfel **4** 2b
curiosidad *f* – Neugier **1** 1b

D

damas *Pl, f* – Damespiel **1 AB** 18b
dar a conocer – bekannt geben **6** 1a
dar igual – egal sein **4** 1d
dar lugar a – verursachen **5** 6b
dar pena – Leid tun **4 AB** 9a
dar voz – jmd. sich äußern lassen **6** *ec* b
darse bien – leichtfallen **1** 1b
darse mal – schwerfallen **1** 1b
decepción *f* – Enttäuschung **1 AB** 24
declaración *f* – Erklärung **3 AB** 3
defender – verteidigen **2** 1a
defensivo/-a – Verteidigungs- **2 AB** 17b
deforestación *f* – Abholzung **4** *e*
degradarse – zersetzen, zerlegen **4 AB** 12b
dejar plantado/-a – warten lassen, versetzen **5** *ec* c
delegado/-a *m/f* – Vertreter/-in, Abgesandte/r **6** 6c
delicado/-a – zart, fein **ov II** 2

demográfico/-a - Bevölkerungs- 4 2e
demonio m - Dämon 6 ec b
denunciar - anzeigen 6 1a
departamento m - Gebiet 6 1a
depósito m - Depot 5 6b
derramar - vergießen 6 ec b
derretirse - schmelzen 4 2d
derrotar - besiegen 6 1a
descalzo/-a - barfuss 4 4a
descargar - ausladen 5 2a
descifrar - entziffern 6 AB 13a
desecho m - Abfall 4 5c
desencadenar - auslösen ov II 2 ♫
desenchufar - herausziehen 4 5a
desesperado/-a - verzweifelt 2 AB 16a
deshidratado/-a - getrocknet 5 5a
deslumbrar - blenden ov II 3 ♫
desmentir - leugnen 6 AB 5a
desmesurado/-a - exzessiv 4 AB 16b
desplazamiento m - Fortbewegung 3 AB 18c
destino - Bestimmungsort 4 4b
destrucción f - Zerstörung 4 1b
desventaja f - Nachteil 1 e
detener - zurückhalten, stoppen 4 1d
detrimento m - Schaden 4 AB 12b
diarrea f - Durchfall 3 2a
dibujos animados Pl, m - Comic 1 1b
digestión f - Verdauung 5 AB 13b
diluir - auflösen 5 6b
dimitir - zurücktreten 6 1d
discapacitado/-a - behindert 4 AB 9a
diseñar - erstellen 1 e
disfraz m - Verkleidung 6 2d
disminuir - zurückgehen, verringern 4 AB 7b
disperso/-a - zerstreut 2 AB 17a
distante - entfernt 1 AB 3a
distinguir - unterscheiden 2 ec a
doblar - zusammenfalten 3 2e
don de palabra m - Wortgewandtheit, Beredtsamkeit 6 5a
dulzura f - Süße ov II 2
duquesa f - Herzogin 6 2c
dureza f - Härte 4 AB 12b

E

echar - hinauswerfen 1 1a, dazugeben 5 6d
educación física f - Sport 5 2a
educación preescolar f - Vorschulerziehung 1 ec a
educación primaria f - Grundschule 1 ec a
educación secundaria f - weiterführende Schule 1 ec a
educativo/-a - Bildungs- 1 ec a
ejecutivo/-a m/f - Manager/in 5 4a
ejercer - ausüben 1 1b
embarazada - schwanger 5 4a
embotellado/-a - in Flaschen abgefüllt 3 1a
emergencia f - Not 4 4b
emisión f - Ausstoß 4 1a
emitir - (aus)senden 2 ec a
emplazar - platzieren 6 1a
en conserva - konserviert 5 6b
en vez de - anstatt von 4 6a
en voz alta - laut 1 1a
enamorado/-a - verliebt 2 1a
encargar - in Auftrag geben 6 AB 13a
encendedor m - Feuerzeug 3 5a
encerar - wachsen 4 AB 12b
enchufe m - Stecker 3 1a
endurecer - (ver)härten, befestigen 5 3a
enfadado/-a - wütend, verärgert 2 1a
enfrentarse - sich auseinandersetzen 6 ec b
engrandecer - vergrößern 6 6c
enloquecerse - verrückt werden 2 ec a
enseñanza f - Bildung 1 ec a
entonar - anstimmen 1 1b
entorpecer - stören 4 ec b
entrenador m - Trainer 5 AB 9
entretenido/-a - unterhaltsam 6 6f
entretenimiento m - Unterhaltung 1 1b
entusiasmado/-a - begeistert 3 5a
entusiasmo m - Begeisterung 5 ec a
envasar - einfüllen 4 AB 12b
envase m - Behälter ov II 1 ♫
envidia f - Neid 2 2c
envolver - einpacken 5 ec c
episodio m - Episode 2 ec a
equilibrado/-a - ausgeglichen 5 6a
equilibrio m - Gleichgewicht 5 6b
equitación f - Reitsport 5 1a
equivaler - entsprechen 3 1a
escalar - klettern 3 2c
escoba f - Besen 2 AB 9a
escolar m/f - Schüler/in 1 e
escultural - bildschön ov II 2 ♫
espacio m - Weltraum 6 6f
espada f - Schwert 1 1b
espía m/f - Spion/in 1 AB 13
espiritismo m - Spiritismus 6 ec b
esquí m - Ski 5 1a
estado de ánimo m - Gefühlszustand 2 e
estático/-a - statisch 5 3a
estereotipo m - Stereotyp 3 ec a
estimulante - anregend 5 AB 9
estiramiento m - Strecken 5 3a
estrecho m - Meerenge 4 ec b
estricto/-a - streng 1 AB 2b
estropearse - kaputtgehen 3 2a
estuche m - Kästchen, Etui ov II ♫
estupendo/-a - großartig 6 6c
eternidad f - Ewigkeit ov II 1
evasión f - Flucht 6 2a
evolución f - Entwicklung 1 1b
exagerado/-a - übertrieben 2 ec c
examen de acceso m - Aufnahmeprüfung 1 ec a
excéntrico/-a - extravagant 1 AB 18b
excepcional - einmalig 6 1a
exceso m - Übermaß 5 6b
exclamación f - Ausrufezeichen 3 AB 20
excusa f - Ausrede 5 2a
exigir - verlangen 4 6a
existencia f - Existenz 6 ec b
expectación f - Erwartung 3 AB 20
extensión f - Umfang, Fläche 4 ec b
extenuado/-a - erschöpft 6 ec b
extinción f - Aussterben 4 2e
extraterrestre m/f - Außerirdische/r 6 6f

F

faceta f - Facette, Seite 3 ec a
facilidad f - Begabung 1 1b
facturar - einchecken 3 AB 7
fantasma m - Geist ov I 2
fastidiar - stören 2 1a
favorecer - unterstützen 1 1b
fe f - Glaube 5 ec a
felino/-a - Katzen- 4 ec b
feminidad f - Weiblichkeit ov II 2
feria f - Fest 3 ec a
fibra f - Ballaststoff 5 AB 1
ficha técnica f - Nachspann 6 6c
fila f - Reihe 1 AB 3a
físico/-a - körperlich 5 2a
fleco m - Franse 1 AB 22
fluctuar - schwanken 2 AB 17a
fondo m - Institution 4 ec b
fortalecer - aufbauen 5 3a
frente f - Stirn ov II 2
fundación f - Stiftung 4 4a

G

ganancia *f* - Gewinn 4 1d
garabato *m* - Gekritzel 2 5a
gasa *f* - Gaze 2 AB 19c
gavilán *m* - Sperber 2 *ec* a
gaviota *f* - Möwe ov I 2
generarse - erzeugen 4 AB 12b
género *m* - Gattung 2 *ec* b
generoso/-a - großherzig 2 4a
genio *m* - Genie 1 1b
gimnasia *f* - Gymnastik, Turnen 5 1a
globoflexia *f* - Luftballonkunst 1 1b
glúteo *m* - Gesäßmuskel 5 3a
golpear - schlagen 2 AB 9a
gorra *f* - Mütze 5 1a
grabadora *f* - Aufnahmegerät ov I 2
grabar - aufnehmen ov I 2
grado *m* - Schulklasse 1 *ec* a
graduado/-a - Stufen- 1 AB 3a
granizado - *Erfrischungsgetränk mit zerstoßenem Eis* 5 7a
granja *f* - Bauernhof 5 AB 19a
grifo *m* - Wasserhahn 3 1b
gruta *f* - Höhle 2 AB 19a
guardar - bewahren ov II 1
guerrero/-a *m/f* - Krieger/in 2 4a

H

haba *m* - Saubohne 5 7a
habilidad *f* - Fertigkeit 1 *e*
habilitar - befähigen 6 1a
habitar - wohnen 6 *ec* b
habitual - gewöhnlich 6 6c
hacer punto - stricken 1 1b
hacer uso - benutzen 6 1a
hacerse - vortäuschen 5 *ec* c
hambriento/-a - hungrig 1 AB 3a
hierba *f* - Kraut 5 8c
himno *m* - Hymne 5 *ec* a
hincha *m* - Fan 5 *ec* a
hinchada *f* - Fangemeinde 5 *ec* c
hojalata *f* - Blech 4 AB 12b
hortaliza *f* - Gemüse 5 5a
hoyo *m* - Loch 5 1a
huelga *f* - Streik 4 1d
hundirse - untergehen 6 6f

I

ilusión *f* - Wunsch 2 *ec* a
ilusionar - hoffen 6 6c
inmortalidad *f* - Unsterblichkeit ov II
impacto *m* - Wirkung 4 2b
impartir - anbieten 1 1b
impermeable - wasserfest 3 5a
imponer - auferlegen 1 1b
imponerse - gewinnen 6 1a
imprescindible - unentbehrlich 3 7a
impresionar - beeindrucken 2 5a
impulsar - vorantreiben 4 AB 12b
incansable - unermüdlich 3 AB 12
incidente *m* - Vorfall 3 2
incontrolado/-a - unkontrolliert 4 AB 15
inconveniente - Schwierigkeit 4 4b
incremento *m* - Steigerung 4 2b
indicio *m* - Anzeichen ov II 3
indiscriminado/-a - grausam 4 *ec* b
inestable - instabil 2 AB 16a
inevitable - unvermeidbar 5 2a
infinito/-a - unendlich ov II 1
informativo *m* - Nachrichten(sendung) 6 5a
ingenioso/-a - geschickt 6 6c
ingreso *m* - Eintritt 3 1a
inherente - innewohnend, verbunden mit 2 5b
innovación *f* - Neuerung 2 *ec* b
innovador/a - innovativ 2 AB 17b
inocente - unschuldig, naiv 2 1a
inquieto/-a - unruhig 1 AB 18b, rastlos, unermüdlich 2 4a
instalación *f* - Einrichtung 1 1b
intenso/-a - stark 1 1b
interpretación *f* - Darstellung 6 6c
intuir - vorahnen 1 AB 18b
inundación *f* - Überschwemmung 4 1a
inundarse - überschwemmen 4 2d
invernadero *m* - Treibhaus 4 2e
ira *f* - Wut 1 AB 24

J

jardinero/-a *m/f* - Gärtner/in 2 1a
jaula *f* - Käfig ov I 2
jengibre *m* - Ingwer 5 5a
joya *f* - Schmuck 2 *ec* a
justificarse - rechtfertigen 6 1a
justo/-a - gerecht 4 6a

L

labio *m* - Lippe ov I 2
labor *f* - Arbeit 4 *ec* b
labrar - errichten ov II 2
lámina *f* - Bild, Folie 1 1b
lancha *f* - Boot 3 AB 3
largometraje *m* - Spielfilm 6 *ec* b
legumbre *f* - Hülsenfrucht 5 6b
letra *f* - Buchstabe, Schrift 1 1a
levadura *f* - Hefe 5 5a
liado/-a - beschäftigt 2 5a
licenciado/-a *m/f* - Akademiker/in 1 *ec* a
lince *m* - Luchs 4 1a
llano/-a - flach 3 AB 14
llenar - erfüllen 2 4a
llevar consigo - mitnehmen 3 1a
lluvioso/-a - regnerisch 3 1a
lobo marino *m* - Seehund 3 *e*
localidad *f* - Gemeinde 4 1b
lomo *m* - Lende 5 7a
lugareño *m* - Dorfbewohner 3 7a

M

magistral - meisterhaft 6 6c
magnitud *f* - Höhe, Größe 6 1a
mandamiento *m* - Gebot ov II 2
manía *f* - Marotte 2 5a
maniático/-a - seltsam, wahnsinnig 2 5a
manifestación *f* - Äußerung 3 AB 18a
manifestar - äußern 1 1b
mantenimiento *m* - Pflege 1 AB 19a
marcha *f* - Demonstration 4 *ec* c
marea *f* - Flut 4 1a
marearse - schwindlig werden 3 2c
mareo *m* - Übelkeit 3 2a
marisma *f* - Küstenland 4 5c
materia prima *f* - Rohstoff 4 AB 12b
mediar - sich einsetzen 1 AB 18b
menaje *m* - Hausrat 4 AB 12b
mensajero *m* - Bote ov II 3
mente *f* - Verstand 5 *e*
meseta *f* - Hochebene 6 1a
mimar - verwöhnen 5 AB 17
ministro de Hacienda *m* - Finanzminister 6 1a
ministro de Minas *m* - Minister für Bergbau 6 1a
modificar - bearbeiten 5 5a
mojar - nass machen 5 AB 11a
molino *m* - Mühle ov I 2
montar - eröffnen 1 1b
muceta *f* - Robe 1 AB 22
mudo/-a - stumm ov II 2
mural *m* - Wandbild 1 AB 22
músculo *m* - Muskel 5 3a

N

nado *m* - Schwimmen 3 *ec* a
narrar - erzählen 5 *ec* c
narrativo/-a - narrativ, erzählend 2 *ec* b
nave espacial *f* - Raumschiff 6 6f

negado/-a – ungeeignet 1 1b
nieve *f* – Schnee ov I 2
nipón/a – japanisch 6 1a
nitrito *m* – Nitrit 5 5a
nombre propio *m* – Eigenname 6 6f
notaría *f* – Notariat 3 4c
notorio/-a – allgemein bekannt 3 AB 18c
nulo/-a – nichtig 5 2a

O

obligatorio/-a – Pflicht- 1 *ec* a
obsesivo/-a – Zwangs- 2 AB 12a
ocurrir – geschehen 3 2g
ola *f* – Welle ov I 2
ONG – Nichtregierungsorganisation 4 *e*
onírico/-a – Traum- 6 6c
oportunidad *f* – Gelegenheit 1 1b
optimación *f* – Optimierung 1 AB 19a
organismo *m* – Institution 4 2b
origen *m* – Ursprung 1 1b
oscilar – schwanken 3 1a
oxidación *f* – Verrosten 4 AB 12b

P

pacífico/-a – friedlich 5 2b
pacto *m* – Pakt 6 *ec* b
Padrenuestro *m* – Vaterunser 1 AB 3a
padrino *m* – Pate 6 6f
pájaro *m* – Vogel ov I 2
palma de la mano *f* – Handfläche 1 1b
palo *m* – Stock 5 1a
panal *m* – Wabe ov II 1
pañal *m* – Windel 4 5a
papel *m* – Rolle 1 AB 3a
paraguas *m* – Regenschirm 2 AB 10
páramo *m* – Hochebene 4 2b
parapente *m* – Paragliding 1 AB 19a
paréntesis *m* – Klammer 3 AB 20
particular – eigenartig 1 AB 18b
partido *m* – Spiel 5 *ec* a
pasaje *m* – Passage, Zeitphase 2 *ec* b
paseo marítimo *m* – Uferpromenade 4 5c
pasión *f* – Leidenschaft 5 *ec*
pastelería *f* – Konditorei 5 2a
peliculón *m* – sehr guter Film 6 6f
pelota *f* – kleiner Ball 5 1a
penar – bestrafen 1 AB 3a
penetración *f* – Durchdringung 6 AB 13a
penetrante – aufdringlich 2 AB 17a
pensamiento *m* – Gedanke 1 1b
perderse – sich verlaufen 3 2a
perdón *m* – Verzeihung 6 2c
perjudicar – schaden 5 6a
perjudicial – schädlich 5 6b
perseguir – verfolgen 4 AB 16b
pico *m* – Spitze 4 2b, Schnabel 4 *ec* b
pijama *m* – Schlafanzug 2 AB 16a
pimpón *m* – Tischtennis 4 AB 18a
pincharse – einen Platten haben 3 2a
pingüino *m* – Pinguin 3 *e*
piojo *m* – Laus 1 1b
piropo *m* – Kompliment ov II 2
pista *f* – Piste 5 1a, Spur 6 AB 10a
placentero/-a – angenehm 5 2a
planeación *f* – Vorplanung 2 *ec* b
plantación *f* – Pflanzung 4 AB 12b
plataforma *f* – Forum 6 3a
plegable – klappbar 3 AB 14
poeta *m* – Dichter ov I 2
poner en marcha – starten, in Gang setzen 4 AB 9a
ponerse – werden 2 1e
ponerse de rodillas – sich hinknien 1 1b
por arte de magia – wie durch Hexerei 5 6b
por lo tanto – also 3 2f
portavoz *m/f* – Sprecher/in 6 2c
portería *f* – Tor 5 1a
portero *m* – Portier, Hausmeister 2 1a
postergar – verschieben 5 *ec* c
potable – trinkbar 4 1d
potaje *m* – Gemüsesuppe 5 AB 11a
potasio *m* – Kalium 5 6b
potenciar – steigern, verbessern 5 3a
precaución *f* – Vorsichtsmaßnahme 3 AB 2b
precocinado/-a – vorgekocht 5 5d
predecir – voraussagen, vorhersagen 4 *e*
predicción *f* – Vorhersage, Prognose 4 2c
prejubilar – in den Vorruhestand gehen 4 7a
prensa *f* – Presse 5 *ec* c
preocupación *f* – Sorge 2 *e*
preocupar – Sorgen machen 4 1d
presencia *f* – Anwesenheit 2 AB 5
presidir – den Vorsitz haben 6 5c
prestar atención – Aufmerksamkeit schenken 6 5c
presupuesto *m* – Budget 3 4c
prevenir – vermeiden 4 6a
prever – vorhersagen, voraussehen 4 2b
previsible – absehbar 3 4c
previsión *f* – Vorhersage 4 2
previsto – vorausgesehen 3 2c
primordial – vorrangig 1 AB 22
prisa *f* – Eile 1 1b
procesar – bearbeiten 1 AB 18b
programación *f* – Programmgestaltung 2 *ec* a
promover – herausfordern 4 AB 9a
proporcionar – bewirken, schaffen 5 3a
proteína *f* – Protein 5 6a
proveedora *f* – Anbieter 3 AB 3
provenir – stammen 5 *ec* c
provocar – verursachen 5 6a
puesto que – da 3 *ec* a
pulmonar – Lungen- 5 3a
punta *f* – Spitze 3 *e*

Q

quedarse de piedra – versteinert sein ov I
queja *f* – Beschwerde 4 *e*

R

rabia *f* – Tollwut 3 2c
rama *f* – Ast 2 AB 19c
rapar – stutzen, abrasieren 1 1b
raqueta *f* – Schläger 5 1a
rareza *f* – Seltenheit ov II 3
rasero *m* – Abstreifer (*für ein Maß*) 2 AB 19c
rebelde – rebellisch 2 1a
recargar – aufladen 3 1b
reciclado/-a – recycled 4 AB 2
reciente – neu 2 *ec* c
recitar – aufsagen, rezitieren ov II 3
reclamación *f* – Beschwerde 3 AB 7
recorrer – bereisen 3 *e*
red *f* – Netz 5 1a
reducir – verringern 4 AB 2
reflejo *m* – Spiegelung 5 AB 10a
reflexionar – nachdenken, überlegen 1 1a
reflexivo/-a – nachdenklich 1 1b
refugiado/-a *m/f* – Flüchtling 4 AB 9a
refugio *m* – Zuflucht 4 *ec* b
reglazo *m* – *Schlag mit dem Lineal*
reivindicación *f* – Forderung 2 5a
relajación *f* – Erholung 5 AB 1
relevante – wichtig 6 5a
renovable – regenerierbar 4 AB 2
repelente de insectos *m* – Insektenschutzmittel 3 1a
repicar – läuten ov I 2
represión *f* – Unterdrückung 2 *ec* b
rescate *m* – Rettung 2 *ec* b
residencia *f* – Wohnheim 2 1a
residente *m/f* – Anwohner 4 6a
residuo *m* – Abfall 4 1d

reto *m* - Herausforderung 4 AB 15
reutilizable - wiederverwertbar 4 5a
revelar - sich erweisen 4 2b
reventazón *f* - Bersten ov I 2
revolver - durcheinanderbringen ov I 2
rezar - beten 1 AB 3a
riñón *m* - Niere 5 6b
roca *f* - Fels ov I 2
rodaja *f* - Scheibe 5 AB 10
rosal *m* - Rosenstock ov II 1
rueda de prensa *f* - Pressekonferenz 6 2c

S

sabor *m* - Geschmack ov I 3
saborear - schmecken 5 AB 16
saborizante *m* - Geschmacksverstärker 5 AB 13b
sacerdote *m* - Priester 3 6a
saco *m* - Sack 2 AB 16a
sacudir - erschüttern 6 1a
sagrado/-a - heilig 1 1b
salir de marcha - ausgehen 5 2a
salvaje - wild 2 4a
sancionar - bestrafen 1 AB 3a
santuario *m* - Zufluchtsstätte 4 *ec* b
sapo *m* - Frosch 4 AB 16b
sartén *m* - Pfanne 3 5a
sede *f* - Hauptsitz 4 4b
seguimiento *m* - Übertragung 6 5a
seguro *m* - Versicherung 6 2d
seísmo *m* - Erdbeben 6 1a
sentenciar - verurteilen 6 AB 4
sentido *m* - Sinn ov I
sentimiento *m* - Gefühl ov I
señal *f* - Kennzeichen 4 4b
sequía *f* - Dürre 4 4b
si bien - obwohl 5 *ec* c
significativo/-a - bedeutsam 4 2b
silbido *m* - Pfiff ov II 2
silencio *m* - Stille 2 5a
silla de ruedas *f* - Rollstuhl 3 AB 11
sinopsis *f* - Zusammenfassung 6 *ec* b
sinvergüenza - unverschämt 2 1a
sistema de enseñanza *m* - Bildungssystem 1 *ec* b
sobreabundancia *f* - Überfülle, Überfluss 6 3a
sobrepeso *m* - Übergewicht 3 AB 7
sódico/-a - Natrium- 5 5a
sodio *m* - Natrium 5 6b
soga *f* - Seil ov I 2
solicitar - beantragen 4 6a
solidaridad *f* - Solidarität 3 4c
someter - unterwerfen 6 6c
sonrisa *f* - Lächeln 3 4c
sorbete *m* - Sorbet 5 7a
sordo/-a - taub 6 6c
sostener - behaupten 6 1a
sostenimiento *m* - Unterhalt 1 AB 3a
submarinismo *m* - Tauchen 3 *e*
subtítulo *m* - Untertitel 6 *ec* b
sugerencia *f* - Vorschlag 5 *e*
superficial - oberflächlich ov II 3
surtidor *m* - Zapfsäule 4 5c
suspense *m* - Spannung 1 1b

T

tablero *m* - Tischplatte 5 1a
tacto *m* - Feingefühl 1 AB 18b
tala *f* - Fällen 4 AB 12b
tarjeta *f* - Karte, Genehmigung 4 6a
telescopio *m* - Teleskop 1 1b
templado/-a - mild 3 1b
tener cuidado - aufpassen 1 1b
tener en cuenta - bedenken 3 5a
tensión *f* - Spannung 4 2, Druck 5 6d
tentar - locken, verführen 5 2a
término *m* - Begriff 6 *ec* b
tertulia *f* - Gesprächskreis 6 5a
testimonio *m* - Beweis 3 *ec* a
tiburón *m* - Hai 6 6f
tienda de campaña *f* - Zelt 3 4c
tigre *m* - Tiger 4 *ec* b
timar - betrügen 3 2a
timidez *f* - Schüchternheit 1 1b
tirado/-a - liegend 2 2b
titanio *m* - Titan 3 5a
tocino *m* - Speck 5 5a
tonificar - kräftigen 5 3a
tope - Höchst- 3 4c
tópico *m* - Klischee 6 6c
tortuga marina *f* - Meeresschildkröte 4 *ec* a
tortura *f* - Tortur, Quälerei 5 2a
tóxico/-a - giftig, toxisch 4 *e*
trabajo manual *m* - Handarbeit 1 1b
tráfico *m* - Handel 6 2a
trama *f* - Handlung 2 AB 19a
trámite *m* - Dienstweg, Formalität 3 AB 3
transmisión *f* - Übertragung 5 *ec* c
tras - nach 4 4b
tratar - umgehen 1 AB 16
travieso/-a - frech 1 AB 18b
tregua *f* - Waffenstillstand 6 5a
trepar - klettern ov I 2
trifosfato *m* - Triphosphat 5 5a
triunfar - siegen 4 AB 2
troceado/-a - in Stücke zerteilt 5 6b
trufa *f* - Trüffel 5 7a
tubo *m* - Rohr 4 AB 17c
tumbarse - sich hinlegen 5 2a
túnica *f* - Tunika ov I 2

U

unitario/-a - Einheits- 1 AB 3a

V

vacuna *f* - Impfung 3 AB 1
vacunarse - sich impfen lassen 3 2c
vago/-a - faul 2 5a
valor *m* - Wert 5 *ec* c
vasto/-a - weit 4 AB 17a
vello *m* - Körperhaare 4 AB 17a
venganza *f* - Rache 2 *ec* b
verdeante - Grün- 6 1a
vergüenza *f* - Scham 5 AB 19a
verter - eingießen 4 AB 3a
vertedero *m* - Müllgrube 4 AB 12b
veterano/-a - erfahren 5 *ec* c
víctima *f* - Opfer 6 *ec* b
vigilante *m/f* - Wächter/in 2 c
visado *m* - Visum 3 1a
vocación *f* - Berufung 1 1b
vómito *m* - Erbrechen 3 2a

X

xeneize *m* - *Fan der argentinischen Fußballmannschaft "El Boca Juniors"* 5 *ec* c

Y

yema de huevo *f* - Eigelb 5 5a
yerno *m* - Schwiegersohn 6 AB 14a

Die Transkriptionen zu den Hörverständnisübungen finden Sie im eñe-Lehrwerkservice im Internet unter **www.hueber.de/ene**

Unidad 1

1 *freie Lösung*

2

+	–		se menciona
	x	La escuela era muy estricta.	[x]
x		Todos los viernes hacíamos una excursión por el campo.	[ ]
	x	Escribíamos muchos dictados.	[x]
	x	Algunos profesores nos daban castigos físicos.	[x]
x		Don Damián era un profesor al que queríamos mucho.	[x]
x		Cuando salía del colegio me iba a comer a casa.	[x]
x		Después de comer jugaba con mis amigos toda la tarde.	[ ]
x		Creo que tuve una buena educación.	[x]

3 a *Orden de los titulares:* El camino a la escuela, Doctrina e ideología en la escuela franquista, Desarrollo de las clases, El castigo físico

3 b **1.** unitarias: *Einheit-*, **2.** papeles: hier: *Rollen*, **3.** sostenimiento: *Unterhalt*, **4.** libros de texto: *Lehrbücher*, **5.** consigna: hier: *Motto, Leitspruch*, **6.** formar fila: *sich in einer Reihe aufstellen*, **7.** sancionar: *bestrafen*, **8.** castigos: Strafen, **9.** penar: bestrafen

4 **a.** vivía, **b.** fumaba, **c.** salía, **d.** era – comía – estaba – hacía, **e.** gustaba

5 a *Musterlösung*
Antes Villasalada del Mar era un pueblo muy bonito. Tenía mucha naturaleza. Había muchos árboles que daban sombra, ahora ya no hay naturaleza ni árboles ni sombra. Hace algunos años, en Villasalada, se podían alquilar casas o apartamentos de casas bonitas, hoy sólo hay edificios de apartamentos altos y feos. Antes el agua del mar estaba limpia. Ahora nadie nada en el agua porque está sucia. Villasalada era uno de los pueblos más tranquilos de la costa mediterránea. Tenía plazas para sentarse. Ahora en lugar de tranquilidad hay mucho ruido, no hay plazas, solo bares y mucho ruido. Antes era un pueblo con poco turismo pero ahora no encuentras un lugar donde poner la toalla en la playa.

5 b *freie Lösung*

5 c *freie Lösung*

6 a **2.** trabajando, **3.** hablando, **4.** escuchando, **5.** bailando, **6.** escribiendo, **7.** copiando, **8.** jugando

6 b *freie Lösung*

7 **a.** durmiendo, **b.** dormido – pensando, **c.** pensado, **d.** hablado / estado hablando – hablando

8 **a.** ... pero los zapatos los podíamos elegir nosotros, **b.** ¡Las odiaba!, **c.** ... teníamos que repetirlas cantando, **d.** Todos la queríamos mucho.

9 **1.** la maleta, **2.** los pantalones, **3.** las gafas, **4.** el bolígrafo

10 a

¿Cuándo?	¿Qué?	¿Cómo fue?
2	3	5
4	1	4
5	5	3
1	4	2
3	2	1

10 b *freie Lösung*

11 *Musterlösung*
Esta mañana he llegado tarde al trabajo. • *Ayer por la tarde* me fui a correr por el parque. • *El fin de semana pasado* fuimos a visitar a unos amigos. • *Esta semana* están mis padres en mi casa. • *Este año* no hemos ahorrado nada. • *Hace dos días* me dieron una sorpresa. • *Hoy* José Antonio ha aprobado su examen.

12 a *freie Lösung*

12 b *Musterlösung*
2. Tienes que concentrarte más en el trabajo. **3.** No es bueno hacer muchas cosas al mismo tiempo. **4.** ¿Qué tal si le das más importancia a tu tiempo libre? **5.** En el tiempo libre hay que dejar espacio para hacer cosas que te gustan y también para poder descansar.

12 c *freie Lösung*

13

M[1]	I	E	D[6]	O		M[8]	S[9]
A[2]	C	C	I	O	N	E	U
I			B		Ó	L	S
D			U		I	O	P
E			J		C	D	E
M	A[3]	M	O	R	C	R	N
O			S		I	A	S
C[5]					F[7]	M	E
	G[4]	U	E	R	R	A	

14 **a.** Manche mögen's heiß, **b.** Vom Winde verweht, **c.** Harry und Sally, **d.** Frauen am Rande eines Nervenzusammenbruchs, **e.** Jenseits von Afrika, **f.** Der Herr der Ringe, **g.** Krieg der Sterne, **h.** Das Leben der Anderen, **i.** Dornröschen

15 *Musterlösung*
a. Le recomiendo hacer un curso de guitarra eléctrica o de crecimiento personal y ver una película de acción o de ciencia ficción.
b. Puede hacer un curso de salsa o de idiomas y ver una película de ciencia ficción o una película de suspense. **c.** Le recomiendo hacer un curso de yoga o de bailes de salón y ver una comedia o una película de amor.

16 *Musterlösung*
Javi es muy bueno para las matemáticas. • Mi padre es muy malo para el ajedrez. • José Miguel es un genio de la organización. • A Rosa se le da muy mal hablar en público. • A mí se me dan muy bien los idiomas. • Marta sabe coser muy bien. • Mis hijos tienen mucha facilidad para la técnica. • (Yo) soy un negado para tratar a los niños.

17 **a.** A Pepe no se le da muy bien bailar. **b.** Yo tengo mucha facilidad para conocer a gente nueva. **c.** Mi padre es un negado para conducir. **d.** Para organizar fiestas mi novia es muy buena.

18 a se les – negados – genios
se – da – facilidad – buenos – tienen – unos

18 b **2.** Inteligencia lógico-matemática: Son unos genios de la informática **3.** Inteligencia espacial: Tienen facilidad para leer planos y mapas. **4.** Inteligencia musical: Son muy buenos para tocar instrumentos musicales. **5.** Inteligencia corporal cinestética: Se les dan bien los trabajos manuales. **6.** Inteligencia interpersonal: Tienen facilidad para intuir los sentimientos de otras personas. **7.** Inteligencia intrapersonal: Se les da muy bien trabajar solos.

18 c *freie Lösung*

19 a *Musterlösung*

Cursos para el crecimiento psíquico e intelectual	Cursos para el cuidado y mantenimient o de la forma física	Cursos para la formación profesional
yoga, globoflexia, escritura creativa, mejora de las relaciones personales, cocina mediterránea, astrología, tarot, cómo mejorar tu austoestima, pintura	pilates, bailes de salón, sevillanas, yudo, autodefensa, parapente, esquí, salsa y merengue	optimización de ventas, francés, árabe, administración de empresas, marketing, chino, dirección de grupos

19 b *freie Lösung*

20 **a.** puede – sé **b.** Sabes – sé **c.** Sabes – puedo **d.** Sabe – puedo

21 **a.** período de estudios antes de entrar en la universidad, **b.** persona que imparte clase en el colegio, **c.** Los alumnos tienen que asistir a la escuela diariamente. **d.** educación secundaria obligatoria, **e.** titulo universitario, **f.** período escolar que va desde los 6 a los 12 años

22 **a.** una universidad pública. **b.** el título de Patrimonio Universal de la UNESCO. **c.** uniforme y birrete. **d.** pasó por la Universidad de Salamanca.

23 a ..., como en **zanahoria, ¡oh!, ahora, alcohol, hermano, prohibido.** • ..., por ejemplo, Honolulu, **hobby, hándicap, hámster, Hawai.** • ..., por ejemplo, **huevo, hielo.**
• ..., pero se escriben **con hache,** como por ejemplo...

23 c **a.** Tuvimos un mal viaje en barco, porque **h**abía muchas olas. **b.** Hay que conducir con cuidado, pues **h**ay mucho **h**ielo en la carretera. **c.** Al zumo **h**echo en casa, siempre le echo un poco de azúcar. **d.** Siempre que abría la tienda, **h**abía 5 ó 6 personas esperando. **e.** La **h**uída de la cárcel fue espectacular.

24 a **a.** entusiasmo, **b.** ironía, **c.** decepción

24 b **a.** ya no me da tiempo de ir al supermercado. (ironía-decepción)
b. ¿Y yo, cómo voy al trabajo el lunes? (ironía)
c. Hace mucho que no salimos por la noche. (entusiasmo, alegría)
d. ¡Has estropeado mi blusa preferida! (ira)

Unidad 2

1 **a.** llevo, **b.** caen, **c.** lleva, **d.** caen, **e.** caía – llevo, **f.** llevamos – cae

2 a **2.** estar celoso, **3.** estar enfadado / enojado, **4.** es simpática / agradable / amable, **5.** estar contento / de buen humor / alegre, **6.** está enfadado / enojado, **7.** está enamorado, **8.** es moderna / abierta.

2 b *freie Lösung*

3 *Musterlösung*
A Nacho le caen muy bien los nuevos vecinos. • Emilio se lleva muy mal con sus suegros. • Marga se ha enamorado de un colega de trabajo. • A Jorge y Rodrigo les cae muy mal su jefe. • Nuria está celosa de su novio. • (A mí) me pone nervioso volar en avión.

4 a **2.** quiero – querer, **3.** conozco – conocer, **4.** puedo – poder, **5.** se viste – vestirse, **6.** digo – decir

4 b

querer	poder	vestirse	decir	hacer	conocer
quiera	pueda	me vista	diga	haga	cono**zc**a
quieras	puedas	te vistas	digas	hagas	cono**zc**as
quiera	pueda	se vista	diga	haga	cono**zc**a
queramos	podamos	nos vistamos	digamos	hagamos	cono**zc**amos
queráis	podáis	os vistáis	digáis	hagáis	cono**zc**áis
quieran	puedan	se vistan	digan	hagan	cono**zc**an

5 *freie Lösung*

6 **a.** aguantar, **b.** enojar, **c.** molestar, **d.** fastidiar, **e.** encantar, **f.** soportar

7 a

	Rosa	Mari		Rosa	Mari		Rosa	Mari
1.	sí	no	4.	–	sí	7.	sí	no
2.	–	sí	5.	sí	–	8.	–	no
3.	sí	no	6.	sí	–	9.	–	no

7 b *Musterlösung*
A Rosa le gusta que el baño esté siempre limpio. • Para Mari es muy importante que la casa sea tranquila. • A Mari no le gusta tener animales en casa. A Mari no le gusta que haya animales en casa. • Mari prefiere comer en la universidad. • A Rosa le gusta que haya mucho orden en las habitaciones. • A Rosa le encanta tener visitas de sus amigos. • A Mari no le gusta mucho que hagan fiestas en su casa. • A Mari no le gusta cocinar. • A Mari le molesta que haya ruido en su casa.

8 **a. A** mí no **me** gusta que mi mujer olvide mi cumpleaños.
b. A Pedro **le** fastidia que su colega trabaj**e** mal por que por eso él tiene más trabajo. **c.** A Laura y a Miguel le**s** pone nervioso**s** que la gente fume en su casa. **d.** ¿**A** ti te preocupa que tu hijo lleg**ue** tarde a casa?

9 a El vecino del 3° centro está enamorado de la vecina del 3° derecha. • A la vecina del 3° izquierda le pone celosa que su vecino (le) regale flores a la vecina del 3° derecha. • La vecina del 3° derecha está enamorada del vecino del 3° centro. • El vecino del 2° izquierda está enfadado porque le molesta que la vecina del 3° izquierda riegue las plantas con tanta agua. • La vecina del 2° centro está feliz. Le encanta que el vecino del 2° derecha toque tan bien el violín. • El vecino del 2° derecha está concentrado tocando el violín. • La vecina del 1° izquierda está enfadada porque le fastidia que el vecino del 2° izquierda fume y le ensucie la ropa con las colillas de sus cigarrillos. • El chico del 1° centro está encantado con su vecina del 1° izquierda. Su madre está molesta porque no le gusta que su hijo mire demasiado a la vecina. • El vecino del 1° derecha está fastidiado porque le molesta que el vecino del 2° derecha toque todo el día el violín.

9 b *freie Lösung*

10 **a.** ¿Sí? Pues yo también me lo he leído y no me ha gustado nada. Demasiado superficial. • **b.** ¡Qué buena idea! Yo estuve el año pasado en una fiesta con este tema. ... • **c.** ¡Me encanta ver que hay más personas en el mundo como yo! • **d.** Pues a mí sí que me interesaría. ¿Cuánto cuestan? • **e.** Una asociación no pero sí una chocolatería extraordinaria.

11 a **ser:** es romántico/-a, es trabajador/-a, es sincero/-a, es raro/-a. es moderno/-a, es (im)puntual, es tranquilo/-a, es triste, es aburrido/-a, es tolerante, es maniático/-a, es celoso/-a
estar: está preocupado/-a, está raro/-a, está de buen/mal humor, está cansado/-a, está enamorado/-a, está tranquilo/-a, está triste, está impresionado/-a, está aburrido/-a, está enojado/-a, está encantado/-a, está contento/-a, está celoso/-a
ponerse: de buen/mal humor, triste, contento/-a, celoso/-a

11 b *Musterlösung*
Alejandro Augusto: trabajador, serio, aburrido, puntual, formal, convencional, práctico...
Nina: romántica, impuntual, divertida, moderna, sociable, idealista, ingenua...

11 c	Alejandro Augusto	Nina
Carácter	simpático, comunicativo, impuntual	tímida, abierta
Relaciones personales	conoce a mucha gente, pero no tiene tiempo de verlos a todos	sus amigos son muy importantes y le encanta invitarlos a comer y hablar de muchas cosas
Amor	romántico, regala flores	no cree en el matrimonio tradicional
Trabajo	estresante, muchas horas, no se lleva bien con el jefe	camarera en un bar, se lleva muy bien con los compañe-ros, le gusta su trabajo

12 a **2.** es aburrida, **3.** es alegre / es optimista, **4.** está de buen humor / es divertida, **5.** es maniática, **6.** es rara / es extraña

12 b *Musterlösung*
1. Una persona que siempre dice la verdad
2. Una persona que escucha una conferencia que no le interesa
3. Una persona que ha recibido una buena noticia
4. Una persona que ha tenido una discusión fuerte con otra

13 *Musterlösung*
1. aburrido → Porque es un adjetivo negativo.
2. simpático → Porque es el único que termina en -a en femenino.
3. creer → Porque los otros verbos expresan una reacción emocional.
4. inteligente → Porque describe una capacidad mental y no una cualidad del carácter.

14 **a.** tú – yo, **b.** ti – me, **c.** os – nosotros, **d.** te – me, **e.** les – mí

15 **a.** correcta **b.** falsa / Me gusta que mi mujer **cante** en la ducha... **c.** falsa / Me fastidia que Nacho **sea** tan egoísta...
d. falsa / A Rocío le encanta que sus amigos le **regalen** cosas prácticas para la casa. **e.** correcta **f.** falsa / ... ¡y a mí me encanta que lo **haga**, naturalmente! **g.** correcta

16 a Soy más inestable que el tiempo en el norte de Europa y más que la política en Oriente Medio. A veces estoy **deprimido**, triste, desesperado... No quiero levantarme de la cama y me quedo todo el día en **pijama**. No salgo, como solo **dulces**, no hago deporte y estoy horas y horas sentado en el sofá, como un saco de **patatas**, delante de la televisión. Me molesta que mis amigos me llamen por **teléfono**, que los vecinos me saluden en la escalera, que mi pareja me pregunte a dónde vamos a cenar... ¡No soporto al mundo y el mundo no me soporta a mí! Pero de vez en cuando me abro como un libro y amanezco alegre como **una mariposa**, vuelo entre las flores, canto canciones de amor y abrazo a todo el **mundo**. Entonces me siento como un pájaro en **primavera**, vuelo entre las nubes y bailo **merengue** con las palomas. Organizo fiestas sin un motivo especial y soluciono los problemas del mundo mientras bebo **una cerveza** con mis amigos. Me encanta que mi perro ladre, me gusta que mi vecina cante **ópera** en el baño, que los niños griten en la calle... y hasta tengo ganas de invitar a Penélope Cruz a un café y proponerle trabajar juntos en su próxima película.

16 b *freie Lösung*

17 a Columna de la izquierda: yin • Columna de la derecha: yang

17 b **yin:** serio, tranquilo, introvertido, conservador, negativo, oscuro, defensivo **yang:** alegre, dinámico, extrovertido, innovador, positivo, claro, agresivo

17 c *freie Lösung*

18 a *Musterlösung*
Titina: ..., elegante, pesimista, **Diego:** serio, duro, estresado, trabajador, dominante, **Bárbara:** atractiva, tímida, introvertida, ingenua, **Marga:** amable, alegre, optimista, cariñosa, **Bea:** simpática, trabajadora, tímida, fea, inteligente, amable, **Cayetana:** atractiva, sensual, romántica, espontánea, extrovertida, **Álvaro:** guapo, trabajador, romántico, amable

18 b *freie Lösung*

19 a por ejemplo..., **brisa – prisa, cuadro – cuatro**

19 c **a.** grasa, **b.** prisa, **c.** brasero, **d.** drama

20 a expresar una idea contraria: d • distinguir dos significados distintos: c • expresar la consecuencia: b • indicar el orden cronológico: a

20 b **a.** Pedro compró dos productos. **b.** María es médica.
c. Luis practica solamente un deporte, el fútbol.
Pedro compró pescado y vino de Jerez. María estaba cansada, y fue a la consulta. ¡Luis juega mucho al fútbol, y nada más!

Unidad 3

1 **Historia:** fundación, revolución, crecimiento de la población, liberación, independencia, sufrió una gran epidemia, Terremoto
Clima: lluvioso, caluroso, fresco, las temperaturas, agradable, húmedo
Horarios: de 9 a 13, las tiendas cierran, a las 8, por la noche, los bancos abren, comerciales
Recomendaciones: agua potable, vacuna, el cambio de euros a pesos, visa, no beber agua del grifo, transporte público, para ingresar al país, los bancos abren, agua embotellada, filtro solar
Moneda: el cambio de euros a pesos, dólares

2 **a.** a, **b.** entre – de – a – de – a – de – a, **c.** para, **d.** entre, **e.** en – de, **f.** en, **g.** de – con

3 a *secciones:* Lengua – Ingreso al país – Moneda – Horarios (comerciales) – Códigos de teléfono – Recomendaciones – Precios

3 b **1.** El Peso. La cantidad de dinero depende de los precios.
2. El del país (56) y el de la ciudad (32) **3.** Sí. **4.** Sí, en hoteles, restaurantes y servicios de turismo. **5.** Desde las 9 hasta las 18 horas. **6.** Son de 10 a 20 horas. **7.** No es necesario. **8.** No es necesario.

4 **Seguridad:** un país bastante seguo, no salir solo por las noches, no llevar objetos de valor a parques o lugares solitarios
Clima: extremo y variable, En el norte casi tropical, lluvias todo el año, temperaturas altas (30° ó 35°), ambiente húmedo.
Zona central: clima agradable, de diciembre a enero, verano caluroso, en julio y agosto hace frío. En el sur: Temperaturas frescas todo el año.
Otras recomendaciones: los europeos no necesitan visado para estancias de menos de dos meses
Moneda: puedes pagar con dólares, los dólares son aceptados en casi todos los negocios. También puedes usar tarjetas de crédito sin problemas.

5 **a.** me – llamaron, **b.** me – robaron, **c.** nos – buscaron, **d.** me – presentaron, **e.** le – cambiaron, **f.** te – ofrecieron

6 a **1.** No le dieron nada de comer en el avión. **2.** Le perdieron las maletas en el aeropuerto. **3.** Le cobraron demasiado en el restaurante. **4.** Le robaron el móvil. **5.** No le habían reservado una habitación en el hotel. **6.** No habían limpiado la habitación del hotel.

6 b *freie Lösung*

7 **a.** fui a – había perdido, **b.** había bebido, **c.** había comido – tuvo que, **d.** había perdido – pasé, **e.** había olvidado / olvidé

8 a **1.** así que / por eso, **2.** así que / por eso, **3.** porque, **4.** después, **5.** por lo tanto, **6.** entonces

8 b así que, por eso, entonces, por lo tanto

9 a, b *Musterlösung*
1. Al volver de su viaje a Andalucía, Frank no tuvo mucha suerte. Tuvo problemas en el aeropuerto de Málaga: **había comprado** mucha comida (latas de atún, aceitunas, queso, jamón serrano...). Cuando **fue a** facturar el equipaje, la maleta pesaba demasiado. <u>2. Así que</u> **abrió** la maleta de nuevo para meter algunas cosas en su mochila. <u>3. Además</u>, cuando **pasó** por el detector de metales, volvió a tener problemas... <u>4. ... porque</u> **había metido** en la mochila cuatro latas de aceitunas y el policía le **dijo** que no estaba permitido llevar productos enlatados. <u>5. Por eso</u> **tuvo que** dejar las latas allí. **6.** Como **había tenido** tantos problemas, **perdió** su avión y **esperó** a tomar el siguiente.

10 a *freie Lösung*

10 b *freie Lösung*

11 a *Hindernis:* el obstáculo, *Rollstuhl:* la silla de ruedas, *gefesselt:* atado, *veröffentlicht:* publicado

11 b **1.** Hago magia en la calle o toco música... **2.** Solo y en autostop... **3.** Ellos quieren que yo sea feliz, y saben que viajando lo soy... **4** Encuentras gente maravillosa que te ayuda... **5.** Nunca lo he visto así... **6.** Sí porque ven que así soy feliz... **7.** Hace poco viajé de Colombia a Panamá en la barca de unos contrabandistas... **8.** El libro lo escribí a los 17 años... **9.** Aquí todo se parece mucho... **10.** Pienso que aquí la vida es muy aburrida...

12 a **a.** la motivación, **b.** el carácter de la gente, **c.** el comienzo del viaje, **d.** la duración del viaje, **e.** la ruta, **f.** el alojamiento, **g.** los acompañantes, **h.** el tema del libro

12 b *Musterlösung*
a. ¿Cuál fue la motivación para escribir otro libro sobre estas regiones? **b.** Y ¿cómo es la gente de aquellas regiones? **c.** ¿Cuándo empezó su viaje? **d.** ¿Y cuánto duró? **e.** ¿Dónde empezaron el viaje? **f.** ¿Dónde se alojaban? **g.** ¿Quién le acompañó en su viaje? **e.** ¿De qué trata exactamente el libro?

13a *Musterlösung*
3. ¡Llévate la gorra! **4.** ¡No te olvides de la visa!, **5.** ¡Llévate crema solar de alta protección! **6.** ¡Tienes que ir al banco a cambiar dinero!

13 b *Musterlösung*
3. Es importante que lleven una gorra para protegerse del sol.
4. Les aconsejo que no se olviden de solicitar la visa.
5. Les recomiendo que lleven crema solar de alta protección.
6. Es mejor que cambien dinero antes de salir de viaje.

14

								1	R	E	P	E	L	E	N	T	E	
	2	E	N	C	E	N	D	E	D	O	R							
									3	L	I	N	T	E	R	N	A	
				4	G	U	A	N	T	E	S							
5	T	I	E	N	D	A	D	E	C	A	M	P	A	Ñ	A			
							6	N	A	V	A	J	A					
										7	T	E	R	M	O			
									8	P	I	L	A	S				
										9	Ç	A	R	G	A	D	O	R
							10	J	A	B	O	N						
										11	S	A	R	T	É	N		

15 *Musterlösung*
a. Es un objeto que sirve para proteger los ojos de los rayos del sol. **b.** Es un objeto con el que nos limpiamos los dientes. **c.** Con ella escuchamos música o las noticias por la mañana cuando desayunamos. **d.** Es un aparato con el que podemos hacer fotos en nuestras vacaciones. **e.** Un objeto en el que metemos ropa y comida cuando vamos de excursión.

16 *freie Lösung*

17 *Musterlösung*
Jorge: Haz más ejercicios. / ¿Por qué no haces más ejercicio? / Te aconsejo que hagas más ejercicio. • No comas tanto. / ¿Por qué no comes menos? / Te recomiendo que comas menos.
Amalia: Trabaja menos. / ¿Por qué no trabajas un poco menos? / Te recomiendo que trabajes menos. • Vete un fin de semana a un hotel spa. / ¿ Por qué no pasas un fin de semana en un hotel spa? / Te recomiendo que pases un fin de semana en un hotel spa.

18 a,b *freie Lösung*

18 c El texto A hace referencia a la frase n° 5.
El texto B hace referencia a la frase n° 3.
El texto C hace referencia a la frase n° 4.
El texto D hace referencia a la frase n° 6.

19 a • ... con la letra **s** ..., • con la letra **x** solo en dos posiciones; delante de consonante, por ejemplo **extremo**, **excelente** y al principio de palabra como en **xilófono**. • ... la letra **x**...

19 b **a.** c – x, **b.** c – z – c – s, **c.** s – x, **d.** z – x, **e.** s

20 **a.** dos puntos, **b.** los puntos suspensivos, **c.** las comillas, **d.** los signos de interrogación y de exclamación, **e.** el paréntesis, **f.** la barra, **g.** el guion

Otra vuelta I (Test Unidades 1–3)
1. b, **2.** a, **3.**c, **4.** a, **5.** c, **6.** b, **7.** a, **8.** b, **9.** a, **10.** c, **11.** a, **12.** c, **13.** a, **14.** c, **15.** a

Unidad 4

1a

H	D	T	C	D	U	D	S	J	O	L	O	P	V	S
H	G	A	S	E	S	T	O	X	I	C	O	S	L	M
C	K	C	N	F	I	X	W	J	K	L	I	D	C	V
K	I	S	X	O	Y	Z	W	B	I	O	L	M	C	X
L	X	T	U	R	E	C	I	C	L	A	R	S	J	E
J	O	O	F	E	F	V	B	U	D	F	H	U	I	9
P	R	F	U	S	O	P	A	Z	V	N	E	E	U	V
A	R	D	B	T	J	E	F	M	M	Y	C	B	W	X
C	O	N	T	A	M	I	N	A	C	I	O	N	U	B
I	H	D	N	C	W	I	I	K	N	P	E	D	Y	N
C	A	M	B	I	O	C	L	I	M	A	T	I	C	O
O	U	S	D	O	L	O	N	C	W	I	L	M	C	W
Z	Q	Q	O	N	P	F	M	Ñ	K	H	U	E	A	A

1 b ☺: reciclar, ahorro
☹: gases tóxicos – deforestación – cambio climático – contaminación

2 **a.** medio ambiente, **b.** renovable, **c.** cambio climático, **d.** reciclados, **e.** ecológicas, **f.** extinción, **g.** forestales, **h.** energía

3 a **1.** v, **2.** f, **3.** v, **4.** f, **5.** v, **6.** f, **7.** v

3 b **2.** Hay una fábrica de papel. **4.** La fábrica consume 80 millones de litros de agua y vierte el 60% contaminado al río. **6.** Los linces han nacido en el sur de España.

4 a

	FUTURO SIMPLE regulares	irregulares
yo	evitaré	haré
tú	lucharás	pondrás
él, ella, usted	reciclará	dirá
nosotros/-as	compraremos	habremos
vosotros/-as	viviréis	tendréis
ellos/-as, ustedes	sobrevivirán	pondrán

4 b *freie Lösung*

5 a **la adivina:** 1, 3, 4, 5, 9 **Daniel:** 2, 6, 7, 8

5b **1.** tendrás – voy a hacer, **2.** trabajarás – voy a preparar, **3.** harás – voy a invitar

6 *freie Lösung*

7 a *Musterlösung*
2. En América del Norte hay muchas fábricas. **3.** En América del Sur hay problemas de deforestación en la selva. **4.** El Polo Norte se está calentando. **5.** En Asia los coches contaminan mucho.

7 b *Musterlösung*
1. Muchos animales se extinguirán. **2.** Las fábricas mejorarán sus reglamentos. **3.** Muchas partes de la selva desaparecerán. **4.** El Polo se derretirá muy rápido. **5.** La contaminación disminuirá.

7 c *freie Lösung*

8 a **2.** sigue – hará, **3.** aumenta – se derretirán, **4.** se producen – aumentará

8 b *freie Lösung*

9 a **1.** Inter-Acción, **2.** AFS Intercultura, **3.** Amigos de los mayores, **4.** Territorios Vivos, **5.** Ecodesarrollo Gaia, **6.** Fundación Tiovivo

9 b *freie Lösung*

10 **a.** está – estás, **b.** estés – puedes, **c.** depende – pueda, **d.** puedo – viva – cambie – conozcamos

11 *Musterlösung*
a. No creo que sea bueno usar mucho papel. **b.** No pienso que tengamos que usar más los coches. **c.** No pienso que haya que tirar la basura en el mismo cubo. **d.** Sí, es verdad. **e.** Sí, estoy de acuerdo. **f.** Sí, es verdad.

12 a botella de cristal – tetra brick – pilas – papel – latas – bolsa de plástico

12 b

¿Qué tipo de material o envase es?	¿Dónde se encuentra el material?	¿Qué problemas causa?	¿Se puede reciclar?
1. plástico	Botellas, bolsas, bandejas, cajas protectoras	Ocupan mucho espacio en los vertederos. Requieren mucho tiempo para degradarse. Originan emisiones CO_2. Se agota el petróleo.	(no se dice)
2. tetra brick	Envases para líquidos	Para elaborarlos se requieren materias primas no renovables y consumidoras de energía: el aluminio y el petróleo.	no
3. latas	(no se dice)	Envase de un solo uso.	no
4. cristal	Envases para líquidos o sólidos, el menaje del hogar, etc.	Cada vez hay más envases no retornables. Se pueden reciclar al 100%, pero ese proceso también gasta energía y contamina.	sí

5. pilas	(no se dice) (pilas)	Contaminan mucho.	(no se dice)
6. papel	(no se dice)	Su uso provoca la tala de millones de árboles. Se han impulsado las plantaciones de especies de crecimiento rápido, en detrimento de los bosques autóctonos. Ha aumentado la contaminación asociada a su fabricación.	Sí, pero no todos.

13 a papel, pilas, plástico, latas (metal), cristal

13 b 3 – 2 – 4 – 1

13 c *freie Lösung*

14 *freie Lösung*

15 3 – 2 – 4 – 1

16 a
Nombre: Tortuga marina
duración de vida: de 150 a 200 años
por qué está en extinción: Porque sus caparazones son muy apreciados para hacer instrumentos y su carne es un plato exquisito. Por eso su caza y captura es excesiva.
Solucion: apadrinarla

16 b *freie Lösung*

16 c *freie Lösung*

16 d *freie Lösung*

17 a **a.** bonito, **b.** voluntario, **c.** kuwaití, **d.** tuvo, **e.** combate, **f.** wagneriano, **g.** tubo, **h.** absoluto, **i.** convento, **j.** árbol, **k.** sándwich, **l.** avión, **m.** vello, **n.** votar, **o.** vasto
...; por ejemplo, **tubo – tuvo**
..., por ejemplo **combate**
... así, ... **absoluto**
... por ejemplo **kuwaití**... por ejemplo **wagneriano**

17 c **a.** bello, **b.** a ver, **c.** basta, **d.** tuvo

18 *Musterlösung*
- **cruasán**, **fútbol**, **espagueti**
- ..., como por ejemplo, ..., **jersey**, **flash**, **surf**

Unidad 5

1 C tener buenos amigos
C tener horarios regulares
C dormir lo suficiente
B comer mucha fibra
B tomar al menos dos frutas al día
B beber mucha agua
A hacer deporte regularmente
B comer mucha verdura
B comer lo necesario, pero no demasiado
C ver la vida de forma positiva
C aprovechar el tiempo libre
A no tomar el ascensor, subir las escaleras
C tener buenas relaciones con los compañeros de trabajo
C practicar técnicas de relajación

2 *freie Lösung*

3 **Juega a/al:** tenis, baloncesto, balonmano, béisbol, voleibol, paddle, ajedrez, rugby, golf
Hace: pilates, equitación, ciclismo, atletismo, gimnasia, aerobic, yoga

4 *freie Lösung*

5 **a.** el rugby, **b.** el atletismo, **c.** el ajedrez, **d.** el balonmano

6 a *Musterlösung*
Paco: tiene mucho estrés, **Lucía:** pasa todo el día sentada escribiendo en el ordenador, **Mario:** pasa demasiadas horas de pie

6 b **1.** Lucía, **2.** Mario, **3.** Paco

7 *Musterlösung*
Sergio: Sergio practica mucho el ciclismo, le gusta jugar al golf, bebe mucha cerveza, y nada mucho. Ve demasiado la tele y fuma demasiado. Lee poco. Juega mucho al ajedrez.
Sandra: Sandra come demasiados dulces, le gusta mucho jugar al fútbol y tambien juega al tenis, hace yoga y le gusta mucho escuchar música. Y si le sobra tiempo lee después de correr.

8 **1.** flexibilidad, relajación, tranquilidad mental, elasticidad
2. capacidad cardiovascular, fortaleza muscular, fuerza, perder peso

9 **jubilados:** ¿Necesitas hacer ejercicio, ... **niños:** Ofrecemos un programa físico, ... **mujeres embarazadas:** ¿Quieres prepararte para el momento más bonito de tu vida? **estudiantes:** ¿Te gusta bailar? **amas y amos de casa:** ¿Quieres huir durante unos momentos de las tareas de tu casa, ... **ejecutivos:** ¿Tienes mucho estrés en tu trabajo y poco tiempo?

10 *freie Lösung*

11 a **1.** Colombia, **2.** España, **3.** Perú

11 b **3.** Beilage (Gastr.).

11 c **f.**: femenino, (Mil.): militar, (Gastr.): gastronomía

11 d (huevo) **revuelto** → Rühreí, **criolla** → kreolisch, **terreno** → Land, **untada** → bestrichen, **salvo** → außer

11 e *freie Lösung*

12 *Musterlösung*
Grasas: chocolate, galletas, cruasans, nata, caramelos
Carne y pescado: jamón, pollo, gambas, lentejas, garbanzos
Lácteos: natillas, flan, yogur, nata, queso
Frutas y verduras: tomates, cebollas, pimiento, plátanos, kiwi
Hidratos de carbono: arroz, maíz, pan, pasta, pastel

13 a comida precocinada, dieta equilibrada, hidratos de carbono, exceso de agua, producto biológico, alimentos en conserva, bebidas alcohólicas

13 b **1.** bebidas alcohólicas, **2.** alimentos en conserva, **3.** productos biológicos, **4.** exceso de agua, **5.** hidratos de carbono, **6.** dieta equilibrada, **7.** comida precocinada, **8.** pan integral

14 a **1.** C, **2.** A, **3.** E, **4.** B, **5.** D

14 b **1.** Te aconsejo que ~~vas~~ vayas al médico. **2.** Te aconsejo que ~~haces~~ hagas algo contra tu timidez. **3.** ~~Hables~~ Habla con tu jefe y cambies de proyecto. **4.** Yo creo que ~~tengas~~ tienes que hablar primero con Arturo del problema. **5.** Deberías ~~que~~ hacer una terapia contra el miedo a volar.

15 *Musterlösung*
a. ... hablar con tu novio para intentar solucionar el problema.
b. ... salgas con él a dar paseos al aire libre. Para que vea que también se pueden hacer más cosas. **c.** ... se lo prestes a un buen amigo mientras tu coche siga estando bien. **d.** ... podrías hablar con él para dejar la situación clara.

16 **1.** ¿Cuáles serán sus nuevos experimentos? **2.** ¿cómo podemos hacerlo cuando siempre comemos con prisas? **3.** ¿Qué producto no puede faltar en la cocina? **4.** ¿Qué suele usted cocinar en casa? **5.** ¿Uno de sus platos favoritos?

17 *freie Lösung*

18 a **1.** gol, **2.** partido, **3.** rival, **4.** perder

18 b **Sentimientos:** entusiasmo, amor, temer, fe, valor
Lenguaje típico del fútbol: campeón, bandera, tremoló, vencedora, luchar, triunfar

18 c *freie Lösung*

19 a

g [g] por ejemplo, **gigante**, **algodón**, **gusto**
como **granja**,**ignorancia**, **geroglífico**
como en **juguete**, **guionista**
como por ejemplo, **vergüenza**
g [x] como por ejemplo, **Jorge**, **gigante**
j [x] por ejemplo, **granja**, **jeroglífico**, **cojín**, **joya**, **juguete**
como por ejemplo, **reloj**
[y] por ejemplo, **jeep**

19 c **a.** ge – ju – ig **b.** gui – ja **c.** ga – oj **d.** güe – gue

20 como por ejemplo, **pizza**, **lifting**, **leitmotiv**, **kétchup**
como por ejemplo, **fútbol**, **pirsin**, **líder**, **gol**
como por ejemplo, **comida rápida**, **baloncesto**
como **manager**

Unidad 6

1 a **Jordi:** la prensa escrita, el internet.
Sofía: la televisión, la prensa escrita. **Alberto:** el internet

1 b *freie Lösung*

2 a **1** Internacional, **2** Tecnología, **3** España, **4** Gente y TV, **5** Economía, **6** Sociedad

2 b *Musterlösung*
Economía → Bajan los precios pero la crisis continúa.

3 a *Musterlösung*
¿Qué? prohibición de los videojuegos violentos
¿Quién? el partido gobernante de Venezuela
¿Cuándo? agosto de 2009
¿Dónde? en Venezuela
¿Por qué? Porque quieren reducir la propagación de la violencia entre los jóvenes.

3 b *freie Lösung*

4 *Musterlösung*
b. En las fiestas de Ascot ha habido muchos caballos y gente vestida con los trajes tradicionales. **c.** Los jefes ayatolás luchan por conseguir el cargo en el gobierno. **d.** Después de largas negociaciones los sindicatos han llegado a un acuerdo con los jefes de las empresas. **e.** Han condenado a los terroristas a la pena máxima. **f.** Un ayuntamiento regala libros de poesías para fomentar la lectura.

5 a **Diálogo 1:** David y Victoria Beckham…
Diálogo 2: Tori Spelling… **Diálogo 3:** Guti y Arantxa…

5 b *frases correctas:*
Según la revista, el tatuaje está en hebreo.
La persona ha dicho que no tiene problemas de alimentación.

5 c *freie Lösung*

6 *Musterlösung*
b. Dice que tenéis que ir a visitar a Juani, que se ha comprado una cocina nueva y que tiene muchas ganas de verla. **c.** Ha dicho que Miguelito es gracioso, que siempre se está riendo y que se parece un montón a su padre. **d.** Dicen que este año no les apetece mucho ir de vacaciones, que prefieren quedarse en la ciudad y preparar su piso para el futuro, que hay muchas cosas que hacer. **e.** Ha dicho que no quiere empezar el cole, que está muy bien en la playa y que es muy injusto, que las vacaciones terminan y que hay que volver a ir al cole.

7 un documental, una película de acción, dibujos animados, un concurso, un noticiero, un partido de futbol

8 **a.** telediarios, un programa infantil, una serie y un documental, **b. concurso:** Saber y ganar, **c.** *freie Lösung*

9 *freie Lösung*

10 a *Musterlösung*

	Película 1	Película 2
Tipo de película	Comedia	Drama
Personajes	Doug y sus tres hermanos	Isa, sus amigas Dolores, Rosa. Ajo, y Luisa, y Mar, la funcionaria
Lugar	Las Vegas	Una cárcel
¿Qué pasa?	Cuando se despiertan no recuerdan que ha pasado y Doug está desaparecido.	Crean un grupo de teatro en el que las prisioneras actúan.

10 b **Película 1: 1.** No se dice que son hermanos.
2. No es la habitación de la casa de Doug, es una suite de un hotel.
Película 2: 3. No es una cárcel de mujeres y hombres.
4. Dolores ha matado a su hijo. **5.** Una de ellas no es colombiana, es mexicana.

10 c *freie Lösung*

11 *Musterlösung*
a. He ido a un cine **en el que/donde** el sonido era buenísimo.
b. Vimos una película ayer **que** se llama *Los Abrazos Rotos.*
c. La película trata de unos inmigrantes **que** vienen de diferentes países africanos. **d.** En el pueblo **en el que** suceden cosas extrañas se encontró a un hombre muerto. **e.** ¿Te apetece venir a ver la película de Amenábar **que** ganó un Oscar?

12 *freie Lösung*

13 a **1.** Televisión: 73%; Radio: 48,6%; Periódicos: 32,7%
2. *De más a menos:* la televisión, prensa escrita, la radio, otro medio de comunicación. **3.** 7: 26,6%; 3 a 6: 29,0%; 1 a 2: 35%

13 b la televisión – el 73% afirma verla todos los días – casa – los café Internet – todos los días – de entretenimiento

13 c *freie Lösung*

14 a *Musterlösung*
como por ejemplo, **yerno**, **anteayer**, **yate**, **yogur**
como por ejemplo, **buey**, **Uruguay**, **soy**

14 c **a.** oí, **b.** ahí, **c.** leí, **d.** rey, **e.** hoy, **f.** reí

15 a *Musterlösung*
por ejemplo, **zoología**, **antihigiénico**, **alcoholismo**, **contraatacar**
por ejemplo, **leen**, **paseemos**, **cree**

15 b **a.** lee, nihilismo, neerlandés, **b.** coordinadora, reescrito, **c.** lee, microondas, **d.** desee, zoo, **e.** portaaviones, cooperó

Quellenverzeichnis

Umschlag vorn: © strandperle / Photo Alto, © getty images / The Image Bank **S. 2:** Grupo sm **S. 7:** *von links:* © Museo pedagógico de Aragón, © fotolia / Andres Rodriguez, © Barth / Laif, © Achim Pohl / das Fotoarchiv, © EyeWire / PhotoDisc **S. 8:** © fotolia / Monkey Business **S. 11:** *oben links:* © panthermedia / Martin K., *oben rechts:* © Getty Images / Digital Vision **S. 17:** *von links:* © digitalstock / R. Röder, © iStockphoto / Chris Schmidt, © iStockphoto / Michael DeLeon, © panthermedia / Kerstin H. **S. 18:** alle Fotos © Teresa Peyri / Telecinco **S. 21:** *Fotos von links:* © Dynamic Graphics, © iStockphoto / quavondo, © iStockphoto / Kati Neudert, Avatare © Second Life, Linden Lab **S. 22:** *oben:* © Dynamic Graphics, Mitte © iStockphoto / Dmitry Mordvintsev, unten © iStockphoto / ranplett **S. 24:** © iStockphoto / ziggymaj **S. 27:** *von links:* © Francisca Alcántara, © A1Pix / Burger / PHANIE, © picture-alliance / Lou Avers, © iStockphoto / Sebastien Cote **S. 28:** *oben:* © fotolia / Meddy Popcorn, *unten:* © Francisca Alcántara **S. 31:** *Fotos:* © Álvaro Neil, www.biciclown.com **S. 32:** © MHV-Archiv **S. 33:** © panthermedia / Thomas K. **S. 34:** *links:* © iStockphoto / Martin Harrison, © Dynamic Graphics, *rechts:* © iStockphoto / Carl Hancock, unten © iStockphoto / Alcerreca **S. 37:** *Hintergrund:* © Beate Dorner, Gemälde von Joaquín Sorolla y Bastida, Antonio Skármeta © action press / Graffitti Press, *Text:* Antonio Skármeta, un fragmento de "El cartero de Neruda" © Antonio Skármeta, 1986 **S. 40:** *Foto:* © Cristóbal González, *Text:* "Marta, Sebas, Guille y los demás", M + T: Amaral Lallana, Eva María / García Aguirre, Juan Vicente © by Warner / Chappell Music Spain, S.A., SVL: Neue Welt Musikverlag **S. 41:** *von links:* © Ayuntamiento de Villablanca, © Universidad de las Américas Puebla, Bearbeitung MHV, © Greenpeace Chile, www.greenpeace.cl **S. 42:** *links:* © iStockphoto / Christina Norwood, *rechts:* © iStockphoto / ericsphotography **S. 43:** Mafalda © Joaquín S. Lavado (QUINO) / published by arrangement with Caminito S.a.s. Literary agency, aus dem Buch "Todo Mafalda", Editorial Lumen, 1992 **S. 44:** © Francisca Alcántara **S. 45:** *Logos:* © Fundacion Pies Descalzos; © WWF, © Médicos sin fronteras, © Greepeace, © Amnistía Internacional; *Fotos von links:* © ullstein bild – HADJ/SIPA, © ullstein bild – HADJ/SIPA, © Superbild / PHANIE, *Text:* "Vidas de cooperantes" von Rafael Ruiz, El País Semanal, 28. Mai 2006 **S. 48:** *von links:* © Getty Images / Photodisc, © iStockphoto / Kim Bunker, © iStockphoto / Jan Gottwald, © iStockphoto / Stephen Meese, © iStockphoto / Rod Kaye, © Greenpeace Chile **S. 51:** *von links:* © iStockphoto / Sang Nguyen, © iStockphoto / Terry J Alcorn, © fotolia / Amir Kaljikovic, © iStockphoto / Joe Biafore, © iStockphoto / ronen, © fotolia / Doreen Salcher **S. 55:** *von links:* © MHV-Archiv, © www.mercadocastellano.es, © MHV-Archiv (2x) **S. 57:** *alle Fotos:* © el Bulli restaurant, www.elbulli.com **S. 58:** *von links:* © MHV-Archiv, © iStockphoto / PeskyMonkey, © uhlsport GmbH, Balingen, © imago / AFLOSPORT **S. 61:** *von links:* © iStockhoto / Ken Hurst, © iStockphoto / Jerry McElroy, © MHV-Archiv, © iStockphoto / Daniel Gilbey, © MHV-Archiv **S. 63:** © picture-alliance / epa efe Al **S. 64:** *von links:* © Dynamic Graphics (2x), © fotolia / Brett Mulcahy, © Dynamic Graphics, © BananaStock **S. 65:** © iStockphoto / Joey Nelson, unten: *von links:* © Telecinco, © Focus Features, © Patagonik Films **S. 68:** © Festival Internacional del Nuevo Cine Latinoamericano, arte plástico: Carlos Guzmán, diseño: Eduardo Moltó **S. 71:** *Hintergrund:* © iStockphoto / brytta, *Text:* "Eternidad" von Dulce María Loynaz, "Libro Versos" (1920–1938), *Foto:* Dulce Maria Loynaz, © Maria del Carmen Herrera Moreno **S. 74:** *von links:* © fotolia / Jason Branz, © iStockphoto / Duygu Ozen, © MHV-Archiv, © iStockphoto / rusm, *Text:* "El Estuche" (100%), *Musik & Text:* Hector Buitrago, Andrea Echeverri, © Music Corp. Of America, Inc., SVL: Universal/MCA Music Publishing GmbH **S. 76:** © Colección del Museo Pedagógico de Aragón **S. 77:** © Ayuntamiento de Benidorm. **S. 80:** *von links:* © iStockphoto / Pascal Genest, © iStockphoto / Jake Hallman, © iStockphoto / Jaimie D. Travis **S. 81:** © iStockphoto / biffspandex **S. 82:** *links oben:* © iStockphoto / Andrew Howe, *links unten:* © iStockphoto / Vitaly Sokolovskiy, *rechts oben:* © iStockphoto / Enrico Fianchini, rechts Mitte © iStockphoto / Sara Sanger, *rechts unten:* © iStockphoto / digitalskillet, © iStockphoto / Niels Laan **S. 84:** *links:* © MHV, rechts © Universidad de Salamanca **S. 86:** © iStockphoto / Kamil Macniak **S. 90:** *links:* © iStockphoto / Izabela Habur, *rechts:* © iStockphoto / Rebecca Ellis **S. 93:** © fotolia / DanielComics **S. 94:** © Teresa Peyri / Telecinco **S. 97:** © iStockphoto / Luis Sandoval Mandujano **S. 100:** Foto © El món sobre rodes, Albert Casals, Edicions 62, S.A., Barcelona, 2009, *Interview:* "Albert Casals: Antes viajaba por tres euros al día; ahora, gratis" von Xavier Moret, El Periódico, 22.03.2009 **S. 101:** *oben:* © MHV, *unten:* © action press / Katja Zimmermann **S. 102:** *oben Mitte:* © fotolia / James Steidl, *restliche Fotos:* © MHV-Archiv **S. 103:** *links:* © iStockphoto / Spauln, *rechts:* © iStockphoto / Lev Dolgatshjov **S. 110:** Mafalda © Joaquín S. Lavado (QUINO) / published by arrangement with Caminito S.a.s. Literary agency, aus dem Buch "Todo Mafalda", Editorial Lumen, 1992 **S. 111:** *Illustration:* © Benjamin Bécue, http://benjamin.becue.free.fr/ **S. 112:** *Logos:* © Ecodesarrollo Gaia, © AFS, © Amics de la gent gran / Amigos de los mayores, © Fundación Tiovivo **S. 113:** *von links:* © iStockphoto / KristinaShu, © iStockphoto / Kieran Wills, © iStockphoto / Ron Smith, © iStockphoto / Mark Wragg, © fotolia / Lai Leng Yiap **S. 115:** *Foto links und rechts:* © Virginia Azañedo; *Mitte:* © Beate Dorner, *Text unten:* © Marcos Tello Fraile, León **S. 116:** *oben:* © iStockphoto / Kim Bunker, *Mitte von links:* © fotolia / iophoto, © iStockphoto / Jim Kruger, © iStockphoto / Jan Gottwald, *unten von links:* © iStockphoto / Phil Date, © Charles H. Smith / U.S. Fish and Wildlife service, © iStockphoto / Martin Rowsell **S. 118:** *links:* © fotolia / Val Thoermer, *rechts:* © iStockphoto / Alex Bramwell **S. 119:** *von links:* © irisblende.de, © iStockphoto / Mikefahl, © iStockphoto / Viorika Prikhodko **S. 120:** *oben:* © iStockphoto / Andrey Plis, unten © fotolia / einstein **S. 122:** *oben von links:* © Nydia Contreras, © Encarnación Guerrero, © Anet Galarza de Heidenreich **S. 125:** © imago / GranAngular, *Text nach:* "Ferran Adriá: Junto los alimentos, como si fueran escenas de una película, hasta que doy con los sabores que busco" auf www.nosotras.com **S. 127:** © Beate Dorner **S. 128:** *links oben:* © Shotshop / Danstar, *links unten:* © iStockphoto / Sheryl Griffin, © iStockphoto / Juanmonino **S. 129:** © iStockphoto / vm, *Text:* "Venezuela declara la guerra a los videojuegos violentos", El País, 28.08.2009 **S. 130:** *oben:* © action press / Rex Features, *Mitte links:* © action press / KORPA, *Mitte rechts:* © action press / STARTRAKS, unten links © BELGE FREDERIC / Gamma / Eyedea Presse/laif, *unten rechts:* © action press / KORPA **S. 131:** *oben von links:* © , Tierfilm © fotolia / kuhar, Zeichentrickserie © iStockphoto / Anton Ovcharenko, Actionfilm © iStockphoto / Mark Murphy, Spielshow © Radio Television Española, Nachrichten © iStockphoto / Alexander Podshivalov, Fußball © MEV **S. 133:** *links:* © El Deseo S. A., rechts © Warner Bros. und Legendary Pictures

Inhalt CD Kursbuch

Track	Aktivität
Unidad 1	
[1–2]	2c
[3]	5c
[4]	6d, e
Unidad 2	
[5]	introducción
[6–9]	2a
[10]	5c
Unidad 3	
[11–14]	introducción
[15]	2a
[16]	4b
[17–19]	6a
Otra vuelta I	
[20]	canción
Unidad 4	
[21]	introducción
[22]	1d
[23]	5b, c
Unidad 5	
[24–27]	1b
[28]	3b
[29]	6c
[30]	ec b
Unidad 6	
[31]	2b, c
[32]	5b
Otra vuelta II	
[33]	canción

Arbeitsbuch

Track	Übung
Unidad 1	
[34]	2b
[35]	9
[36–40]	10a
[41]	23a
[42]	24a
[43]	24b
Unidad 2	
[44]	7a
[45]	11c
[46]	19a
[47]	19c
[48]	20b
Unidad 3	
[49]	4
[50]	12a
[51]	19a
[52]	19b
Unidad 4	
[53]	3a
[54]	13a
[55]	17a
[56]	18
Unidad 5	
[57]	5
[58]	6b
[59–63]	14a
[64]	19a
[65]	19c
[66]	20a
Unidad 6	
[67]	5a
[68–69]	10b
[70]	14a
[71]	14c
[72]	15a

Die Texte der Hörverständnisübungen sind im Internet-Lehrwerkservice www.hueber.de/ene zu finden.

Gesamtlaufzeit: 78 Minuten
© 2010 Hueber Verlag, Ismaning

Sprecher: Augusto Aguilar, Macarena Berlín González, Francisco José Camino Jiménez, Nydia Contreras, Álvaro Díaz Minguez, Ernesto Garzón Villada, Encarnación Guerrero García, Carmen María Ramírez Cabello
Gesang: Augusto Aguilar, Josefina Vázquez Arco
Musik (Instrumente, Arrangement und Aufnahme): Augusto Aguilar
Produktion: Tonstudio Langer, Ismaning